现代商贸研究丛书

丛书主编：张仁寿
副 主 编：郑勇军 荆林波

教育部省属高校人文社会科学重点研究基地
浙江工商大学现代商贸研究中心 资助
浙江省哲学社会科学规划课题成果

中国流通产业运行问题

——基于产业组织及其制度的基础理论考察

何大安 著

经济科学出版社
ECONOMIC SCIENCE PRESS

责任编辑：吕　萍　田　媛
责任校对：徐领柱　王苗苗
版式设计：代小卫
技术编辑：邱　天

图书在版编目（CIP）数据

中国流通产业运行问题：基于产业组织及其制度的基础理论考察/何大安著．—北京：经济科学出版社，2008.8

（现代商贸研究丛书/张仁寿主编）
ISBN 978－7－5058－7518－0

Ⅰ．中… Ⅱ．何… Ⅲ．商品流通－研究－中国　Ⅳ．F724

中国版本图书馆 CIP 数据核字（2008）第 134130 号

中国流通产业运行问题
——基于产业组织及其制度的基础理论考察
何大安　著
经济科学出版社出版、发行　新华书店经销
社址：北京市海淀区阜成路甲 28 号　邮编：100142
总编室电话：88191217　发行部电话：88191540
网址：www.esp.com.cn
电子邮件：esp@esp.com.cn
北京汉德鼎印刷厂印刷
永胜装订厂装订
787×1092　16 开　12.75 印张　230000 字
2008 年 8 月第 1 版　2008 年 8 月第 1 次印刷
ISBN 978－7－5058－7518－0/F·6769　定价：20.00 元
（图书出现印装问题，本社负责调换）
（版权所有　翻印必究）

总　　序

现代商贸流通业是国民经济的重要支柱和先导产业。改革开放以来，中国商贸流通业的发展有力地推动了国民经济的发展，但其现代化、国际化程度还较低，过高的商贸流通成本和商务成本正在严重制约中国产业国际竞争力的提升。

当今世界，制造业与服务业的相互渗透和融合是一个明显的经济发展趋向。现在，中国经济发展总体上处在工业化中期阶段，沿海发达地区已开始进入工业化中后期阶段，制造业与服务业相互融合或者说制造业服务化的趋势已经出现并将进一步增强。可以预见，未来制造业国际竞争的主战场不在生产制造环节，而是在研发设计、商贸流通和品牌经营等方面。谁占领了研发设计中心、商贸流通中心的地位，谁就占据了产业链中高附加值环节，拥有了产业发展的控制权。

在过去的一二十年中，中国制造业主要依靠生产要素低价格优势和生产规模优势，显示出较强的国际竞争力。但是，随着资源紧张程度的加剧和生产要素价格上涨，环境压力的增大和保护成本的上升，中国制造业发展正面临着严峻的新挑战。同时，随着经济全球化和信息化进程不断加快，特别是在中国加入世界贸易组织后，中国商贸流通领域的对外开放程度空前提高。跨国公司大举进入中国零售、批发和物流等商贸流通领域，不仅深刻改变了中国商贸流通业的发展格局和市场竞争秩序，而且直接影响着中国国民经济的控制力和国家经济安全。因此，深化中国商贸流通业改革，推动商贸流通领域的制度创新、技术创新和管理创新，推进中国商贸流通业现代化和国际化进程，大幅度提高商贸流通效率，不仅对于提升中国商贸流通业的国际竞争力，而且对于创造中国制造业新的国际竞争优势，都是紧迫而重大的研究课题和战略选择。

令人遗憾的是，至今在中国经济生活中仍然严重存在着重生产轻流通、重制造业轻服务业、重外贸轻内贸的传统习惯和思维方式。在科学研究方面，有关商贸流通理论和重大现实问题研究有分量的创新性成果不多，研究力量总体上比较薄弱。在学科建设方面，虽然国际贸易学的理论体系和研究方法相对完善，但以研究国内或区域内商品流通领域交易方式、交换关系及其规律为主的贸易经济学，以前被商业经济学所取代，现在也没有形成与国际主流经济学接轨、较为成熟的理论体系和研究方法。在人才培养方面，中国严重缺乏零售、批发、外贸、物流等方面的高级人才，高等学校虽然开设了市场营销、国际经济与贸易、电子商务、物流管理等有关商贸流通专业，但这些专业横跨文科（如市场营销专业属于管理学科、国际经济与贸易专业属于经济学科）和工科（如电子商务专业和物流管理专业），至今没有形成能满足社会对复合型高级商贸流通人才需要和比较完整科学的贸易经济学专业。由于缺乏现代商贸专业人才，中国本土商贸企业与跨国公司在零售、批发和物流等领域的竞争中，明显处在弱势地位。

2004年11月，浙江工商大学现代商贸研究中心被国家教育部批准为部省共建人文社会科学重点研究基地，它肩负着在中国商贸流通领域开展科学研究、人才培养、学术交流、资料信息建设和提供咨询服务等重任。现代商贸研究中心现在下设有商贸业改革与发展研究所、专业市场与流通研究所、商贸企业创新研究所和国际贸易研究所，共有专兼职研究人员30多人。我们主要依托现代商贸研究中心的力量，编辑出版"现代商贸研究丛书"，目的就是为了"交流商贸研究信息，创新商贸研究理论"，努力为中国商贸流通的理论研究、人才培养和实践创新尽一份绵薄力量。

是为序。

浙江工商大学现代商贸研究中心主任 张仁寿
2007年11月于杭州

序　　言

　　流通产业运行被置于一般经济理论的分析框架，已是经济学世界中的一种具有"约定俗成"性质的理论思维或研究定式。西方的产业组织理论、投资或消费理论、就业或通货膨胀理论等淡化流通产业之特定运行机理的事实，曾致使研究流通产业的专家学者局限在一般经济理论的框架内来认识和解说流通领域的理论和实践。从理论研究的一般意义来考察，以母系统的理论来分析和研究子系统的实际，确实有着一定的科学性和合理性，但这种理论研究方法以及由此形成的理论层级，却无助于母系统中的子系统理论的基础理论化。流通产业运行的研究便存在着这样的景象。

　　西方产业组织理论有关竞争和垄断之各种类型的分析和研究，只是部分适合于对流通产业的解释。流通产业基础理论依赖于其产业组织理论的学理逻辑和现实情景的各种规定，要求我们必须在一定程度和范围内从西方产业组织理论中汲取养分的同时，也反对我们以西方产业组织理论来涵盖流通产业组织理论。基于这样的理解，我曾阅读过大量的涉及流通产业的理论文献，试图从中寻觅到有关流通产业组织理论的一般概括，这个没能实现的理论夙愿曾使笔者在很长一段时间内发生困惑。或许是因为西方产业组织理论的覆盖面宽广，以至于研究者无法跳出其分析框架的约束；或许是流通产业组织运行纷繁，以至于研究者难以对其做出有别于现有理论的概括。但无论是出于何种原因，我始终认为应该对流通产业组织进行研究，这一研究存在着较大的学术价值。

　　较之于制造业的情况，流通产业竞争和垄断的一般图景则有着明显的不同。在流通产业中，竞争的耀眼形式几乎覆盖了该产业的所有行业和业态，而垄断只是以潜在的形式存在。于是，当经济学家试图用垄断竞争、不完全竞争、竞争性垄断等理论来形构流通产业组织理论时，现实便在很大程度上封杀了经济学家的这种行为努力；当经济学家以完全竞争理论来解说流通产业组织及其运行时，这种解说又难以论证流通产业的实际。流通产业运行取决于经济体制及其与此相对应的各种制度安排，这个观点尤其适合于中国的流通产业。如果我们取道于从流通产业运行之个别到流通产业运行之一般的分析路径，则我们着重于对中国流通产业运行的研究，也许是一种有可能实现的"由此岸达彼岸"的选择。

　　本书力图论证一个有助于建构流通产业基础理论的观点：中国流通产业组织的运行存在着局部垄断。在笔者看来，这种局部垄断的理论解析的要义，既不是纯粹市场意义上的，也不是纯粹行政意义上的，而是市场机制和行政干预的混合。借助于体制转轨来解释这种混合，是一种利用制度分析框架的删繁就简的方法，但如果我们局限于西方产业组织理论，则这项研究依旧不能摆脱以一般垄断理论来解说中国问题的情形。中国流通产业的局部垄断在反映流通领域中的厂商、个人和政府行为决策的特殊性的同时，也在一定程度和范围内反映了不同体制背景下的流通产业运行的某些共性。以流通产业运行的特殊性来推论其共性，是笔者写作本书所希冀达到的最主要的学术境界。

　　考察中国流通产业的运行、从而论证其局部垄断现象的存在，通常会涉及体制模式、公司治理、厂商行为选择、委托代理等问题。以流通产业组织的形成和变动而论，这些问题是导致流通产业竞争和垄断的现象形态。可以认为，我们建构流通产业基础理论的过程，就是对这些现象进行系统描述、从而对竞争和垄断展开一般性论证的过程。不过，当研究者的思想不成熟或分析路径和研究方法出现偏差以至于难以对这些现象进行系统论证时，研究者在理论上有可能实现突破的一条途径，可围绕竞争和垄断的某一核心问题来展开。为此，本书选择了局部垄断作为研究中国流通产业组织的核心问题；与此相对应，笔者从产业组织理论及其制度安排的基础理论角度展开了考察，将书名定为"中国流通产业运行问题"。说实话，对于这样一个外延宽泛的选题，不踏实的心理因素是始终存在的，但转而一想，倘若这个选题能对建构流通产业的基础理论产生启迪作用，这种由选题过大而引起的不踏实的心理负担或许会大大减轻。

　　关于中国流通产业的局部垄断，本书是从以下两个方面来进行论述的：一是将体制转轨所引致的行政型垄断置于制度安排的框架来展开分析，认为中国现阶段的制度安排将不可避免地使流通产业中的国有控股公司成为实施行政型垄断的行为主体，使资金实力雄厚和管理水平先进的跨国公司有可能成为市场型垄断的行为主体；二是对自然垄断现象做出了新的理解，认为流通产业在产品和服务经营中存在着自然垄断的可能性，并围绕制度安排、投资选择、市场经营等问题对流通产业有可能会产生的自然垄断现象进行了研究。全书贯穿"局部垄断＝行政型垄断＋自然垄断"的研究脉络。诚然，笔者有关自然垄断的这一新理解很可能是肤浅的，它很可能会引起学术界同行的非议，但作为对问题研究的一种探讨，这种理解包含着许多值得研究的内容。假如这种理解在得到某种程度的修正后能对流通产业基础理论的建构起到一定的铺垫作用，则笔者便深感聊以自慰了。

面对流通产业组织理论的建构这一难度巨大的课题，笔者遑论的步伐在甚多条件的约束下开始收敛。收敛的具体表现是仅将这一课题圈定在理论建构的设想方面。设想者，理论建构端倪之谓也。笔者主张以制度分析为主线来建构流通产业组织理论，强调要从不同类型的制度划分来研究流通产业的运行，并围绕制度分析层次的递进和基本分析工具的选用，提出了建构流通产业组织理论的若干设想。客观地讲，对某一基础理论建构的学术努力停留于设想的层面，既是著者学术功力不足的反映，也是著者跃跃欲试的信心展现。

让我们共同努力来培育"流通产业组织理论"这株有可能破土的新苗吧！

何大安
2008 年 7 月 26 日于浙江工商大学经济学院

摘　　要

　　流通产业运行逐步呈现等级交易和混合交易的事实,使现有的关于流通产业的研究显得相对的贫乏。流通产业运行有着许多不同于制造业的机理,这些机理一方面源自流通产业运行的内在规定和特征;另一方面受经济体制模式和制度环境的制约。认识和理解流通产业运行,需要借助西方产业组织理论而有所创新;解析中国流通产业的运行,必须在援引西方产业组织理论的基础上对中国的实际问题进行体制和制度分析。作为对中国流通产业运行的一种学术探讨,本书在产业组织和制度安排等基础理论的范围内,对西方产业组织理论启迪我们研究流通产业组织问题做出了一些评论,对中国流通产业运行的体制模式、制度约束、契约连接、交易类型、公司治理、政府规制等问题展开了不同于现有相关文献的分析和研究,勾勒了中国流通产业运行的竞争和垄断的一般图景,并对建构流通产业组织基础理论的框架设计提出了可供学人进一步研究的设想。

目　　录

第1章　导论 ·· 1
　1.1　流通产业运行所涉及的基础理论问题 ······································ 2
　1.2　结合流通产业对竞争和垄断的几点认识 ···································· 5
　1.3　本书的结构安排 ·· 10

第2章　制度分析理论与流通产业运行 ·· 15
　2.1　新制度分析理论概说 ··· 15
　2.2　关于流通产业制度安排的若干理解 ·· 21
　2.3　经济体制转轨与公司制度安排 ·· 26
　2.4　几点讨论 ··· 35

第3章　流通产业运行分析及其理论建构思路 ······································ 38
　3.1　引子 ·· 38
　3.2　西方产业组织理论适合对流通产业的解释吗？ ························· 40
　3.3　中国流通产业的局部垄断分析 ·· 45
　3.4　建构流通产业组织理论的思路 ·· 52

第4章　体制模式、局部垄断与公司治理结构 ······································ 56
　4.1　对流通产业组织的几点理解 ·· 56
　4.2　局部垄断形成的体制基础 ··· 62
　4.3　流通产业的公司治理与局部垄断 ··· 65
　4.4　制度环境约束与公司治理模式 ·· 68
　4.5　小结式讨论 ·· 73

第5章　流通厂商选择行为的理论解说 ·· 77
　5.1　理性选择与非理性选择的探讨 ·· 78

  5.2 流通厂商的理性和非理性选择……………………………………… 82
  5.3 流通厂商投资选择的理性和非理性模型…………………………… 87
  5.4 流通厂商非理性投资选择模型的进一步分析……………………… 90
  5.5 几点结论………………………………………………………………… 93

第6章 流通产业的投资运行机理……………………………………………… 96
  6.1 对投资运行机理的理解……………………………………………… 97
  6.2 流通产业投资运行机理之概说……………………………………… 98
  6.3 中国流通产业投资运行的机理特征………………………………… 101
  6.4 局部垄断对投资运行的影响………………………………………… 105
  6.5 几点结论……………………………………………………………… 107

第7章 自然垄断、制度安排及其投资关联………………………………… 109
  7.1 针对自然垄断的几点思考…………………………………………… 110
  7.2 跨国公司形构自然垄断之梗概……………………………………… 112
  7.3 投资环境对跨国公司投资的约束…………………………………… 115
  7.4 跨国公司减弱制度约束的理论分析………………………………… 117
  7.5 几点理论感悟………………………………………………………… 122

第8章 产业组织结构、自然垄断与局部垄断……………………………… 125
  8.1 产业组织结构优化的特定内涵……………………………………… 125
  8.2 产业组织结构优化与自然垄断的市场关联………………………… 127
  8.3 产业组织结构优化的外部性与局部垄断…………………………… 131
  8.4 关于产业组织结构优化问题的进一步讨论………………………… 134

第9章 中国地方政府与国有流通厂商的委托代理………………………… 138
  9.1 引言…………………………………………………………………… 139
  9.2 地方政府对流通产业实施规制的机理分析………………………… 141
  9.3 委托代理之实践的理论考察………………………………………… 144
  9.4 参与约束和激励约束之相容状态下的局部垄断…………………… 147
  9.5 分析性结语…………………………………………………………… 150

第10章 市场治理变动中的流通产业重塑………………………………… 152
  10.1 体制转轨之于市场治理的概说……………………………………… 152

10.2 制度不既定下的市场治理创新的理论评说……………………… 155
　　10.3 中国流通产业有可能出现重塑的一般图景…………………… 158
　　10.4 市场治理结构与制度安排创新的理论考察…………………… 161

第11章 中国流通产业基础理论建构的若干设想……………………… 167
　　11.1 流通产业运行之制度分析框架的设想………………………… 167
　　11.2 从投资和消费来建构流通产业基础理论的设想……………… 170
　　11.3 中国流通产业局部垄断研究的基本框架……………………… 175
　　11.4 结论式结语……………………………………………………… 177

参考文献………………………………………………………………… 178
后记……………………………………………………………………… 186

第1章 导　　论

　　社会的经济文明史是一部商贸活动穿插其间的发展史。无论是在前工业化还是在后工业化时期，流通产业在资源配置过程中都发挥过重要作用的这一事实，曾致使经济理论从不同角度或层面对流通领域中的制度、主体和行为进行了不同程度或范围的分析和研究①。或许是不直接生产产品的流通产业在经济运行和发展中的地位从属于产品制造业，或许是主流经济学将研究对象凝聚于对社会资源配置发生主要影响力的生产过程②，或许是经济学家的逻辑思维和论证、实证和规范分析等太注重于分析框架和分析方法的一般性，迄今为止，系统分析和论证流通产业的理论性作品尚不多见。流通产业的理论性论著可以分为两类：一是创立一种有别于以产品制造业为分析背景的新理论框架，对流通领域的制度、主体和行为进行全面而系统的论述；一是针对流通产业运行中的具体问题，运用现有的经济理论成果对其展开专门的论述。前一类别之要求甚高，可行性与否是一个需要深入探讨的问题；后一类别之要求相对较低，是有志于流通产业研究的学人可企及的目标函数。本书以我国流通产业运行的实际为背景从而对流通产业组织的某些基础问题所进行的理论考察，可谓是试图实现这一目标函数的一种学术努力。

---

　　① 经济学理论的系统化，起步于恪守"唯流通领域创造商品价值"之理念的重商主义学说。随着农业文明在社会经济中的主导地位逐步让位于工业文明，经济学研究的重心便开始由商贸流通业逐步转向产品制造业。但尽管如此，经济学家从未放弃对流通产业的研究，他们在研究资源配置或社会福利等问题时，经常会涉及到对流通领域的制度、主体和行为的分析。一部经济思想史显示了世界各国的经济学家、社会学家、政治学家乃至于政治家的文化积淀，而在这一文化积淀中，由流通领域的经济实践所催生的理论火花和结晶则在这部思想史中占有一定的比例。参见张旭昆、曹旭华和他们的老师蒋自强等几位教授所撰写的力作《经济思想通史》（浙江大学出版社，2007年版），这部四卷本长达一百多万字的经济思想通史，记录着许多大理论家对商贸流通业分析和研究的思想片段。

　　② 在这方面，马克思的研究倒是有点不同于其他经济学家，他认为资本主义的生产和再生产过程是剩余价值的生产过程和流通过程的统一。不过，他对这两个过程之于剩余价值生产贡献的分析，仍然是认为流通过程从属于生产过程。这是了解马克思主义政治经济学的学者所熟悉的。

1.1 流通产业运行所涉及的基础理论问题

主流经济学之理论大厦的框架设计是一种删繁就简的建构模式。这种模式对流通产业运行在经济理论大厦建构中的位置处理，实际上是将流通业处理为从属于制造业的。虽然，这种学术处理大体上吻合于社会经济运行和经济发展的实际，但它却在一定程度和范围内封杀了人们对流通产业运行所涉及的基础理论的专门研究。依据主流经济学的学术理念和分析方法，流通产业运行所涉及的基础理论是全然涵盖于一般经济理论分析之中的。其实，社会经济系统中的不同经济领域存在着不一致的运行特征，用一般性理论来涵盖和描述不同经济领域的运行，只能对它们的共性做出解说，并不能对不同经济领域的运行做出特定的基础理论解释。主流经济学有关产业组织的基础理论不能对流通产业运行实际做出特定分析的局限，要求我们根据流通产业的运行特征来拓宽和加深对产业组织理论的运用。

流通产业运行的基本特征是进入门槛低、竞争性强、资金周转快以及受技术进步影响较小，等等。进入门槛低，表明资金约束、技术约束和政府干预的程度低；竞争性强，是进入门槛低的市场结果；资金周转快，反映交易过程或交易链短；受技术进步影响较小，则意味着资产专用性不强。这些特征显示了流通产业组织在许多方面不同于第一、第二次产业。以竞争和垄断、规模和定价以及政府规制等分析为核心的西方产业组织理论，在对厂商平均生产成本、产业集中度和竞争度等进行市场结构的一般性研究时，并不能包括流通产业组织运行的以上特征。西方产业组织理论暗含着将流通产业看成是完全竞争领域、政府不需干预的分析倾向，这种倾向曾导引了学人以完全竞争的产业组织理论来解说流通产业运行的市场结构和组织结构。其结果之一，是很少至至是放弃对流通产业运行中有可能存在的垄断问题的研究；其结果之二，是很少对流通产业运行中的竞争和垄断的组合形式进行专门的研究；其结果之三，是很少对流通产业的运行特征做出产业组织理论的经济学解释。

建构流通产业组织理论要考虑到经济体制模式的约束。这一拓宽的理论见解，要求我们从制度安排的角度来研究流通产业的运行问题。具体地说，当分析对象被锁定于特定国度的流通产业时，对这一特定国度的经济体制模式之于流通产业组织运行的约束分析，应当是问题研究的最重要的环节。不过，这样的分析和研究只能得到特定国度的流通产业运行的某些理论认知，并不能获取有关流通产业组织的一般理论。理论一般与理论个别的区别，在于前者的普适性而后者的特定性。就流通领域的产业组织及规制而论，是否存在着适合不同经济体制模式的流通产业组织的一般理论呢？是否存在着以某一国度为分析对象的特定的流通产业组织理论呢[①]？这两大问题的讨论会扩大经济学家有关产业组织理论的研究视阈，并且会关联到对流通产业组织运行中基础理论问题的讨论。

正像前文所指出的那样，建构流通产业组织的一般理论所面临的困难，是在对流通领域的制度、主体和行为进行全面而系统的论述时，确立一种有别于第一、第二次产业的分析背景，而这种分析背景的确立，要充分体现出流通产业运行中的竞争和垄断、规模和定价以及政府规制等的实际，并据此对流通厂商的平均生产成本、产业集中度和竞争度等市场结构问题展开一般性的描述。我们能不能将流通产业的运行特征加以提炼和概括、从而搜寻出这种分析背景，是建构流通产业组织之一般理论的关键所在。即便经济学家在建构流通产业组织的一般理论时难以实现期望的理论框架，但这样的学术努力会对流通产业运行中某些基础理论问题的研究有所帮助。从理论分析的路径来考察，对流通产业运行之特征的研究，往往是以特定国度的流通产业的实际为考察对象的，经济学家在进行这种考察时的理论冲动之一，是力图将这种考察结果上升到一般理论高度，于是，流通产业运行所涉及的基础理论问题便被经济学家所关注。

竞争和垄断是产业组织及规制的永恒问题，对这个问题的市场结构考察，可以在市场治理结构和公司治理结构两个层面上展开[②]。一般来讲，经济学家的研究视角、逻辑论证、实证分析等会形成一定的理论偏好，如果经

[①] 或许有人认为一般性的流通产业组织理论就是西方产业组织理论，以某一国度为分析对象的特定的流通产业组织理论是难以建构的。这是一个有待于争论的问题。不过，提出这样的理论建构的分类，有利于经济学家扩大对产业组织分析的视野，至少会提醒经济学家关注流通产业组织及其运行的特殊性。

[②] 现代经济理论对市场与公司之间是否存在替代性有不同的看法，这种看法波及到对市场治理结构和公司治理结构的不同认识。科斯的贡献在于指出了新古典经济学将企业和市场二分法忽视了现实交易尤其是长期投资中的交易成本的广泛存在。参阅 Coase, R. (1937), *The Nature of the Firm*, Economica, 4, pp. 386－405. Coase, R. (1960), *The Problem of Social Cost*, The Journal of Law and Economics 3, pp. 1－44. 威廉姆森和卡莱茵等承接了科斯的研究思路，在市场治理层面上对契约联结、委托代理、交易成本、资产专用性、剩余控制权等，展开了联系公司与市场之实际的研究，参阅 Williamson, O. (1985), *The Economic Institutions of Capitalism*, New York: Free Press. Klein, P. (1999), New Institutional Economics: Bouckeart, B., G. de Geest (eds.), Encyclopedia of Law and Economics; Cheltenham: Edward Elgar. 国内学者聂辉华曾从公司性质的角度对以上理论进行过概要的评述，聂辉华：《企业的本质：一个前沿综述》，载《现代产业经济学前沿问题研究》，经济科学出版社，2006 年版。

济学家对市场结构中的竞争、垄断及其产业组织的分析出现由逻辑论证或实证分析所产生的偏好型认知，他们就会依据这种认知来判断当前市场的竞争和垄断格局是否有利于资源的合理配置，并据此对政府是否有必要干预经济提出政策建议或主张。但在一个较为严谨的理论体系中，经济问题从实证到规范的分析，应该是一个连续的分析过程；建立在实证基础上的规范分析之所以会得到学人的推崇，其原因在于这种连续性的实证和规范分析通常是以坚实的基础理论做铺垫的。竞争和垄断是产业组织理论中的最基础的理论问题，联系流通产业组织及规制来看，该领域中的竞争和垄断的特定形式及其组合问题，应该是流通产业运行中的最基础的理论问题。

概括而论，中国流通产业运行的特征是由体制转轨、公司治理结构、市场治理结构、外资大举进入等决定的。对这些决定中国流通产业运行特征的因素及其作用过程在多大程度和范围内会影响到竞争和垄断格局的分析和研究，至少要在以下几个方面联系到基础理论问题的讨论：1. 分析体制转轨对流通产业运行的影响，从制度安排如何影响主体及其行为的角度来考察竞争和垄断的形成过程；2. 对体制转轨过程中的公司治理结构的内部制衡和外部约束的基本内容展开分析，说明微观经济基础对竞争和垄断形成的作用机理；3. 探讨体制转轨影响市场治理结构之运行的基本规定，从契约联结的角度对竞争和垄断在理论上展开基础性讨论；4. 针对中国现阶段外资大举进入流通产业的现状，分析和研究跨国公司的投资策略、经营模式及与此相关的其他市场行为对竞争和垄断之格局变动的作用力。显然，在流通产业组织及规制的不同侧面之基础理论的考察中，对以上问题的综合分析和研究有可能揭示出中国流通产业的竞争和垄断的现实组合形式。

在笔者看来，现有的关于产业组织的诸如垄断竞争、不完全竞争、寡头垄断等分析框架，是对成熟市场经济中的以第一、第二次产业为背景的产业组织的分析，它不完全适合对流通产业组织的解说，更不适合对中国流通产业组织的解说。中国流通产业组织中的竞争和垄断的基本格局，或者说竞争和垄断的组合形式，是同体制转轨、公司治理结构、市场治理结构、外资大举进入等相关联的。如果我们将这些因素理解为是形构中国流通产业竞争和垄断基本格局的解释性变量，则实际上是在体制转轨框架内把这些因素当成是影响或决定流通产业竞争和垄断之组合形式的基本变量。问题研究的基本变量的选择，应根据问题研究是属于基础理论分析还是属于具体问题分析两种情况而定。若是前者，则应考虑选择普适性变量；若是后者，则通常以针对性的现实因素作为基本变量①。本书通过对中国流通产业组织的分析和研究，认为其竞争和垄断的组合形式是一种"局部垄断"，并据此推论中国流通产业组织的基本市场结构是"局部垄断的市场性竞争"。

本书论证以上的理论见解，是在紧扣流通产业运行的基本特征、从而对中国流通产业组织的独特实际做出专门分析的基础来展开的。对中国流通产业组织及规制的研究，要联系体制转轨来分析流通产业诸如进入门槛低、竞争性强、资金周转快以及受技术进步影响较小等特征，要以产品差异性、平均生产成本、产业集中度和竞争度等范畴来对中国流通产业的特征做出解释。笔者将中国流通产业组织的基本市场结构界定为"局部垄断的市场性竞争"，是依据现阶段中国流通产业中部分厂商拥有产品定价权、存在着一定程度的规模经济和进入壁垒等而给出的结论，这一结论的得出在分析方法上是运用西方产业组织理论的结果。同时，笔者关于政府规制的一些建设性意见，也是立足于对现实做出基本理论解释之上的。这就是说，流通产业组织及规制等所涉及的基础理论问题，始终是本书解析中国流通产业运行的分析主线。

1.2 结合流通产业对竞争和垄断的几点认识

在浩如烟海的经济理论文献中，经济学家关于垄断的认识或批评，通常是同对竞争的不同理解相联系的。以瓦尔拉斯（Walras）和希克斯（Hicks）一般均衡理论为代表的新古典学派主要涉及的，是完全竞争的论述，他们把完全竞争状态描绘成一种市场结构，这种市场结构之于产量和价格的格局，是从社会总产量中抽走任何厂商的产量都不会对价格发生明显的影响②。按

---

① 这个问题的深入讨论会派生出一个可能会引起学人争议的问题，那就是对具体经济问题的研究究竟属不属于具有阳春白雪性质的理论研究？一个消除争议的折中解释是：如果对具体问题的研究广泛涉及到基础理论的运用和评判，并且这一研究的归宿点反映出较强的理论性，或在内涵和外延上同基础理论存在着逻辑推论和演绎的关系，则这种研究即便不是以基础理论研究的形式出现，也应该属于理论研究的范围。对流通产业组织及规制的分析和研究，明显属于这种类型。

② 完全竞争概念始于古诺（Cournot）的卖方寡头垄断理论，但古诺在解说竞争之于产量和价格的作用时，仅仅是将完全竞争视为卖方寡头垄断的一种极限情况。参阅 Cournot, A. A. 1838. Recherches Sur les Principes Mathématiques de la Théorie des Riehesses. 中文版：《财富理论的数学原理的研究》，陈尚霖译，商务印书馆，2002年版。完全竞争理论曾遭到奥地利学派之竞争理论的批评，该学派认为完全竞争理论是一种均衡分析，而不是对正在进行的经济过程的分析。例如，这种挑战完全竞争的理论观点在哈耶克（Hayek）的论著中有着明确的表达，他认为完全竞争的缺陷在于只描述一个均衡状态而没有对导致均衡的竞争过程展开分析。参阅 Hayak, F. A. von. 1948. The meaning of competition. In F. A. Hayak, Individualism and Economic. Order, London; George Routledge & Sons。

照其他经济学流派的观点（如奥地利学派），新古典学派忽视了竞争过程的分析，在处理产量和价格的关联时，实际上是将厂商作为"黑箱"处理的。完全竞争理论的实质是不承认现实经济中存在垄断，它强调价格竞争的极限状态可以促进资源合理配置。经济理论对厂商进入之于资源配置效率的讨论，涉及到对竞争和垄断形式的研究。资本主义现实中的厂商对市场价格确有某种程度控制的事实，自斯密（Smith）时代起就引起了经济学家的关注，但在价格固定、产品无差异、无广告宣传、成本结构不变的完全竞争模式中，垄断问题不太会成为经济学家研究的主要对象①。当经济学家放弃完全竞争理论的既定假设而回到现实来理解问题时，便出现了不完全竞争或垄断竞争理论。

在对不完全竞争和垄断竞争理论进行概要评述之前，我们结合流通产业运行来对竞争和垄断谈点认识。依据完全竞争理论，在市场出清的情况下，所有个体厂商的边际产出恰好等于他在总潜在贸易收益中的贡献，他的最终效用水平正好等于他对整个经济的潜在边际产品，也就是说，完全竞争经济中的所有厂商的收益表现为报酬不变②。新古典学派的上述见解是以价格固定、产品无差异、无广告宣传、成本结构不变等为假设的。显然，这些假设不符合实际。以流通产业运行的情况来说，商品价格处于经常性变动之中，产品在品种、规格和包装等方面存在着很大的差异，厂商的成本结构不断变化并且广告宣传比比皆是。如果抽去这些假设，流通产业中的个体厂商的边际产出不会正好等于他在总潜在贸易收益中的贡献，他的最终效用水平不会正好等于他对整个经济的潜在边际产品。因此，完全竞争理论不能准确解释流通产业中的竞争问题。否定完全竞争意味着流通产业中存在着不完全竞争，而不完全竞争

---

① 熊彼特对完全竞争概念持完全否定的态度。他通过对企业家具有一种打破均衡作用的分析，认为研究以新产品、新市场、新技术等其他要素投入为产业组织形式的创新式竞争，比传统理论的价格竞争更为重要，这种竞争会产生一对经济福利的重要性远胜于传统理论的配置效率的企业内部效率，它是一种合乎实际的竞争分析；对这种竞争的分析可以说明经济如何从有效配置资源转向经济如何创造和破坏资源等问题上去。参阅 Schumpeter J. 1942. Capitalism, Socialism, and Democracy. New York: Harper & Row, 1962. 熊彼特的理论在突出企业家的作用从而使竞争分析回到现实的同时，导引了人们对具有一定垄断势力的企业持宽容的态度，它对不完全竞争理论和垄断竞争理论的产生起着促进作用。

② 这些观点的理论基础，是完全竞争者对所有产品将面临具有完全弹性的供给和需求曲线。经济学家通过无限增加每种商品的买主和卖主的人数在理论上复制这种完全竞争经济时，是以私人商品的同质性、数量既定等为假设前提的，这种假设的逻辑推论，是许多可供选择的买主和卖主之间的竞争力足以保证没有人能够垄断销售和购买。这些观点的理论证明，是通过将经济解体为没有消费者剩余和贸易收益损失的 n 个子集，并在极限上利用欧拉（Euler）定律来加总证明的。参见《新帕尔格雷夫经济学大辞典》第 2 卷第 780～781 页，经济科学出版社，1996 年版。

则意味着垄断的存在。

经济学在科学的起步阶段就十分重视竞争力对社会经济运行和发展的重要作用[1]，但现代经济学在竞争力能否有效促进资源配置问题上却有不同的看法。爱德华·张伯伦（Edward Chamberlin）和琼·罗宾逊（Joan Robinson）针对彼此竞争的厂商或个人出售有差别产品的情况，对不完全竞争状态进行了讨论[2]。以理论层面而言，他们是将报酬递增现象作为不完全竞争问题的核心来进行讨论的。相对于完全竞争的报酬不变，他们把不存在报酬不变的景象理解为不完全竞争。在不完全竞争的市场结构中，竞争力不可能完全替代买主和卖主以保证没有厂商或个人可以影响市场出清价格水平；以潜在的总贸易函数来解说，就是在缺乏完全竞争的市场环境下，所有厂商或个人的边际产品之和将超过总潜在的贸易收益，即总潜在贸易函数表现为在厂商或个人上的报酬递增。

经济学家对不完全竞争的典型的理论论证是贸易的双边垄断模式。双边垄断模式对完全竞争的否定，同样是通过论证贸易双边垄断的边际产品之和超过他们之间贸易的潜在收益来完成的，所不同的，是不完全竞争条件下的任何买主或卖主都不可能得到他对经济的全部潜在收益[3]。爱德华·张伯伦关于不完全竞争环境中的浪费性竞争的分析（生产能力过剩理论，这种浪费性竞争是相对于帕累托效率之基准而言的），使经济学家开始正视到不完全竞争的低效率事实，从而对任何厂商或个人不会产生对其他人有益或有害的外部性这一不完全竞争的信条展开反思。这种反思对经济理论的最大影响，是将市场失灵的根源归结为外部性，并在理论经济学层次上对公共产品

---

[1] 斯密在《国民财富的性质及其原因的研究》一书中，曾将竞争力的社会作用概括为两个方面：一是促使长期价格不超过生产成本以防止垄断；二是刺激厂商不断追求潜在利润而推动社会进步。针对价格、成本之于供需趋势的影响，斯密对自然价格、商品数量不足的有效需求（按自然价格出售的数量）、市场价格等的相互关系展开了研究，将竞争之作用理论化为著名的"供求规律"。不过，斯密以自然价格、市场价格为底蕴的有关"供求规律"的分析，与100年后新古典学派所揭示的均衡价格轨迹的供需理论、供需函数并不是一回事，新古典学派通过对竞争的分析完成了一般均衡的分析，一般均衡理论引发了局部均衡理论，而不完全竞争和垄断竞争则同局部均衡分析有着关联。

[2] 不完全竞争的基本理论含义，是指厂商和个人面临产品向下倾斜的需求曲线和向上倾斜的供给曲线。据此，张伯伦提出了著名的"生产能力过剩理论"，该理论认为厂商和个人是价格的理性接受者，而不是新古典学派所说的价格接受者，他们并不能影响市场出清的价格水平。参见 Chamberlin, E. H. 1933. The Theory of Monopolistic Competition. Cambridge, Mass.：Harvard University Press. 不过，他们以及以后的经济学家并没有建立不完全竞争的标准模型，这在理论上同使用瓦尔拉斯一般均衡模型的完全竞争理论相比，显得有些逊色。

[3] 关于不完全竞争条件下双边垄断的详细解说，参见《新帕尔格雷夫经济学大辞典》第2卷第782~783页，经济科学出版社，1996年版。

经济中的一些报酬递增现象展开讨论①。

流通产业存在着明显的报酬递增现象，这不仅仅是因为厂商或个人的边际产品价值之和不等同于他们的贸易潜在收益，更重要的在于流通产业中广泛存在着讨价还价的策略性选择。这种策略性选择的物质基础是产品的差异性，流通产业中的竞争力不可能保证厂商或个人的行为影响到市场出清的价格水平。贸易的双边垄断模式比较适合对流通产业存在垄断的基础性解释。同时，对于经济体制转轨的国家来说，由于市场竞争的深度和广度会受到制度摩擦、市场发育不成熟乃至于政治因素的强烈影响，流通产业运行中的外部性问题更加突出，浪费性竞争问题也更加显著，而所有这些问题在流通产业组织上则反映为垄断势力的存在。因此，我们可以借助于不完全竞争理论来探讨中国流通产业运行中的竞争和垄断问题。中国的流通产业究竟存不存在不完全竞争或垄断性竞争现象？倘若存在，则如何对这种垄断现象做出解释？这些问题值得讨论。

肯定一种经济中存在垄断现象，首先需要对垄断有符合实际的较明确的定义，其次是要在理论上寻找出度量垄断的指标及统计方法。从社会经济运行中厂商与厂商和消费者与厂商之间的广泛的交易过程来看，垄断的定义不能只限制于唯一卖者的市场形式，如果将垄断定义于唯一卖者的市场形式，就没有区分或计量垄断程度的必要了。现实中任一行业或产品独家经营的罕见情况，在给不完全竞争或垄断竞争提供了理论依据的同时，也给经济学家做出完全吻合于实际的垄断定义设置了困难。一些经济学家存在着一种迂回的分析倾向：以垄断程度的分析间接取代对垄断的定义。于是，西方产业组织理论对不完全竞争或垄断竞争的分析和研究开始深化。

与第一、第二次产业相比，流通产业在产品的零售、批发、仓储等行业确实不明显存在一些大企业或卡特尔统治的市场，也就是说，流通产业尚不明显存在排斥潜在竞争者进入这些行业的情况。但现实表明流通产业在产品的零售、批发、仓储中存在着经营的集中问题，而产品经营的集中则反映出流通产业的垄断现象的存在。现实经济之所以会成为竞争和垄断并列存在的经济，一是产品可以满足需求的替代性杜绝了独立垄断者，一是现实中竞争性市场的分门别类给个别厂商利用产品的不同分布和不同可得性提供了某种程度定价自由的可能性。由于定价权往往出现在产品集中度较高的厂商手中，因而对垄断的理论考察便自然成为对产业或产品集中度的考察。不过，

---

① 这方面最主要的参考文献是：Samuelson. P. A. 1954. *The pure theory of public expenditure*. Review of Economics and Statistics 36. November, pp. 387. Samuelson. P. A. 1958. *Aspects of public expenditure theories*. Review of Economics and Statistics 40. November, pp. 332.

当经济学家试图对垄断程度（产品的集中度）展开统计计量时，通常会碰到厂商的行业界定、相对规模指标的确定等问题①。这些问题在促使经济学家提出很多计量垄断程度、带有叙述性统计性质之建议的同时，垄断程度的复杂性也使经济学家们认识到不可能用某一单独指标对其进行刻画，也不能用纯数量术语对垄断程度做出充分的描述和解说。

产业组织运行所展示的竞争和垄断并存的画面使笔者产生以下两点认识：一是垄断竞争理论或不完全竞争理论有关市场结构的理论认知具有一定的科学性；二是对现实中竞争和垄断的具体形式的研究，要结合经济体制模式及其制度安排来展开。作为对问题的一种探讨，本书以"局部垄断的市场性竞争"来概括目前中国流通产业的市场结构，这一概括的中心词"局部垄断"是在理解中国现阶段流通产业市场结构之特征的基础上形成的一种理论认知，虽然，这个概念在很大程度上受不完全竞争或垄断竞争的启发，但两者之间却存在着区别。笔者在以下章节的论述中将努力对这种区别做出说明。

西方产业组织理论有关垄断的描述给笔者以下启示：1. 产品的差异性是市场垄断得以形成的物质基础，相对于制造业，流通业的产品差异主要体现在规格、品种、包装等方面；2. 从纯粹的理论层次来考察，流通产业中竞争的覆盖面要明显大于垄断的覆盖面，但我们不能据此就认为流通产业不存在垄断；3. 如果流通产业存在垄断，我们难以用西方理论的"集中度"等指标来描述其垄断程度，一种可选择的衡量途径是用"流通业态变化"以及由此导致的市场力量来描述；4. 流通产业存不存在自然垄断是一个值得研究的问题，若存在，应如何解说；5. 中国流通产业的运行特征在很大程度上具有体制转轨的烙印，我们对其竞争和垄断的理解以及对政府要不要对流通产业实施规制的政策建议，必须以中国的实际为分析背景，照搬西方

---

① 以厂商行业的划分所产生的困难而言，由于垄断厂商和产业分支的范围是重合的，当我们考虑到很多厂商行业的垄断程度和产品的差异性时，很难找出一个厂商行业的集团界限、从而确定出一个计量行业内垄断力量的一般性指标。例如，要估计钢铁行业的垄断程度，究竟是以全部钢铁厂商还是以一定规模的钢铁厂商或以某一类型的钢铁厂商来作为行业集团的界限呢？如果用其中的一种，势必要施加某种程度的硬性规定。一些经济学家认为计量垄断程度有必要取消行业界限，可用某一垄断厂商对另一厂商的交叉需求弹性来进行计量，其依据在于完全垄断情形下的这种弹性为零。参见 Triffin, R. 1940. Monopolistic Competition and General Equilibrium Theory. Cambridge. Mass.：Harvard University Press. 但这种计量方法只能揭示厂商的现实垄断程度，并不能说明其潜在的垄断程度。在美国反托拉斯和公平竞争立法中，垄断程度主要被看成是大厂商之于小厂商的市场力量问题，于是很多经济学家倾向于用反映总产量、总销售量、总就业量或某厂商资本资产占行业百分数份额的集中度来进行垄断程度计量，以集中度指标来计量垄断程度的优点比较贴近实际，但它容易忽视大厂商以外的厂商的数量和规模。为此，经济学家提出了许多不同的计量垄断程度的方法，比较有影响力的可参阅 Lerner, A. P. 1934. *The concept of monopoly and the measurement of monopoly power*. Review of Economic Studies 1，June, pp. 157 – 175. Bain, J. S. 1941. *The profit rate as a measure of monopoly power*. Quarterly Journal of Economics 55，February, pp. 271 – 293.

理论是一种危险。

1.3 本书的结构安排

流通产业运行问题涉及的范围相当宽泛，从现实而不是从纯逻辑角度来界定其分析范围，它除了包括自身的投资选择、销售策略、经营管理等活动，还应包括同制造业的业务链接和政府政策规章的关联。对流通产业以上具体活动的研究，属于流通经济学的分析范围；而对流通产业运行问题的一般考察，则可以注重在产业组织及政府规制的层次上围绕其制度、主体、行为等来展开。不过，对制度、主体和行为的研究，又可以分为现实分析和基础理论分析两个层面（尽管后者以前者为基础）。本书的分析主题对结构安排的规定性，是跳开属于流通经济学分析对象的具体问题，力图从产业组织及政府规制的视角对流通产业运行中的某些基础理论问题展开一些探讨性研究。

本书第2章从制度入手，在概要评说制度分析理论的基础上，对流通产业的制度安排问题做出了一些理解。这部分内容涉及到经济学家将制度作为内生变量来处理的分析方法，着重讨论了对制度做出既定和不既定假设时有关流通产业运行的一些问题，认为对流通产业运行中的制度安排问题的分析，既可将宏观层次的制度安排视为既定，也可将宏观层次的制度安排视为不既定来进行；在宏观制度既定的假设上分析流通产业运行的制度安排，必须关注流通领域的市场治理和公司治理，而对市场治理和公司治理的研究，必须以市场层面上的制度不既定为分析前提，即必须联系契约等市场制度变化来考察流通产业的公司内部治理和外部约束等制度安排。在笔者看来，运用新制度理论的以上分析方法，可以较好地把我国经济体制转轨背景下流通产业运行的制度安排问题放置于公司治理、市场治理的框架内进行探讨。在这一章的分析中，讨论了作为政治、经济和文化综合的公司治理结构，讨论了公司治理结构与正式、非正式制度之间的关联，并通过对我国体制转轨时期公司治理结构问题的概要评述，将问题分析的逻辑链延伸至流通产业运行的微观分析。

本书第3章是对流通产业运行的理论分析及其建构思路。笔者认为，流通产业运行的理论基础仍然是产业组织理论，能否在产业组织方面对流通产业运行做出一般解释，是其理论建构的关键所在。基于建立在市场结构分析之上的产业组织理论通常以竞争和垄断为考察对象，本章针对西方产业组织理论有关竞争和垄断的相关论述能否适合于流通产业这一基础问题进行了评论，通过评论新古典学派、哈佛学派、芝加哥学派和新产业组织学派等涉及竞争和垄断的相关理论，对流通产业运行中的竞争和垄断给出了一些新的理解，并在此基础上对我国流通产业的局部垄断问题展开了分析，提出了一个贯穿于全书的概念——局部垄断的市场性竞争。围绕这个新概念，本章着重讨论了以下问题：流通产业的产品差异性、平均成本的形成，是否存在垄断，其基本竞争格局同第一、第二次产业的差别等，并通过这些讨论展示了建构流通产业基础理论的思路。尽管本章的分析线条和框架比较粗犷，但它是全书立论和分析框架的理论基础（假如这些思路存在着新意）。

本书第4章在对流通产业组织做出几点新的理解的基础上，在理论上对流通产业中竞争和垄断之基本格局的形成进行了解说，认为对流通产业中的市场结构的认识取决于对其经济组织及其制度的认识；通过对不完全竞争理论和垄断竞争理论的评说，研究了流通产业形成垄断的物质基础和体制基础。作为对我国流通产业竞争和垄断之深入分析的一种探讨，本章的讨论涉及到政府产业政策及其经济规制中的立法、司法和行政执行之间的相互关联等问题，并由此对流通产业的公司治理与局部垄断问题展开了讨论，认为在交易成本大于零的市场环境中，公司治理模式是由影响经济活动的基本政策、法律和社会游戏规则的制度环境决定的，制度环境影响着治理结构的选择及其比较效率。围绕公司治理模式，着重分析了中国现阶段流通领域中形构局部垄断的那些公司的公司治理模式，认为此类公司是组织治理型模式和市场治理型模式的混合。最后，依据中国流通产业的实际，研究了制度环境约束、公司治理模式对局部垄断形成的作用问题，并由这些问题延伸到委托代理问题的讨论。

本书第5章的研究对象是流通厂商的选择行为。针对新古典经济学有关偏好和效用以及建立在这种分析基础之上的理性选择理论，笔者认为，对选择行为的分析不应局限于经济活动领域，不应遵从工具理性将理性选择行为模式化和程序化的研究思路；据此，本章首先对选择行为的理性和非理性的属性展开了分析，将理性选择界定为"由思考而认知而选择"，将非理性选择界定为"未思考而缺乏认知而选择"，并围绕以上定义逻辑性地通过抽象数学模型对流通厂商的理性选择、非理性选择进行了分析，认为在流通厂商的实际投资选择中，当"由思考而认知而选择"占据主导地位时，投资选择便属于理性选择，而非理性只是作为一种倾向存在；当"未思考而缺乏认知而选择"处于主导地位时，非理性倾向就不是作为非理性行为的一种前意识，而是会转化为非理性行为。本章的分析特点之一，是在对非理性倾向做出说明的基础上，概要地研究了非理性倾向如何会转化为非理性行为，理性选择如何会转化为非理性选择。这些研究属于选择行为的基础性研究范围，在本书的结构安排中之所以穿插这一内容，主要是基于拓宽和加深对流通厂商选择行为之研究的考虑。细心的读者将会发现，在后续的章节中这一研究会对流通产业很多问题的分析起铺垫的作用。

本书第6章对流通产业的投资运行机理及其特征展开研究。如此的分析思路是由投资活动贯穿于流通产业运行之始终的规定。事物之机理者，乃其共性构成之谓也；事物之特征者，乃其个性显现之释也。在本章中，投资运行机理被解释为投资活动在制度、主体、行为等方面所显现或蕴含的特征、趋向、过程及其机制的共性构成，而将流通产业不同于第一、第二次产业的投资决策程序、原则等理解为它的机理特征。本章通过对流通产业的投资传导循环的概说，分析了中国流通产业的投资运行中形成局部垄断的主体构成及其作用机理，认为流通产业中宏观调控的相对弱化和较高的产业开放度，会改变国内流通厂商的投资决策的程序、原则、融资渠道、资金流向等，从而会形成中国流通产业特有的投资运行机理，并据此认为转轨体制是形成中国流通产业产生局部垄断的体制基础。针对体制转轨国度中的流通产业的局部垄断，笔者认为，这种情形部分植根于产权与计划机制的关联，部分产生于外资的经济实力、管理技术及品牌效应等；针对局部垄断对投资运行的影响，笔者认为，应该从直接投资和非直接投资所构成的投资传导循环流来考察，要从国有控股公司产权与计划机制的关联来分析它对政府产业政策和宏观调控手段的影响，要研究跨国公司的在华投资对流通产业之投资运行的影响。

本书第7章针对跨国公司在华流通领域的投资逐步膨胀的事实，认为这种膨胀会导致中国的流通产业出现自然垄断的情形。笔者在对自然垄断做出不同于产业经济学之理解的基础上，认为自然垄断并不是唯一性地产生于具有规模经济特征的产业部门或公用事业部门，从产品的销售经营及其外部性等方面论证了流通产业出现自然垄断的可能性。作为一种分析性的探讨，本章对跨国公司在中国流通领域的投资经营有可能形成自然垄断的情况进行了概要的理论论述。继之，笔者依据中国的实际，认为中国的投资环境对跨国公司在华流通领域的投资经营有着可以从路径上展开分析的约束，并通过若干函数式描述了这些约束。再继之，本章分析了跨国公司的行为方式，重点研究了跨国公司在华投资经营中的如何减弱制度安排约束的行为倾向和努力，认为跨国公司减弱中国投资环境及其制度安排约束的手段，主要表现在她们具有改变制度安排的能力，并联系市场治理中的契约的制定和执行，分析了非正式制度和隐性制度对跨国公司投资经营的约束。总之，本章试图对自然垄断、制度安排及其市场关联等展开一种以跨国公司作为分析对象的理论解说。

本书第 8 章是在上一章分析的基础上研究流通产业组织结构的优化问题。基本观点是认为产业组织结构的优化会在一定程度促进流通产业运行中的自然垄断和局部垄断。首先，本章依据于对产业组织结构优化之特定内涵的理解，认为流通产业组织结构是否处于优化状态，一是要看其内部性的制度安排是否充分兼顾了市场和企业制度；另一是要看其外部性会不会引发交易过程中的第三方的成本支付。继之，本章重点分析了两个问题：1. 产业组织结构优化与流通产业中自然垄断的市场关联；2. 产业组织结构优化的外部性与流通产业中的局部垄断。关于第一个问题，笔者分析了跨国公司在华流通产业投资所形成的自然垄断不同于流通产业组织结构优化所形成的自然垄断的机理及其特征，这一分析内容是对第 7 章的补充。关于第二个问题，笔者认为自然垄断是局部垄断的一个重要组成部分，流通产业组织结构优化与局部垄断之间的外部性是间接的，这种间接的外部性在推进流通产业中自然垄断的同时会加固局部垄断。最后，本章对进一步研究流通产业组织结构的优化问题展开了一些讨论，强调认为，如果产业组织结构优化的外部性与流通产业局部垄断存在着间接关联的机理成立，则一系列问题存在着探讨的空间，而对这些问题的探讨会有助于我们对流通产业之一般理论的建构。

本书第 9 章研究了中国地方政府与国有流通厂商之间的委托代理问题。分析的结构层次安排，是首先基于中国地方政府与产权归其所有的流通厂商之间存在着委托代理关系，而现有的经济理论分析对这种委托代理所产生的中观层面上的政府规制行为没有引起高度重视的事实，以激励规制理论为分析工具，揭示了地方政府运用委托代理合同以规制产权归其所有的流通产业的厂商行为时所存在的某些机理，并结合这些机理对中国现阶段地方政府应如何规制厂商行为提出了一些可供政府决策机构思考的认知。其次，分析了厂商的参与约束和激励约束的相容问题，认为这种相容取决于政府与厂商签订的委托代理契约在实际中的各种规定，认为如果委托代理契约不能致使厂商的参与约束和激励约束处于市场要求的相容状态，就不能出现令规制者满意的情形，委托代理契约就必定存在着这样或那样的问题，而这些问题的存在便意味着流通产业需要针对委托代理进行改革。最后，对流通厂商在委托代理契约之签订和执行中的参与约束和激励约束的相容状态展开了两种不同认识的讨论：认为从市场内在要求或从资源配置角度来解说地方政府与流通厂商之间的委托代理关系时，中国现阶段产权国有的流通厂商没有实现参与约束和激励约束的相容状态；并认为当不考虑市场约束因素来理解地方政府与流通厂商之委托代理的利益相关性时，中国地方政府与流通厂商之间存在着一种合作性博弈，这种合作性博弈会形成地方政府与流通厂商在委托代理中的厂商参与约束和激励约束的相容状态，而这种以行政型垄断为底蕴的相容状态是导致中国流通产业之局部垄断的基础。本章的分析内容可视为是对中国流通产业运行问题的一种逼近实际的基础理论探讨。

  本书第 10 章再次回到市场治理结构来讨论流通产业的运行问题。围绕这一问题，本章着重在理论上对市场治理变动导致流通产业重塑的一般图景进行了描述，认为中国经济体制转轨在加速制度变动速率的同时，也在扩大着制度变动的范围；这些变动既显示了体制转轨对市场治理的影响，也反映了市场治理对体制转轨及其制度安排的内在要求。针对制度不既定条件下的市场治理变动，本章对传统市场交易以及以兼并和重组为特征的等级交易、混合交易这三种构成市场治理结构的交易类型展开了分析，讨论了市场治理变动对制度不既定条件下制度创新的约束作用。联系中国流通产业运行的实际，本章对中国流通产业有可能出现的重塑景象展开了一般性讨论，分析了市场治理变动与流通产业重塑之间的相关性问题，认为中国流通产业运行有可能会出现以下两种图景：1. 在传统市场交易占主导地位的情况下，竞争充分而局部垄断被限定在较小范围；2. 随着等级交易和混合交易的普遍出现，市场治理模式变化将会导致流通产业的竞争和垄断在比例上出现并驾齐驱的格局。本章的分析结论是：中国流通产业中的局部垄断，一方面产生于行政型垄断，另一方面产生于等级交易和混合交易在市场治理结构中的比重，随着中国流通产业的等级交易和混合交易的出现，契约的制定、执行和仲裁等形式会发生变化，这些变化将不可避免地促使流通产业运行格局的变化，即这些变化会导致中国流通产业运行的格局发生重塑。

  本书第 11 章是对先前各章有关流通产业运行在产业组织、制度等方面进行基础理论考察的思想感悟。这种思想感悟催生了笔者对流通产业组织理论的建构产生兴趣。围绕这一基础理论的建构，本章以制度分析为框架对如何建构流通产业组织理论提出了一些设想；认为这一基础理论框架的设计可以用投资函数和消费函数作为基本分析工具，并对这两个函数的构成展开了粗线条的分析。针对中国流通产业的局部垄断现象，本章依据以上的设想对这种垄断现象的研究框架进行了讨论，认为要建构流通产业的制度分析的一般性理论，必须正确选择对流通产业运行发生影响的关键性变量，只有选择性地用这些变量来构造流通产业运行的诸如制度功能函数、制度质量或效应函数等，才能对中国流通产业的局部垄断做出理论说明。

第2章　制度分析理论与流通产业运行

在世界各国传授经济学义理的大学殿堂上，标准的新古典经济理论将厂商描述为追求利润最大化而单纯由技术决定其边界的生产函数，生产函数所具有的基础理论性质的一般含义及其学理规定，无论是对于制造业还是对于流通业的分析和研究，都在很大程度和范围内将经济理论置于象牙塔之中。用经济学术语来解说，生产函数这种不涉及制度范畴的经济理念是将制度作为外生变量来处理的①。现代经济发展所显现的制度安排的重要性，要求经济学家对一切经济问题的研究要考虑到制度因素，或者说要将制度作为内生变量来处理。流通产业作为社会经济的一个重要组成部分，其运行是在特定的制度安排下进行的②。因此，在理论上分析流通产业的运行，有必要首先对制度进行考察。

2.1 新制度分析理论概说

制度对于社会经济运行和发展的重要性，在于它能够限制经济活动的不确定性。概括而言，只要契约一方不能对另一方的策略变化形成预期，经济活动就存在着不确定性；经济活动的不确定性是由信息不对称引起的，厂商

---

① 视制度为外生变量的分析方法是与将厂商、个人和政府统一概括为"理性经济人"的分析方法相对应的。科斯曾将这一分析方法所形成的经济理论戏称为"黑板经济学"，他通过交易成本的分析和研究使人们关注于制度的作用，从而使制度逐步成为经济理论分析的内生变量。参阅 Coase, R. (1937), *The Nature of the Firm*, Economica, 4, pp. 386 – 405. Coase, R. (1960), *The Problem of Social Cost*, The Journal of Law and Economics 3, pp. 1 – 44. 客观地说，科斯的贡献在于给新制度理论开辟了以交易成本为脉络或分析主线的理论框架，制度成为经济分析之内生变量的理论后果，是我们对任何经济问题的现实研究都必须重视制度的作用，对流通产业运行问题的研究，也是如此。

② 这里所说的制度安排，主要是指政府对流通领域的政策、法律规章以及厂商之间的契约制定、执行和仲裁等。不过，当分析范围扩大至体制层面时，经济体制模式也属于制度安排的范围。本书有关制度安排的分析包含这两个层次的内容。特此说明。

或个人在信息不对称条件下所展开的一切合作或非合作博弈都会受到制度安排的约束。制度安排有利于还是不利于社会的经济运行和发展，属于制度安排的质量问题，以此来解说制度安排的重要性，则高质量的制度安排能够最大限度地限制经济活动的不确定性，低质量的制度安排只能有限度地限制经济活动的不确定性。联系厂商或个人追求自身利益的功利来看，现实经济活动的无数事实表明，在高质量制度安排的约束下，即便存在着许多企图不遵守规则的厂商或个人，社会的经济运行和发展也会有较好的绩效；而在低质量制度安排的情况下，即便绝大部分厂商或个人都遵守规则，社会的经济运行和发展也难以出现较好的绩效。现实所揭示的制度安排的重要性，或许是新制度分析理论产生的催化剂。

在经济学说史上，以凡勃伦（Veblen）、康芒斯（Commons）和米切尔（Mitchell）等人为代表的旧制度学派，曾承接德国历史学派的实证主义方法对制度问题进行过深入的研究[1]，但由于制度分析的理论魅力不体现在对历史资料的归纳和推论，于是旧制度学派沉没达一个世纪之久。新制度经济学摒弃了制度为外生变量的分析假定，将制度作为内生变量来研究社会经济现象。以科斯（Coase，1937）、威廉姆森（Williamson，1985）、奈特（Knight，1992）、阿尔奇安和德姆塞茨（Alchian and Demsetz，1972）等人为代表的新制度经济学，通过对交易费用、制度安排、资产专用性、机会主义、不确定性、剩余索取权、契约等范畴的学理性讨论，创立了以理论论证为特征的新制度经济学[2]。基于方法论个人主义假设的新制度经济学具有能够以个体行为解说绩效的普适性的理论解析力[3]，人们已在很大程度上接受

---

[1] 一些学者认为旧制度经济学只是对制度影响社会经济运行和发展做出了分析性或描述性的学术贡献，并没有对制度如何约束经济活动展开一般性理论概括。有关新旧制度经济学的比较，参见 Hodgson, G. (1998), *The Approach of Institutional Economics*, Journal of Economic Literature, 36, pp. 166–92. 学术界倾向于认为新制度经济学弥补了旧制度经济学的这一理论缺憾，从而使制度经济分析理论化和系统化。

[2] Coase, R. (1937), *The Nature of the Firm*, Economica, 4, pp. 386–405. Williamson, O. (1985), *The Economic Institutions of Capitalism*, New York: Free Press. Knight, J. (1992), *Institutions and Social Conflict*, Cambridge: Cambridge University Press. Klien, P. (1999), New Institutional Economics; Bouckeart, B., G. de Geest (eds.), Encyclopedia of Law and Economics; Cheltenham: Edward Elgar.

[3] 个人主义方法论意味着一切经济活动的绩效都必须由个人的行为决策来解释，新制度经济学所蕴涵的这一个人主义方法论假设，与主流经济学并无二致；但就不确定性所涉及的预期来说，新制度经济学并不认为所有社会层次上的可观测的经济绩效都是个人行为的预期结果，绩效问题与制度安排息息相关，经济绩效不仅来源于个人的行为决策，更主要来源于人们行为互动并被合法化的制度，因此，新制度经济学有关个人主义的假设，可以被理解为是一种规范个人主义。参见 Buchanan, J. (1954), *Social Choice, Democracy, and Free Markets*, Journal of Political Economy, 62, pp. 334–43. 不过，也有一些经济学家认为许多经济绩效并不是人为设计（制度）的结果，这便联系到了对制度的定义。关于持不同观点的新制度经济学家对制度的不同理解，本书在以后的有关章节将有所涉及。

第 2 章 制度分析理论与流通产业运行

了以制度作为内生变量来研究经济问题的分析方法。

新制度经济学探索以经济增长为主要目标的企业组织形式及其治理结构，是与设计、实施以制度安排为基本架构的经济体制模式相联系的。不同的市场治理结构或企业组织形式对应于不同体制模式的事实，使经济学家在体制模式层面上强化了对制度重要性的认识[1]。基于制度安排对社会经济运行日益凸显的影响，诺思（North，1990）曾将制度安排划分为正式和非正式两种形式以说明制度的广泛存在，奥尔森（Olson，1996）认为制度是实现经济可持续发展的初始因素，哈耶克（Hayek，1973）强调坚持经济可持续发展离不开制度的理念，齐默尔曼（Zimmermann，2004）则主张应从制度的内在性和外在性来研究制度对经济绩效的作用机理[2]。经济学家从不同角度对制度重要性的论述，给我们研究流通产业运行中制度安排的相关问题提供了一些有助于拓宽商贸流通业之分析视域的思想启迪。

新制度经济学研究市场治理结构及其制度安排，通常是在假定制度既定或制度不既定两种假定前提上进行的，并且对行为决策的不确定性予以高度的关注（Knight，1992），选择行为的不确定性决定着企业、市场及其制度安排的重要性[3]。在理论上引入不确定性来研究产业组织和公司治理结构，假定制度既定是一种简捷的分析方法，当制度被假定为既定时，对市场治理结构和公司治理结构等研究取得较大理论进展的，是依据交易成本经济学和新产权制度理论所论证的不完全契约理论（Grossman and Hart，1986；Hart

---

[1] 无论是沿袭德国历史学派之分析方法而注重于历史实证研究的以康芒斯和凡勃伦为代表的老制度学派，还是对交易成本予以破译而关注企业组织和市场治理的以科斯和威廉姆森为代表的新制度经济学，都认为制度是经济增长的关键因素。但由于制度经济学理论的一般性根植于成熟的市场经济国家，它并不能有效解释各国的具体实际（如东欧各国和我国的体制转轨），这便使得制度因素在更深层次上显露出以不同文化背景、资源禀赋、既定经济运行格局等的规定性。同时，由于制度经济学并没有对流通产业的结构、组织和绩效等进行过专门的研究，因而分析流通产业运行与制度安排之间的关联，尚存在着许多有待于深入探讨的内容。

[2] 有关这些经济学家论述制度重要性的主要观点，可参阅诺思（North，1990）：《经济史中的结构与变迁》上海三联书店、上海人民出版社，1994 中译本。Olson, M. (1996), *Big Bills Left on the Sidewalk*, Journal of Economic Perspectives, 10/2, pp. 3–24. Hayek, F. (1973), *Law, Legislation and Liberty*, Vol. I: Rules and Order, Chicago: University of Chicago Press. 齐默尔曼（Zimmermann，2004）：《经济学前沿问题》，中国发展出版社，2004 年中译本。

[3] Knight, J. (1992), *Institutions and Social Conflict*, Cambridge: Cambridge University Press. 科斯的贡献在于敏锐地观察到以理性经济人为假设的新古典经济学将企业和市场二分的分析方法，忽视了现实交易尤其是长期投资中的交易成本的广泛存在，他认为要减少交易成本就必须建立旨在限制个人行为不确定性的制度安排。威廉姆森（Williamson，1985）和卡莱茵（Klein，1999）承接了科斯的研究思路，对公司的治理结构进行了深入的分析，他们在公司和市场合而为一的框架内论述了不同制度条件下的交易成本和长期契约的形成。参阅 Williamson, O. (1985), *The Economic Institutions of Capitalism*, New York: Free Press. Klein, P. (1999), New Institutional Economics: Bouckeart, B., G. de Geest (eds.), Encyclopedia of Law and Economics; Cheltenham: Edward Elgar.

and Moore, 1990），该理论将契约制定中的目标和条款以及执行或调整契约、解决纠纷的规则和手段等作为分析市场治理结构问题的一般框架①。但如果以制度不既定来解析市场治理结构和公司治理结构，问题可能不会那么简单。我们可否分别通过制度既定和制度不既定两种假设情形对流通产业的运行展开分析呢？这是一个关乎有没有可能扩大商贸流通业分析范围的理论问题。

市场治理和公司治理等微观层面上的制度不既定，通常是针对法律和行政规章、规则及执行手段对交易各方在契约制定、目标和条款、执行和调整、解决争端等制度方面的不定型而言的。新制度经济学、宪法经济学和公共选择理论等对主流经济学完全契约理论的批评，主要是通过论证交易成本的存在以说明现实中契约的不完全来展开的。交易成本产生于人们受有限理性制约而不能对未来事件之不确定性的预期，而不确定性决定了制度的必要性及其不断创新。契约是市场治理核心的这一基本事实，意味着契约的制定、执行、调整及解决争端的规则和手段构成了市场治理结构的中心内容。批评"理性经济人"范式的经济学家几乎一致性认为，有限理性约束使"明确规定每一种情况下契约各方应遵守的行为及保证所有收益和成本分配"的完全契约是不可能的。市场治理结构之所以要不断创新，其深层次的理论依据是信息不对称和资产专用性。

威廉姆森（Williamson，1985）研究过长期投资形成资产专用性以及与此相关的机会主义问题，这一研究涉及了制度限制不确定性的质量问题。新制度经济学有关这一研究的发展，主要体现在契约理论方面。新制度分析理论认为，如果不存在有约束力的长期契约（如共有产权），就会在长期投资中出现一方以终止资产专用性契约来威胁参与方的勒索现象，这种现象会抑制长期投资，鼓励短期生产和交易；机会主义形成过程的物质基础，是资产专用性投资使尚未形成生产能力的投资成本变成沉淀成本，其制度规则是契约的不完全；不完全契约在允许契约各方就无法预期的可能情况做出灵活反应的同时，也给契约各方不承诺某些契约条款从而出现以勒索为特征的机会主义行为提供了可能性。针对不完全契约给交易者造成的交易成本，新制度

---

① 按笔者的理解，制度不既定通常是针对一国的经济体制、政策、法律规章甚至包括影响市场环境的习俗、伦理等的变化而言的，因此，单纯以市场治理结构为背景从而仅仅将契约作为制度安排的分析对象时，不完全契约仍然意味着制度的既定。Grossman, S. J., Hart, O. D.: The Costs and Benefits of Ownership: A Theory of Vertical and Lateral Integration. Journal of Political Economy 94 (4), pp. 691 – 719 (1986). Hart, O. D., Moore, J.: Property Rights and Nature of the Firm. Journal of Political Economy 98 (6), pp. 1119 – 1158 (1990).

经济学曾对契约谈判、制定、执行和仲裁等进行过广泛的研究,这方面的研究文献构成了契约经济学的核心内容。任何试图完善不完全契约的经济理论分析,实际上都是力图改变市场治理和公司治理结构的研究,而实践中涉及规范市场和公司交易行为的规则及其执行手段的变化,都是制度不既定的反映。

制度不既定发端于信息不对称。新制度经济学强调:要使信息对称则必须支付交易费用。在现实中,掌握优势信息的一方往往在机会主义的驱动下扭曲或谎报信息,以利于自己在契约的签订中处于有利地位,这种以扭曲或谎报信息为特征的逆向选择行为,会致使信息劣势方取得信息或甄别逆向选择时要支付交易费用。从契约的谈判、制定到契约的实施,也可能因为缺乏足够的信息来评价契约是否公正和明确判断契约条款能否兑现,于是会引发道德风险。这就是说,信息不对称必然造成契约的不完全。同时,当发生契约纠纷时,法庭也会要求诉讼者在搜集和处理作为仲裁依据的信息时支付交易费用,即法庭还不完全具有支持签订完全契约的制度功能。因此,只要存在着信息不对称,不完全契约就是一种必然,市场治理和公司治理就必然是在制度不既定情形下进行。

针对制度不既定条件下的市场治理和公司治理,新制度经济学强调制度的创新,其内容主要包括制度的规则及其执行规则的手段两方面。基于制度创新会产生交易费用,经济学家开始关注交易费用的具体特征、性质和规模对制度的影响以及制度决定交易费用的方式等问题(Masten,1999)[1]。由于创新的制度并不能像经济学家所预期的那样高效率地解决市场治理和公司治理中的问题,一些经济学家便转向对制度质量的讨论[2]。另一方面,由于市场治理和公司治理的制度创新会在一定程度和范围内涉及到政治制度安排,而要解决政治制度安排与市场和公司治理的协调,则通常需要支付政治交易费用,也就是说,政治交易费用是改变社会制度安排所必须支付的费用,它不仅会限制政治改革也会对市场和公司治理的创新发生影响[3]。将制

---

[1] Masten, S. E.: About Oliver E. Williamson. In: Carroll, G. R., Teece, D. J. (eds.): Firms, Markets, and Hierarchies: The Transation Cost Economics Perspective. New York: Oxford University Press 1999.

[2] 例如,诺思在研究欠发达国家的低经济绩效和不同国家的财富差异的形成时,曾认为制度质量是导致这种局面产生的主要原因。参见诺思(North,1990):《经济史中的结构与变迁》上海三联书店、上海人民出版社,1994年中译本。再例如,齐默尔曼则通过将制度划分为不同类型来解说高质量的制度对市场治理和公司治理的规范。参见齐默尔曼(Zimmermann,2004):《经济学前沿问题》,中国发展出版社,2004年中译本。

[3] Williamson, O. E.: The Mechanisms of Governance. New York: Oxford University Press 1996. Dixit, A. K.: The Marking of Economic Policy: A Transaction-Cost Politics Perspective. Cambridge, Mass.: MIT Press 1996.

度分析由经济层面拓宽或上升至政治或社会层面,是新制度分析理论将制度作为内生变量的必然逻辑演绎和推论,这种演绎和推论既适合制度不既定也适合制度既定的情形。

相对于制度不既定,在制度既定假设下来研究市场和公司的治理,倒是一种说明制度重要性的删繁就简的分析方法。这种分析方法重视特定制度假设下的市场和公司治理的不同选择,也就是说,一旦制度被假定为既定,研究者就会关注市场引致的交易费用在何种情形下最小化,交易在什么样的条件下是通过市场在什么样的条件下是通过公司内部进行,这是问题的一方面;另一方面,一旦制度被假定为既定,研究者则会重视各种制度运行的相互协调问题[1]。而对制度的相互协调的研究,则会波及到对正式和非正式制度的研究。新制度经济学在研究市场竞争和政府管制等问题的同时,对非正式制度与市场和公司治理的关联也进行了探索[2]。较之于正式制度,由于现实中的非正式制度通常处于既定状态,因此,非正式制度或多或少对制度的既定假设在现实上提供了支撑作用。

大多数新制度经济学家都认为制度具有博弈的性质,这种认识来源于人们对策略不确定性的认知。在纯理论分析层次上,可以认为不确定性会致使短期投资和现货交易,而制度限制不确定性的功能却可以使长期投资处于经常性的存在。制度被看成是博弈的结果和博弈的规则,是一些新制度经济学家对制度理解的认识分歧。联系制度既定和制度不既定的分析假设来看,可以通过一系列中介的分析,认为制度既定假设关联于制度是博弈的规则,制度不既定假设关联于制度是博弈的结果。新制度理论有关制度重要性、制度既定和不既定的分析假设,以及与此相关的制度是博弈规则或结果的分析,对所有经济问题的研究在方法论上都具有将问题分层次分析的普适性。

---

[1] 这个问题的研究是同市场和公司究竟是二分法还是混合法的分析思路相关联的。现代企业制度趋向于证明市场治理和公司治理是一个连续的混合体,而这种混合体要求公司治理选择更加细分的结构,参见 Williamson, O. (1985), The Economic Institutions of Capitalism, New York: Free Press. 以市场和公司的治理为一连续混合体而论,新制度经济学便开始通过市场治理模式的研究来讨论制度的绩效问题,而对绩效的研究则涉及了各种制度运行的协调问题。

[2] 例如,格瑞夫(Greif)曾从理论和实证两方面研究了行为与文化的相关性;诺斯(Denzau and North)曾从心智模式之于意识形态的影响对制度环境的变化展开分析,等等。这些分析和研究都间接地对市场和公司治理结构的设计和运作提出了一些可供深入探讨的观点。参阅 Greif, A. (1997); Cultural Beliefs as a Common Resource in an Integrating World, Dasgupta, P, K. G. Maler, A. Vercelli (eds.), The Economics of Transnational Commons, Oxford University Press, pp. 238 – 96. Denzau, A., D. North (1994), Shared Mental Models: Ideologies and Institutions, Kyklos, 47, pp. 3 – 31.

2.2 关于流通产业制度安排的若干理解

诺斯将制度安排划分为正式和非正式两种形式，主要是基于制度制定或形成的性质；制度执行是否受法律或规章的约束；制度的调整或重塑是否需要经历必要的程序等为依据的。这种划分并不要求对制度做出既定和不既定的分析假设。制度分析理论的后续发展之所以会出现分析假设，是因为研究者发现制度既可以看成是博弈的规则，也可以理解为博弈的结果。当人们注重从博弈的规则来分析制度的形成及其作用机制时，由于正式和非正式制度都取决于制度网络所构成的制度环境，于是，人们从博弈角度来研究作为规则的制度及其作用时，很容易对制度环境的既定和不既定做出有利于问题探讨的分析假设。注重从博弈的结果来分析制度的形成及其作用机制，实际上是强调制度形成的自发性而淡化制度形成的人为设计。强调制度形成的自发性这一认知本身，是对制度既定之分析假设的否定；但由于从制度是博弈的结果来研究制度的作用时，离不开对现存制度与变化中的制度之关联的考察，因此，即便是认为制度是博弈结果的经济学家，在对制度作用分析时也或多或少地暗含着一些制度既定的分析假定。

按照制度既定或制度不既定的分析假设，流通产业的制度安排可以从两个层次来研究：1. 不考虑宏观层面上的诸如体制模式、政策法规及其调控手段等的影响，即将宏观层次的制度安排视为既定来考察流通产业的制度安排；2. 考虑宏观层次的制度安排变化，即将宏观层次的制度安排视为不既定来考察流通产业的制度安排。显然，对这两种情形下的流通产业的制度安排分别进行考察，将会有不同的分析结论。

另一方面，对流通产业制度安排的分析，既可以从经济体制模式和法律规章等来理解，也可以从市场对流通产业运行的各种规定或要求来解说。与经济体制模式和法律规章一样，市场也会对流通产业的制度安排发生影响。概括来说，流通产业的制度安排主要包括两个方面的内容：一是政府对流通产业规定的政策法规以及由此决定的流通体制等；一是市场机制对流通厂商投资、交易、内部治理、外部约束等所形成的规则。将宏观层次的制度安排视为既定或不既定来考察流通产业的制度安排，就是对政府的政策法规以及由此决定的流通体制等做出既定或不既定的分析假设。由于宏观层次的制度安排在长期中具有相对稳定性，制度分析理论通常是将其视为既定来研究市场治理和公司治理的。假设宏观层次上的制度既定来分析流通产业运行中的制度安排，必须对流通领域的市场治理和公司治理进行研究，但这种研究要以市场层面上的制度不既定为分析前提，也就是说，要联系契约等市场制度变化来考察流通产业在公司内部治理和外部约束等方面的制度规定。

现实中的纯粹市场制度通常是围绕契约的制定、执行以及纠纷的仲裁来展开的。市场层面上的制度不既定，来源于信息和环境因素的不确定性。我们与其将市场层面上的制度不既定看成是分析假设，倒不如将它理解成是对现实的一种真实描述。以流通产业运行来考察这种不既定，厂商的投资决策、市场交易等活动所遵循的规则及执行手段，一般制约于不完全契约①。不完全契约是指市场治理不既定下的契约制定、调整和执行的不既定，具体地说，就是契约条款局限于一般目标及其约束，它允许契约双方根据市场变化对契约的将来执行保留修正的权利。由于流通产业具有进入门槛低、投资周期短、长期投资较少等特点，其受不完全契约制约或影响的程度和范围更加深刻和广泛，因此，我们可以将不完全契约看成是流通产业在市场制度不既定条件下运行时的制度安排的基本形式。

流通产业的内部协调和外部约束的组织形式，仍然是公司治理结构和市场治理结构。从制度安排来理解这两种治理结构，除了这两种治理结构在制度安排上的各自规定外，它们的关系还可以从彼此的相互制约来认识。事实上，流通产业的运行要取得满意的效率，这两种治理结构的协调是关键。西方经济学家有关企业（公司）与市场的研究究竟应采取二分法还是混合法的争论，实际上是对如何实现这种协调在分析方法和路径上的基础理论的争论。不过，流通产业的运行特征对其制度安排有着特定的规定性，这是我们理解流通产业运行制度安排时要认真考虑的。在笔者看来，较之于其他产业，流通产业的公司治理结构作为一项制度安排，在很大程度上体现了以契约为核心的制度联系，而揭示这种制度联系有助于我们对流通产业运行的制度安排做出更深刻的理解。

现有的关于公司治理的分析和研究，通常是围绕公司内部的制衡机制来展开的，即分析股东大会、董事会、总经理和监事会等机构的权责利制衡，这些研究对制度安排的关注，主要是讨论如何设置公司内部机构的决策、执行和监督等机制，分析外部资本市场如何影响或制约公司的内部制衡，讨论

---

① 如上所述，新制度经济学、宪法经济学和公共选择理论等对完全契约理论的批评，主要是通过论证交易成本的存在以说明现实中契约的不完全来展开的。在流通领域中，不完全契约波及的范围要加广泛，其机会主义、逆向选择和道德风险问题更加严重，因此，以不完全契约作为基本制度安排来研究流通产业中厂商的行为方式，可以更好地将交易成本形成与契约的制定、调整和执行结合起来，从而将制度分析引入到流通产业的运行之中。

什么样的条件配制相容于公司控制权和剩余索取权。诚然，这些研究文献在一定程度上考虑到公司内部制衡和外部约束的制度安排问题，它同样适用于对流通产业的公司治理问题的解释，但由于流通产业在产业组织、经营管理等方面同其他产业存在着区别，其公司治理的制度安排受市场治理之制度安排的影响程度，通常要超过其他产业。例如，在流通产业中，股权结构变动频率较快容易使公司职能机构及其决策层的变动，市场需求的不确定性容易引致公司经营方针的变化，契约不完全容易使公司治理在短期内必须做出适应市场治理的调整，等等。就市场治理对公司治理的影响来说，流通厂商会根据市场的不确定性经常性地改变投资决策，而投资决策的变化会在一定程度和范围内重塑公司治理结构。因此，流通产业的制度安排更多体现在同市场的关联方面。

在体制模式和法律规章等制度既定的情形下，市场层面的制度不既定主要表现在委托代理和契约联结（Nexus of Contracts），以及由此引致的公司剩余索取权和控制权等方面。以委托代理而言，委托者与代理者之间的参与约束和激励约束是否相容，会涉及到公司的内部制衡的制度安排[1]；就契约联结而论，它对公司内部制衡的影响则反映为公司的资产和现金流存在着可以分割的剩余索取权[2]。因此，对流通产业运行的制度安排的考察，可以从市场制度不既定对公司治理结构约束的角度，通过委托代理和契约联结来加深这方面的研究。

当我们以契约为主线来理解流通产业运行的制度安排时，分析的思路可以围绕公司内部制衡的制度安排、市场治理的制度安排以及公司治理与市场治理相融合的制度安排来进行。从现象形态来看，公司内部制衡的制度安排似乎完全是一种反映股权结构的机构设置及其职能，但值得关注的是，流通产业股权结构变动频率快所引起的公司决策层经常变动的情况，并没有改变公司内部制衡的机构形式和性质，即公司内部的制度安排仍然以股东大会、董事会、总经理和监事会等职能机构为载体。这种情形留给我们以下的思

---

[1] 公司的参与约束和激励约束的相容问题，是衡量公司治理的制度安排优劣的一个重要方面，相容的参与约束和激励约束，意味着股东大会、董事会、总经理和监事会之间在职能发挥上的协调，反之则反是。参阅何大安："厂商参与约束和激励约束之相容"，《财贸经济》2007年第11期。

[2] 詹森和麦克林（Jenson and Michling 1976）在分析公司的性质时，曾联系契约联结来探讨过公司剩余索取权，尽管他们的探讨不完全局限于公司内的制度安排而在一定范围内波及了公司外部约束的制度安排，但他们坚持认为公司是一组人力和物质资本、显隐性契约的理论观点，却为后续研究者将公司治理与市场契约展开融合分析提供了思想材料。参阅 Jensen, Michael and William Meckling, "Theory of the Firm: Managerial Behavior, Agency Costs and Ownership Structure", Journal of Financial Economics, 3: 305–360, 1976。

考：1. 可否将公司内部制衡的制度安排理解为一种契约关系？2. 可否将这种契约关系理解为公司内部的政治、经济和文化的某种综合？以分析范围来说，前一种思考关联到对公司治理与市场治理相融合的制度安排的深入分析，后一种思考则是将公司治理结构扩展至政治、社会和文化等层面来研究。作为对流通产业制度安排的一种深入理解，这些思考也许是必要的。

在体制模式和法律规章既定而市场运行的制度层面不既定的情况下，与其他产业一样，流通产业内部制衡的契约联结也同样反映在委托代理上。众所周知，委托者和代理者在诸如成本、收益和市场需求等方面的信息不对称，使得企业家的创新和才能成为一种市场需求。公司资产所有者（股东）与代理人签订具有不同奖惩比例条款的委托代理契约，会通过效率显示出契约的质量高低，质量高的契约有利于公司治理结构的内部制衡，反之则反是。高质量的委托代理契约，必须能够在一定程度上化解委托代理双方在成本、收益、市场需求等方面的信息不对称，低质量的委托代理契约则通常难以消除这种信息不对称。质量高低不同的委托代理契约对公司治理结构运转的影响是不同的。

理解契约联结对公司治理结构的约束，关键在于对企业如何替代市场的理解。契约联结范畴的出现，是与现代企业制度下的等级交易、混合交易两种形式相联系的。具体地说，随着企业间的兼并和重组的广泛展开，原来一些属于企业与企业之间的纯粹的市场契约，已部分转化为母公司与子公司之间的内部契约（等级交易），或形变为介于纯粹市场契约与公司内部契约之间的契约（混合交易）。这种情形在流通产业中比较显著。交易形式的变化意味着市场治理的变化，而市场治理的变化必然会导致对公司治理结构的约束。随着等级交易和混合交易这两种市场交易形式覆盖面的扩大，人们对契约的形式和内容的理解更加深刻。在公司的内部制衡中，法人所有者与总经理之间的委托代理是一种契约关系是好理解的，但董事长与董事、董事与总经理、董事与监事、总经理与监事等之间的关系，能不能或能在多大程度上解释为契约呢？法人所有者与各要素投入者在剩余索取权分配上，究竟是不是契约关系呢？以及公司与外部资本市场投资者究竟是什么样的契约性质呢？显然，对这一系列问题的深入分析，在于对以剩余索取权和控制权为核心的公司内部制衡的制度安排的理解。

当我们对契约的分析由市场层面推及公司治理结构的外部约束时，我们对流通产业制度安排的分析就不能仅仅局限于委托代理。市场层面的契约实际上是以市场机制为核心内容的制度安排的具体化。科斯之后的经济学家对契约联结的关注，最早是针对企业本质的分析而展开的，当企业被看成是不同要素投入者与计量和监督要素投入者贡献的代理人之间的一种契约关系时，或认为当企业在资产和现金流上的可分割的剩余索取权无须缔约便能出售时，以等级交易和混合交易为特征的契约便将企业和市场联结起来，从而使契约联结在概念上成为企业契约与市场契约之形式和内容相融合或等价的媒介[①]。流通产业的特征决定着它比其他产业更容易发生等级交易和混合交易，因此，我们理解流通产业的制度安排，有必要从公司治理与市场治理相融合的角度来展开。

委托代理只是公司治理结构的内部制衡在契约上的市场化形式，与其他产业一样，现代企业制度下的流通产业的内部制衡，同样是主要取决于股权结构以及由此决定的股东大会、董事会、总经理和监事会之间的职能发挥和权利分配。公司内部机构之间的职能发挥和权利分配所涉及的，是公司治理结构之科层组织的制度框架。如何理解和认识这一制度框架，或者说从不同的角度和层面来理解和认识这一制度框架，将会对公司内部制衡的制度安排有不同的结论。

广义的公司治理结构及其制度框架，应该拓宽至现代经济理论没有引起足够关注的政治层面。这一政治层面包括两方面的内容：一是由体制因素决定的公司所有权性质及其与上层建筑的关联；一是由所有权规定的公司内部治理结构的架构、运作及其制度安排。后一政治层面有着许多值得进一步探讨的内容。如果我们将公司章程看成是现代企业制度的经营决策之法，将股东大会理解为立法机构，将董事会和经理阶层理解为行政执行机构，将监事会理解为司法机构，那么，我们就可以将这些制衡所反映的权责利关系理解为公司内部制衡的一种"三权分立"的政治关系。当然，这样的理解存在着把政治关系扩大化之嫌，但它可以扩大人们对政治关系之于经济问题理解的视域，从而在较深层次上认识公司治理结构。

流通产业的制度运转框架受外部资本市场约束较强的事实，主要表现为资本市场会经常性地改变公司的股权结构，以至于不断重塑公司内部制衡的权利中枢，但由于流通产业的投资决策和生产经营的实施主要是通过委托代理来实现的，因此，如果我们撇开公司科层组织的制度框架，仅从委托代理契约对公司内部制衡的约束来讨论问题，或许能够在有限理性制约、信息不

[①] 参阅 Alchian, Armen and Demsetz, Harold, "Production, Information Costs and Economic Organization", American Economic Review, 62 (50): pp. 777-795, 1972. Jensen, Michael and William Meckling, "Theory of the Firm: Managerial Behavior, Agency Costs and Ownership Structure", Journal of Financial Economics, 3: pp. 305-360, 1976.

对称、激励规制手段、交易费用支付等方面，加深对制度安排如何约束公司治理结构的理论认知。另则，分析和研究不同体制条件下的流通产业的制度安排，有必要结合政治层面对公司科层组织的制度框架进行考察。在笔者看来，如果能够从这两种视角来看问题，我们便能够大体上对体制转轨之于流通产业的制度变动有所理解。

2.3 经济体制转轨与公司制度安排

经济体制转轨意味着体制模式和法律规章等制度层面的不既定。我们在体制转轨背景下分析市场层面的制度不既定对流通产业制度变动的影响，实际上是对经济体制转轨与公司制度安排的关注。从理论上来说，制度包含着规则及其执行规则的手段两大块，制度是限制经济活动不确定性的产物，主体行为不确定必然导致制度不既定。在计划经济体制转向市场经济体制的过程中，原有的制度体系中的各种制度有可能被改革，也有可能被继续保留，被改革的制度有可能适应经济增长，也有可能效率不显著；继续保留的制度有可能存在继续保留的合理性，也有可能阻碍经济增长，这是一个涉及制度安排的质量问题[①]。制度不可能在一夜之间改变的事实，在体制转轨时期更加显示出它的不确定性和复杂性。作为制度安排的公司治理结构以及制约公司治理结构的其他制度安排（外部约束），是社会经济系统中的契约联结及其网络构成的重要组成部分。将这些组成部分放置于经济体制不既定的框架内进行分析，就必然关联到经济体制转轨与公司制度安排的许多问题。从现实来看，当我们把公司制度安排融入社会经济系统中的契约联结及其网络构成来分析时，作为制度安排的公司治理结构，则可以理解为是一种政治、经济和文化的综合。

2.3.1 公司治理结构中的政治、经济和文化

经济体制转轨与公司制度安排之间存在着相关性。总体反映为，经济体

---

① 关于对制度安排的质量问题的分析，欧洲复兴银行（EBRD，1989）曾针对东欧改革的私有化进程等制度转型指标进行过研究，认为反映制度质量的不同指标，有的可以判断哪些问题已解决，有的可以判断哪些问题依然存在，但由于这些指标难以加总，因而这些指标不能说明体制转轨的成败。这项分析提醒我们必须重视对制度质量的研究。

制转轨过程中的法律和行政规章的不确定性,会在很大程度和范围内影响乃至于决定公司的制度安排,或者说体制转轨中的公司制度安排在相当大的程度上是由宏观层次上的制度不既定所塑造的。正像许多经济学家所认识到的那样,宏观层次上的制度变化并非单纯由经济因素决定,它不仅会涉及社会的经济基础,也会涉及社会的上层建筑,它对公司治理结构的影响是通过社会的经济、政治和文化系统来实现的。另一方面,公司治理结构通常具有相对的稳定性,在短期内,其内部的机构设置及其职能划分并不会对宏观层次上的制度变化做出迅速反应,这一相对稳定性有可能会反作用于宏观层次上的制度安排。

如上所述,如果将公司治理结构中的权责利关系看成是公司内部制衡的一种"三权分立"的"公司政治关系",那么,深入分析这一关系,将有利于我们说明经济体制转轨对公司制度安排的影响。公司内部的政治关系不同于政府的立法、司法和行政之间的政治关系,公司内部的科层组织,与其说是政府的立法、司法和行政之科层组织的缩影,倒不如说是经济的微观科层组织适应政府宏观管理而在公司治理中的具体化。虽然,公司的内部制衡主要是一种经济性制度安排,但它或多或少体现了政治性制度安排。现有的关于公司治理结构的分析和研究,通常集中在经济性制度安排以及由此引发的问题和解决问题的手段等方面,而对政治性制度安排有可能会引致的公司治理问题却没有纳入分析范围。其实,公司治理结构中所暴露出来的一些问题,单纯以经济性制度安排是难以全面解说的,它必须联系政治和文化等因素才能予以深刻的揭示。

所有权的性质规定对公司治理结构的政治层面所产生的影响,主要表现为股权的集中或分散对公司决策、执行和监督机构等的控制。以股权的集中而言,若股权集中于国家,政府规制经济的行政风格就会渗透于公司治理结构,股东大会、董事会、总经理和监事会之间的决策和运行程序,就会夹带较为严重的政府科层组织在规制经济时的行政规范,这种行政规范对公司治理的具体影响,通常反映在政府规制经济的立法、司法和行政执行对公司重大决策和日常经营管理等方面。如果股权集中于单一主体的私人手中,公司治理结构中的重大决策和日常经营管理,就会在公司的立法、司法和行政执行等方面形成公司层面的垄断政治。股权的集中就是我们经常讨论的"一股独大"现象,这种现象使公司的内部制衡流于股东大会、董事会、总经理和监事会之间的运行形式,并不能真正贯彻现代企业制度的"股东积极主义"和"一致性同意原则"。

在股权分散背景下的公司治理结构中,"股东积极主义"、"一致性同意原则"在很大程度和范围内得到了贯彻。较之于国家控股或私人垄断控股，众多所有者在产权上的实化及其相互制约，使公司的内部制衡有可能在股东大会、董事会、总经理和监事会之间有效实现，倘若制度安排合理，公司政治层面的"民主化"就会出现。公司重大经营决策的外部约束主要是来自于市场，尤其是受资本市场的制约，这时，政府行政管理模式影响公司制度安排和生产经营就微乎其微了。也就是说，在股权分散下的公司治理结构中，公司立法、司法和行政执行的政治层面在很大程度上由市场决定。

公司内部制衡和外部约束取决于股权分布和资本市场，这可以理解为公司的政治层面能否达到现代企业制度标准的经济性规定。不过，股权的集中和分散、外部市场约束的程度和范围，对不同经济体制中公司治理结构的政治层面的影响是不同的。联系我国的情况看问题，体制转轨的特定政治经济环境，既不支持股权的绝对集中，也不支持股权的绝对分散。公司的所有权性质是决定股权比例的重要因素，我们应该重点研究适合于国情从而能够实现公司内部有效制衡的股权比例。事实上，西方国家也是根据国情选择公司治理模式的。例如，英美之所以重视股权分散和资本市场约束从而采取市场治理模式，德日之所以重视银行控股和公司之间的高比例环形控股从而采取组织治理模式，都是与这些国家的特定政治经济相关联的。无论是英美模式还是德日模式，在公司制度安排上都反映了它们特定的政治经济的规定性，都显露了它们特定的公司治理的政治层面。

套用他国的理论和实践来解析本国的公司治理结构并由此建立治理模式，是对本国国情和对由这种国情决定的公司治理的政治层面的一种忽视。公司治理结构中的政治和经济的相关性，在很大程度上被公司的经济性制度安排所隐匿，这种情况可以通过对公司内部的立法、司法和行政执行等的研究，在机构设置和人事安排等方面来展开分析。当我们将这些分析上升到经济体制和政治体制背景时，被经济性制度安排所隐匿的公司治理的政治层面就可以揭示出来。另一方面，由于公司治理结构及其模式是一种既受政治又受经济影响的一种选择，因而它或多或少要受到其他因素的影响。实践表明，文化因素与公司治理存在着关联，尽管这种关联是以间接的形式蕴涵于公司治理结构之中。

学术界曾对企业文化进行过深入的分析，其研究的侧重点是如何建立体现现代企业制度精神或符合公司内部制衡和外部约束的特定的企业文化体系，但这种研究太局限将文化因素放置于封闭的企业系统。文化因素与政治因素一样具有扩展性和深透性，它对公司治理结构的影响，通常表现在对基本政策、法律和社会游戏规则发生影响的制度环境之中。政治学、社会学、经济学和法学等对各自的分析对象展开理论论证时，关注到了制度环境，这是因为文化与政治因素对任何具体分析对象均具有扩展性和深透性的缘故。不过，笼统地以制度环境来解说公司治理结构，并不能透彻地说明政治文化因素的作用力，以至于不能给我们提供一幅公司治理结构的政治、经济与文化之系统关联的画面。

2.3.2 公司治理结构与正式、非正式制度的关联

新制度经济学强调伦理、道德、习俗和惯例等非正式制度安排对正式制度安排的影响。作为正式制度安排的公司治理结构的效率如何，在一定程度上取决于同非正式制度安排的相容性。概括来讲，当公司的立法、司法和行政执行与社会的非正式制度兼容时，或者说，当公司的内部制衡不背离社会的非正式制度，即公司治理结构相容于社会的非正式制度安排时，公司治理便会在生产经营方面取得效率。若公司治理的效率低下，则情况有可能正好相反。因此，从公司治理能否取得效率来考察，如果我们将这种相容性理解为公司治理时所反映的一种文化，则这种相容性便存在着深入探讨的价值。

在现实的政治、经济和文化生活中，当正式制度的作用不强或失去作用时，非正式制度就会在一定程度和范围内代替正式制度发挥作用。追溯这种景况发生的原因，可以认为文化因素对制度安排起着重要作用。诚然，公司治理结构的格局主要取决于股权分布、资本市场约束等经济性制度安排，但由于伦理、道德、习俗和惯例等非正式制度安排对公司治理结构的主体行为会产生影响和约束，这些影响和约束不仅表现为对公司治理的内部制衡之制度、主体和行为等方面，更重要的是反映在公司决策主体在自利原则驱动下所采取的诸如机会主义、逆向选择等涉及损害公司利益而产生道德风险的行为。从这种认识路径来思考，在公司治理结构中的正式和非正式制度安排之间，的确存在着值得我们关注的某种程度的相容问题。在考察体制转轨下的公司治理结构时，关注这种相容便显得尤为重要。

运用制度安排来研究公司治理结构中的文化影响和制约，我们可以在高度概括的层次上将影响和制约公司治理结构的非正式制度划分为两大类：一类是有利于公司内部制衡并且适应于外部约束的非正式制度；一类是不利于公司内部制衡并且不适应于外部约束的非正式制度。这两大类制度在不同国家或同一国家的不同的政治经济体制模式下是不同的。在经济体制转轨的我国现阶段，研究公司治理结构中的正式和非正式制度安排，必须根据我国的

实际来识别哪些伦理、道德、习俗和惯例等非正式制度会对公司治理结构发生影响，这些影响如何发生作用，并逐步将这些影响上升到公司治理的政治层面来认识。在笔者看来，将社会的非正式制度安排纳入公司治理结构中来分析，有利于拓宽和加深对公司治理结构的系统考察。联系流通产业运行的制度安排的研究，这种分析路径有利于扩大对流通产业运行之基础理论研究的视阈。

社会非正式制度安排的上述两大类因素，既有可能相容也有可能不相容于转轨时期的公司治理结构，并且在制度演化和经济发展的过程中会出现由相容向不相容或从不相容向相容的转化，这便要求我们的基础理论研究能够对这两大类因素的识别和划分做出及时的相应调整。同时，我们要分析非正式制度相容或不相容于公司治理结构的各种情况，这些情况对公司的内部制衡与外部约束有哪些明显的或潜在的作用。事实上，公司治理结构受非正式制度影响的情况是相当显著的，而我们对这方面的研究似乎有所忽视，这种忽视在相当大的程度上是由于把公司治理问题仅仅看成是一种经济性制度安排的缘故。

在以后的章节中，本书要讨论的有关流通产业运行的许多问题，将会在不同程度和范围内涉及公司治理结构这一基础理论问题。总而言之，无论我们将公司治理结构看成是内部制衡和外部约束的统一，还是将其看成是政治、经济和文化的综合，都是从系统的角度对其展开的分析和研究。以公司的内部制衡和外部约束作为问题分析主线，无疑是正确的；而以政治、经济与文化的关联来研究公司治理结构，也是一个新的分析视角。如果我们在分析公司的内部制衡和外部约束时，能够充分考虑公司治理结构中的政治、经济与文化，也许会将这方面的研究向前推进一大步。

2.3.3 我国体制转轨中公司治理结构问题之概要评述

现阶段我国公司治理结构仍然存在着一系列的问题[①]。在国有控股和数家法人控股两种形式的公司中，"一股独大"所导致的"内部人控制"现象十分明显。《公司法》在法理上所规定的董事会任免总经理和总经理负责公

---

① 在20世纪90年代中后期的公司治理结构问题的大讨论中，我国学者曾针对法人所有权缺位、股权结构集中、内部人控制等问题展开过分析和研究，参见郑红亮、王凤彬：《中国公司治理结构改革研究：一个理论综述》，载《管理世界》2000年第3期。但迄今为止，这些问题并没有在制度上得到解决。

司经营的制度安排，并不能确保公司内部制衡的高效率。相对于德日的公司治理模式，由于体制转轨导致市场与计划两大机制之间的摩擦，这两大类型公司的股权不存在或很少出现银行控股或大公司之间的环形控股的情况，因而其内部制衡受外部约束的比重和覆盖面较小。以委托代理而言，由于体制转轨时期尚不存在成熟的代理人市场，国有控股公司的总经理一般由上级主管部门任命或选派；委托代理契约中的激励比例远大于惩治比例，且没有明确规定代理人在资产增值、投资者权益、社会福利等方面的约束条款。

体制转轨所规定的制度环境的特定内涵，决定着我国国有控股和数家法人控股的公司不可能在治理模式上与德日模式相同，或者说，只要体制转轨尚未完成，"一股独大"以及与此相对应的"内部人控制"就会存在，从而市场层面的制度安排对公司治理结构的约束就会弱化。一些学者针对我国这两种类型公司的治理模式进行过探讨，认为它是具有明显行政色彩的组织治理模式。很明显，对行政色彩较浓的公司治理的组织模式的讨论，通常要涉及到对公司政治层面的分析，并且较深层次的研究还会关联到支持这种行政组织治理模式的文化因素。德日模式属于具有一定行政意味但在较大范围内仍受市场约束的公司组织模式，这种模式较之于行政主导型的组织模式，存在着许多差别，而对这些差别的分析，可以更加深刻地对我国体制转轨中的公司治理结构展开研究。

我国流通产业也大量存在着国有控股和数家法人控股两种形式的公司，但由于这类公司不像其他产业那样存在明显的生产经营垄断，因而其组织治理模式的行政色彩相对淡薄。因此，我们可不可以从英美市场治理模式的角度来解说流通产业中的这类公司呢？这个问题的提出波及了流通产业的内部制衡和外部约束，并扩大到了对流通产业之产业组织等问题的讨论。就流通产业与其他产业在公司治理上的差异来说，我们应该关注流通产业中的竞争和垄断以及由此决定的产业组织问题，关注流通产业的运行特征所引发的公司内部制衡和外部约束的制度安排问题，关注流通产业与地方政府之间的委托代理问题，关注跨国公司投资对流通产业运行的影响等。当然，能不能将这些问题视为机理性现象来理解，尚有待于进一步的讨论。

在笔者看来，无论是流通产业还是其他产业，我国公司的治理模式之所以较少受市场层面的制度安排约束，其深层的原因是公司的股东、董事和总经理不是新古典经济学意义上的理性经济人，他们之间的合作和非合作并不表现为严格经济学意义上的博弈行为，而公司所有者层次的不清晰则是导致公司行为主体非理性经济人的体制性因素。国有控股公司的委托代理是由产权委托和法人治理的双重结构构成，它要比非国有控股公司的委托代理多出一个"产权委托代理"的层次①。以制度安排对公司治理结构的约束而言，这一多出的委托代理层次，会造成公司的内部制衡受制于地方政府或国有投资公司等机构的意志，而不是完全受制于市场的外部约束。国有控股公司中的股东、董事和总经理之间的非博弈以及委托代理的上述格局，表明"一股独大"的控制权安排已决定了剩余索取权的分配。

我国非国有控股公司的产权或股权结构已初步形成了多足鼎立的局面，在这类具有市场型治理模式特征的公司中，股东大会、董事会、总经理和监事会之间有着较为明确的约束和监督，委托代理契约作为制度安排，已在一定程度上通过剩余索取权的分配而得到落实。这类公司的内部制衡受分散的股权结构影响较大，控制权受资本市场的威慑。我国流通产业中有着大量的非国有控股公司，这些公司在处理控制权和剩余索取权等方面的制度安排时，十分重视契约的制度作用，大体上实现了行政性委托代理向企业性委托代理的转化。不过，这类公司的治理结构尚不是标准英美模式意义上的市场型治理结构。英美模式的市场型治理结构，是股东高度分散、重大决策和董事会与总经理的制衡依托于庞大的流动性强的资本市场，企业的目标和管理方式注重短期利益和强调分工与制衡。英美模式是以市场制度安排的系统有序为前提的，并不单纯取决于市场化的委托代理契约，因此，对我国公司治理模式的考察，离不开市场层面的制度安排的研究。

市场层面的制度安排主要体现在以契约联结及其网络的构成方面。在体制转轨时期，以不完全契约所构成的契约联结体系会变得更加复杂。经济活动的不确定性决定着市场契约的不完全性，不完全契约是制度不既定的市场化反映。在现实中，签订不完全契约的双方只是部分地约定各方在一些可能情况下的权利和义务，契约的内容局限于一般目标和条款以及制定执行、调整和解决争端的规则和手段。从大的方面来考察这种复杂性对公司治理结构的约束，在体制转轨阶段，它至少反映在以下几方面：1. 市场机制和行政干预的摩擦会导致法律规章对契约签订和执行缺乏一致性原则，以公司内部利益相关者之间的显性或隐性契约而言，政府难以通过法律规章来制度化公司的内部制衡；2. 国有公司转型为现代企业制度意义上的股份制或有限责任公司，将面临解决产权虚置、委托代理、剩余索取权和控制权等系列性制度安排的困难，这些困难会制约公司治理结构的运行效率；3. 金融市场和

---

① 我国国有产权的委托代理通常是国务院将国有资产委托给各级政府管理，各级政府将国有资产委托给诸如国有资产管理公司、国有投资公司等机构再经由这些机构委托给所属企业经营，这便涉及了双重委托代理结构问题。虽然，这种双重委托代理结构在形式上解决了国有产权的虚置经营，但它属于一种典型的由行政委托代理规定的有关产权使用和管理的组织治理模式。

长短期资本市场发展不成熟，契约联结的制度体系在法律规章方面存在着很多间断点甚至断裂层，从而使公司之间的以兼并和重组为内容的等级或混合交易得不到规范的契约联结体系的支持。大量的新制度经济学分析文献曾从交易成本的角度对契约联结中的问题进行过研究，但如果我们联系体制转轨来考察等级或混合交易中的契约联结，问题可能会更加复杂。也就是说，如果我们从搜寻、传送、处理信息的协调成本或从保障交易各方动机兼容的激励成本来分析，体制转轨背景都会使契约联结之研究的广度和深度大大拓宽和加深。

在体制转轨时期，契约联结对公司治理结构的约束，可以从公司内部制衡、外部约束以及它们之间的对接等来进行讨论。以西方经济体制模式为背景的契约理论，只是反映西方现实中的与市场治理或公司治理相关联的制度安排，它并不适合于我国的情况。以英美模式和德日模式来解说我国公司治理结构的思维和认知，应该说在一定程度上忽略了我国体制转轨对公司治理结构及其制度安排的规定性。委托代理和契约联结的实践和学理地位是十分重要的，沿着体制转轨的路径来分析委托代理和契约联结等对公司治理结构的约束，虽不能囊括我国公司治理结构受制度安排约束的所有问题，但这种分析路径有助于我们从市场层面来对公司治理的核心问题展开研究。

国内学者（魏杰，2001；豆建民，1999；张维迎，1996；何玉长，1997）曾就如何解决国有产权的行政性委托代理、所有者缺位、剩余索取权和控制权的法律、文化等制度安排、公司"三会四权"中的控制权、监督权、经营权和剩余索取权等问题展开过广泛的讨论[①]，这些讨论无不涉及我国体制转轨时期的制度安排对公司治理结构约束的特点。但在笔者看来，无论是实现国有产权的行政性委托代理向企业性委托代理的转化，或是解决委托人的剩余索取权和控制权不相匹配的导致国有资产所有权代表的激励不足和缺乏监督动力的"所有者缺位"问题，或是在广义和狭义两层次上划定和执行好剩余索取权和控制权的边界问题，都必须在政策、法律和规章上对契约联结的制度安排展开符合体制转轨的深入研究，都必须探寻出一种适应体制转轨的委托代理理论。

新制度经济学的理论架构是以产权、交易成本、委托代理等理论为主要支撑点的。一方面，这三大理论对现实问题的交互运用形成了制度安排理论

[①] 参阅魏杰：《国有投资公司治理结构的特点研究》，载《管理世界》，2001年第1期。豆建民：《中国公司制思想研究》，第187页，上海财经大学出版社，1999年版。张维迎：《所有权、治理结构与委托—代理关系》，载《经济研究》，1996年第9期。何玉长：《国有公司产权结构与治理结构》，第4页，上海财经大学出版社，1997年版。

的精义,另一方面,这三大理论对现实问题的解说都是以契约为分析对象的。不过,不同产业领域的公司治理问题对这三大理论的依赖是不同的。从流通产业的公司治理结构的内部制衡和外部约束来看,委托代理理论便处于相对重要的地位。就委托代理契约的具体签订而论,委托者必须在规制最优化参数(如经营成本、利润分割、奖惩比例等)时获得充分的信息支持,而不能以主观概率性的思维方式来制定委托代理契约;主观概率性思维之于未知参数的评估,通常会产生绕避因搜寻和处理信息而支付交易费用的行为,而缺乏信息支持的未知参数,一旦作为委托代理契约的依据,就会导致委托代理双方在剩余索取权和控制权上的博弈;在博弈过程中,受有限理性制约的委托代理双方便有可能采取以隐瞒和谎报信息为手段的逆向选择,便会在自利动机下采取机会主义行为,便有可能出现违背或不兑现契约的道德风险。一般来说,高质量的委托代理契约是以尽可能少的机会主义和道德风险为标志的,否则,公司的委托代理就会在剩余索取权和控制权上讨价还价,从而不利于公司的内部制衡。这种讨价还价的纷争在我国的流通产业中就明显存在。

在微观层面上,公司治理模式影响剩余索取权和控制权,是由产权所规定的利润分配以及无形资产的收益和权益等来反映的,尽管这两种权利的实施通常以契约为载体,但现代企业制度下的契约联结理论所蕴涵的学理却是以如何认识企业和市场的关联为底蕴的。在前文的论述中,我们曾谈及新制度分析的这一基础理论问题,现在联系公司治理结构的剩余索取权和控制权,则有必要对这一问题做出新的解释。科斯等新制度经济学家认为企业和市场没有本质区别的立论依据,实际上是将企业看成是在各种要素提供者之间缔结契约的机构或私人市场。从这个意义上来理解,公司的高管人员、技术人员和工人之间各尽其职的格局,在本质上应该是一种契约联结。这种契约能否维系及持续时间的长短,取决于剩余索取权的分配,这种契约的有效性则取决于剩余控制权是否根据公司的具体情况而变。显然,这两个"取决"在很大程度上反映了公司治理结构的内部制衡。因为,各要素提供者之间的有纸化或无纸化契约,既是对剩余索取权和控制权的讨价还价,也是形成公司治理结构的制度安排基础。就剩余索取权和控制权对公司治理结构的内部制衡所产生的影响而论,现有的研究十分关注董事会与总经理之间的委托代理,并没有从契约联结的角度将公司看成是各要素提供者缔结契约的机构或私人市场,于是公司内部制衡的研究受到了边界约束。如果科斯的企业和市场无实质区别的观点没有错,那么,认为契约联结会制约公司治理结构的分析思路会大大拓宽我们的研究空间。

相对于公司的内部制衡，在外部约束方面，契约联结对公司治理结构的影响就表现得比较明显了。以资本市场的控制力和调节力为主要内容的外部约束，通常以强制手段改变公司股权结构从而促使公司在做出重大决策时重视内部制衡机制对外部约束的适应性。公司股权结构的重塑，一方面是资本市场或金融市场中契约联结的结果，另一方面会导致剩余索取权和控制权的转移。发生在现代企业制度中的等级或混合交易通常是以这些契约联结为手段的，同时公司外部约束中的契约联结，会通过股权变更来改变或创新公司的内部制衡机制。正因如此，很多经济学家都从外部约束对公司治理结构所具有的这种制度安排的强制效应出发，对公司本质、契约安排、组织形式和管理等问题进行过广泛的研究，尽管他们的研究不是很明确地以契约联结如何影响公司治理结构作为分析对象。

体制转轨背景下的流通产业公司治理中的契约联结问题，在产权界定、股权结构、委托代理、剩余索取权和控制权等方面，通常要比其他产业更加复杂，这种复杂性至少在流通产业的竞争和垄断以及由此决定的产业组织、产业运行特征对公司内部制衡和外部约束的制度安排之规定、地方政府与流通厂商之间的委托代理、跨国公司投资对流通产业运行的影响等方面，显示出契约联结网络中各种契约缔结的不确定性。在笔者看来，对这种不确定性的分析和研究，不能仅仅局限于实际操作层次，更重要的是应该在理论层次上予以考察，而如何在理论层次上进行考察，则涉及到相关问题的讨论。

2.4 几点讨论

流通产业运行中的制度安排包括公司治理结构的内部制衡、外部约束以及以契约为核心内容的市场层面上的各种制度。对公司内部制衡和外部约束的分析，侧重于契约的谈判、制定和执行，而对市场层面上的各种制度的分析，则应关注以竞争和垄断为核心内容的产业组织。西方经济理论有关产业组织的研究[1]，主要是针对第一、第二次产业的产业运行而展开的，这便给我们的理论研究提出了这样一个问题：如何运用西方经济理论对我国的流通

---

[1] 西方的产业组织理论主要有新古典学派、哈佛学派和新制度学派等，这些学派针对竞争和垄断的市场结构以及政府规制有不同的学术观点，但他们没有对流通产业的产业组织及其市场结构做出专门的分析，笔者在以下的分析中将对这个问题进行讨论。

产业组织做出描述？事实上，流通产业的运行特征对公司内部制衡和外部约束的各种制度制约和规定，以及西方经济理论有关这些问题的研究，与流通产业的市场结构存在着关联。据此，我们能不能以及怎样运用现有的产业组织理论来架构出一个专门研究流通产业之市场结构的框架，首先面临的是对流通产业组织理论的解说。

从理论分析框架的逻辑顺序来看，如果能够建构出特定产业的产业组织理论，那么，我们对这一特定产业的其他制度安排的研究便有了分析的顺序或脉络。如此理解这个问题，暗含着以下的学理推论：特定产业组织的形式和内容以及由此规定的制度安排，在很大程度上决定着该产业的运行机理。以我国的情况而言，提炼或概括出流通产业的产业组织理论，必须联系体制转轨中的制度不确定性来分析流通产业的内部制衡和外部约束及其制度安排。例如，当我们对我国流通产业的产业组织有了大体符合国情的基本认识后，便可以对各级政府与流通厂商在中观层次上的委托代理关系做出正确的解释，便可以围绕契约联结来说明流通产业在内部制衡和外部约束中的各种制度安排。当然，对流通产业的运行机理的研究，还会涉及到该产业的某些由行业性质决定的具体问题，但当我们将制度视为是最重要的因素、进而沿着制度安排的分析路径来展开探讨时，契约联结和委托代理是否可以贯穿于问题研究的始终呢？这种分析顺序的逻辑安排值得讨论。

诚然，从委托代理角度来展开对我国体制转轨时期公司治理结构约束的研究，侧重的是公司内部制衡中的由股权结构安排所决定的投资决策和生产经营等问题，但对这个问题的深入研究会波及到以契约联结为外部约束纽带的公司内部制衡的其他问题。如上所述，从契约的严格意义来讲，董事长与董事、总经理与部门经理、股东或工会与监事，以及法人所有者与各要素投入者之间的关系，在一定程度和范围内都或多或少具有委托代理的性质，这些关系可不可以理解为是公司内部的契约联结呢？这是一个值得讨论的基础理论问题。公司内部的契约联结与市场治理的契约联结在观念上的区别，来源于"公司与市场的界定"在经济理念上的区别。如果接受"公司与市场是1而不是2"的理论观点，那么我们关于委托代理和契约联结制约公司治理结构的研究，也许会出现新的视角和层面。

无论是流通产业还是其他产业，体制转轨对委托代理和契约联结的影响，主要发生在公有产权被委托代理或部分私有化时的公司各职能机构之间的相互制衡等方面。一国体制转轨的步伐是由改革的进程及制度环境决定的，公司内部的制衡在很大程度上取决于股权结构，对股权结构的讨论从而对委托代理之效率的讨论，一方面，应充分考虑体制转轨的阶段性，而不能全然以"股权是否分散"作为判别公司内部制衡从而作为判别委托代理是否有效率的依据；另一方面，要对决定契约联结的制度安排做出深入的研究。就股权结构而论，在体制转轨的初期阶段，我国国有控股公司的"一股独大"现象是正常的，但它长期存在却是不正常的，这种现象减弱公司内部制衡的重要后果之一，是导致公司的委托代理偏离现代企业制度所要求的市场规则及其制度安排。从委托代理的角度来研究公司治理结构如何受契约联结等制度安排的约束，分析的覆盖面可以扩张至产权制度和交易成本的分析，而分析范围的扩张，无疑会更加突出制度安排对公司治理结构的约束，从而体现出产业组织的重要性。

体制转轨对契约联结所产生的影响，主要表现在政策、法律、规章等正式制度安排对市场交易规则和秩序等的约束。交易规则和秩序的变动会引致市场治理结构的变动。市场治理结构之于公司治理结构，既存在联系又存在区别，联系在于两者均同契约联结及其网络构成相关，区别在于前者相对注重公司的外部约束，后者相对关注公司的内部制衡。深化公司内部制衡的研究，如果我们坚持将董事长与董事、总经理与部门经理、股东或工会与监事，以及法人所有者与各要素投入者之间的关系看成是契约联结，则可以不受约束地从公司治理和市场治理相混合的层次上对体制转轨中的制度安排如何约束公司治理结构展开研究，这一研究或许对流通产业运行的制度安排产生出一些新的认识。不过，这样的研究尚需要建立一个容纳社会制度安排体系的理论框架，将社会的正式制度和非正式制度容纳于流通产业组织理论之中，而不仅仅是本章所谈及的委托代理和契约联结这两种制度安排。

第3章 流通产业运行分析及其理论建构思路

经济学关于产业组织的研究是与其整个理论的发展相一致的。针对市场的竞争和垄断，古典学派、新古典学派以及新制度学派等都曾有自己的解说。分析和研究流通产业组织运行并由此建构其理论框架，一方面，可以通过西方产业组织理论来解释流通产业的运行实践，从而为建构流通产业组织理论的分析框架提供理论支持；另一方面，对流通产业组织运行的研究，要求我们有必要对西方产业组织理论做出某些修正以吻合流通产业的实际。流通产业的运行实际同经济体制模式之间的关联，在很大程度和范围内表现为介于宏观和微观层次之间的制度安排的关联。因此，本章关于流通产业组织及其理论框架的研究，可视为是前一章分析内容的继续或延伸。

3.1 引子

在经济学说史上，产业组织理论主要是以哈佛学派、芝加哥学派和新产业组织理论学派等为代表的。经济学者依据这些学派对竞争和垄断如何影响价格和产量的看法以及分析方法上的区别，倾向于把哈佛学派和芝加哥学派的理论看成是传统产业组织理论，而将以交易费用作为分析主线的产业组织理论解说为新产业组织理论[①]。产业组织理论有关竞争和垄断以及对应的政府规制的研究，主要是以第一、第二次产业为分析对象的。如果将这些研究成果直接运用于流通产业，则其对现实的理论解析力会在一定程度和范围内

---

① 这种倾向性的划分，是以不同学派有关竞争和垄断的不同见解以及政府需不需要对产业实施规制和怎样规制为理论依据的。参阅 Schmalensee & Willing, 1991, Hand Book of Industrial Organization, Volumn 1, Elsevier Science Publishing Company, North-Holland. 植草益 2000：《日本的产业组织》，经济管理出版社。不过，从后来经济学家对这些学派的评论来看，他们更加注重于理论见解是支持还是不支持政府干预，以及如何实施政府干预来作为划分这些学派的依据。

减弱[①]。某一理论对特定分析对象之解析力弱化，或根源于该理论缺乏对特定对象的分析，或由于该理论的分析方法存在着缺陷。在笔者看来，西方产业组织理论之所以难以解释流通产业的运行实际，主要是因为该理论没有对流通产业展开具体的研究。

西方产业组织理论所探讨的主题，始终是围绕市场究竟是完全竞争还是垄断竞争、何种市场结构最有利于资源配置、政府对垄断要不要采取规制以及怎样进行规制等问题展开的。也就是说，产业组织理论试图要建立一个解释现实中竞争和垄断的并列存在、从而在理论上通过建构模型来为政府制定产业政策提供决策依据的学说体系。客观地说，西方产业组织理论的框架设计以及由此形成的理论解说，太注重于对第一、第二产业组织运行的描述和论证，尽管这些论证所形成的理论概括具有对产业运行描述的一般学理性，但当我们将其运用于对流通产业的解释时，便显露出了它的局限性。

流通产业组织作为整个社会产业组织的一个重要组成部分，其特有的产业运行在竞争和垄断上究竟展现出何种格局？西方产业组织理论能在多大程度上对流通产业的实际做出解释？流通产业究竟存不存在垄断？如果存在垄断则其对资源配置会发生什么样的影响？政府需不需要对流通产业实施规制以及在多大程度和范围内实施规制？显然，对这些问题的分析离不开对流通产业组织的研究，而运用西方理论来解说我国流通产业组织的运行实际，则需要在评说西方三大产业组织理论有关竞争和垄断的分析观点的基础上，对我国流通产业组织中的竞争和垄断现象做出符合实际的研究。

基于体制转轨时期我国流通产业中的国有控股公司对市场的影响力，基于跨国公司在我国流通产业中投资的日益增加，基于我国流通产业运行中的委托代理的体制转轨特征，我国流通产业中的竞争和垄断所塑造的产业组织格局，明显具有不同于西方成熟市场体制下的情况，这种情况突出地表现为

[①] 起源于古典经济理论而在新古典经济理论中得到充分发展的产业组织理论，曾在完全理性和信息对称的前提下研究过完全竞争和垄断竞争两种模式下的产业组织及其政府行为问题，马歇尔1890年出版的《经济学原理》一书是这一判断的主要文献。哈佛学派和芝加哥学派曾围绕"结构、行为、绩效"模型展开过广泛的讨论。参阅 Mason, E. S. (1939) "Price and Production Policies of Large-Scale Enterprise." American Economic Review 29: 61 – 74. Mason, E. S. (1949) "The Current State of the Monopoly Problem in the United States." Harvard Law Review 62: 1265 – 85. Bain, J. S., 1959: Industrial Organization, New York, Harvard University Press. Stigler, G. J., The Theory of Economic Regulation, . Bell Journal of Economics, 2 (Spring), 1971. 嗣后，以威廉姆森为代表的以有限理性、交易成本、机会主义、资产专用性等为核心内容的新产业组织理论，则对竞争和垄断的市场结构做出了以信息不对称为分析前提的解读。参阅 Williamson, O. E. 1975: "Markets and Hierarchies: Analysis and Antitrust Implications", A Study in Economics of Internal Organizations, New York-London. 但这些理论对竞争和垄断及其相对应的市场结构和政府规制的研究，主要是以第一、第二次产业为分析对象的，并没有直接针对流通产业。

竞争和垄断的独特的组合态势。如何理解这种态势并在理论上加以概括，是我们架构流通产业组织理论的分析基点。

本章的分析安排如下：概要梳理三大西方产业组织理论如何解释竞争和垄断的市场结构的主要理论观点，以我国流通产业组织运行为背景，对这些理论的相关观点做出相应的评说；针对流通产业的激烈竞争和业已存在的垄断现象，在理论上对流通产业组织所展现的垄断现象进行描述；作为对问题分析的一种理论探讨，力图在借鉴西方产业组织理论的基础上对我国流通产业组织运行的主要特征进行一般理论概括；根据我国流通产业运行所客观存在的垄断现象，粗线条地勾勒出以这种垄断现象为分析主线的有关流通产业组织理论的一般框架。

3.2 西方产业组织理论适合对流通产业的解释吗？

西方产业组织理论是围绕以竞争和垄断、规模和定价以及政府规制等展开的，其基本研究途径是通过对厂商平均生产成本、产业集中度和竞争度等来分析产业运行的市场结构等问题，以判断资源是否处于合理配置状态，并据此对政府是否有必要干预经济活动提出政策建议或主张。产业运行的市场结构处于何种状态，是市场机制和宏观调控共同作用的结果。当产业运行过程中的市场失灵现象明显存在以至于宏观经济效益不理想时，认为市场失灵会造成资源配置不合理的产业组织理论，就会通过对竞争和垄断、规模和定价的分析而主张政府规制；当宏观调控难以纠正资源不合理配置以至于出现明显的垄断定价时，强调政府失灵会导致资源配置不合理的产业组织理论，则会通过理论说明而主张放松政府规制。从高度概括的理论层面上来理解，不同产业组织理论在分析内容、方法、框架和政策主张等方面的分歧，主要表现为对产业运行中的竞争和垄断、规模和定价等具有不同的理论见解。

尽管不同的产业组织理论在研究市场结构时对竞争和垄断有不同的认识，但这些理论都十分重视产业组织形成过程中的厂商是否具有决定价格的市场力量的研究。市场力量的分析涉及到产品的差异性，对产品差异性的不同理解将会导致对竞争和垄断的不同理解，而对竞争和垄断的不同理解则会提出不同的政策主张。这是我们理解西方产业组织理论、进而建构我国流通产业组织理论之框架时所必须弄清楚的分析脉络。西方产业组织理论适合不适合对我国流通产业运行的解释，在相当大的程度上取决于我国流通厂商是否具有市场定价的力量。产品自然属性所决定的产品的差异性对产业集中度

第3章 流通产业运行分析及其理论建构思路

和竞争度等的影响，曾致使经济学家对产业运行之市场结构的研究发生困惑。从研究产业组织的形成和发展的物质基础来讲，不同产业组织理论的差异，在一定程度上可理解为是这些理论有没有反映出将产品差异性纳入分析框架的差异。

创立于古典学派而经由新古典学派进一步发展的以完全竞争为核心的产业组织理论，是以产品同质性为分析前提的。这个理论对现实中垄断现象的认识，并不是绝对否定垄断会引起均衡价格的上升，而是认为长期中的技术进步会致使垄断现象消失，市场结构会重新回归于完全竞争状态[①]；该理论进一步认为完全竞争会抑制人为的市场定价，垄断价格消失不会造成资源的不合理配置，因而不需要政府规制。强调产品差异性对市场结构的影响，是剑桥学派的张伯伦和罗宾逊在发展产业组织理论时所做出的贡献，他们提出的垄断竞争理论认为在现实的市场结构中厂商具有一定的决定市场的力量，这便引发了人们对政府规制问题的深入研究[②]。正是通过对产品差异性的分析，后期经济学家开始关注于自然垄断产业的研究，于是，产业经济学有关政府规制之规范分析的理论基础得到了现实的支撑。

较之于完全竞争理论，这两种理论哪一个适合于对我国解释流通产业的解说呢？这个问题的研究取决于对产品差异性的理解。单纯从流通产业所提供的产品或服务来考察，无论是古典经济学还是新古典经济学，都倾向于认为流通产业是一个不存在自然垄断的完全竞争市场，或者说，都倾向于认为流通产业不存在由产品的自然属性所决定的产品的差异性[③]。诚然，剑桥学

[①] 如果说古典学派忽视垄断从而使其产业组织理论局限于完全竞争模型，那么，以马歇尔为代表的新古典学派强调技术进步会阻止垄断的长期存在的学说，则使完全竞争模型在很大程度上得到了修正，这是理解新古典和古典学派在产业政策方面不完全相同的理论要点。参见马歇尔 1890：《经济学原理》中译本，商务印书馆，1996 年版。或许是新古典学派有关竞争和垄断的模型处理启发了后期的经济学家，后续的产业组织理论的发展在相当大的程度上是集中于对垄断和竞争的创新研究方面。

[②] 政府规制的实践早于产业组织理论，例如，从 1840 年代起英美等国曾根据铁路运输业难以从市场筹集资金的情况在 19 世纪就实施过产业规制，再例如，1910 年联邦议会授权美国州际商业委员会对长途电话收费限价的权利。参见中译本《新帕尔格雷夫经济学大辞典》第 4 卷，第 137~139 页。在理论研究方面，瓦尔拉斯（Walras）曾以铁路营运为例对自然垄断与产业规制之间的联系展开过论述，主张政府应依据自然垄断产业的特性对铁路业进行产业管制。参阅丹尼尔·史普博：《管制与市场》，第 4~7 页，上海三联书店、上海人民出版社，1999 年中译本。不过，产业组织理论有关政府规制的研究通常是从反垄断政策主张的角度展开的，特定的政策主张是特定的产业组织理论由实证分析走向规范分析的逻辑要求。

[③] 马克思曾在《资本论》第二卷中系统论述了以下建立在由他独创的生产关系范畴之上的基本思想：流通领域是转移而不创造产品价值的领域，该领域是剩余价值由生产到实现的延续。客观地说，马克思的这一思想对流通领域之产品差异性的存在是釜底抽薪的，这一思想影响的广泛性在很大程度上支持了"流通产业不存在产品差异性"的理念，尽管新古典经济学有关产品同质性假设所演绎的完全竞争理论并没有直接以马克思的思想为理论依据。

派有关市场结构及其产业组织的垄断竞争理论没有直接对流通产业的产品差异性及其相关问题展开研究,但该学派建立在否定产品同质性假设之上的垄断竞争思想却给我们对流通产业市场结构的研究提供了思想启迪。

流通产业不直接生产产品及其经营产品或服务的价格由生产价格和商业利润两大块构成的事实,似乎否定厂商定价权的存在。其实,流通产业的厂商是否具有定价权,同样取决于厂商经营的产品或服务是不是具有较高的集中度,而不是决定于产品或服务是不是具有同质性或差异性。现有理论重视流通厂商竞争度而淡化其集中度、从而认为其不具有定价权的研究,主要是以流通厂商不直接生产产品为分析底蕴的。然则,如果流通产业中某类产品或服务的经营出现较高的集中度,经营该类产品或服务的厂商就有可能产生定价权,而这种定价权的产生在不同经济体制或在同一经济体制下的不同时期是不同的。因此,如果我们以这样的思考来分析流通产业的运行,并以此对流通产业中实际的竞争和垄断情形展开研究,则我们建构流通产业的组织理论或许会有新的框架。

哈佛学派在产品差异假定下的有关市场结构的产业组织理论,是著名的"结构—行为—绩效"模型(SCP)。这个模型认为市场的结构、行为和绩效之间存在着单向因果关联,行业集中度高的厂商总是倾向于提高价格和设置行业进入壁垒以牟取垄断利润,哈佛学派指出这样的市场结构、行为和绩效是不利于资源配置的。政府针对这种资源非效率配置的状况,有必要对垄断行业实施规制以实现宏观层面上的市场绩效。联系流通产业的实际来看,SCP模型既适合也不适合对流通产业的市场结构及其产业组织的解说。从适合性来看,流通厂商所提供的产品或服务确实具有哈佛学派的产品差异假定,厂商所提供的产品或服务的差异性,意味着平均成本的不一致,而技术进步对流通产业的产品差异性不具有规模经济的作用;以不适合性而言,SCP模型有关厂商规模扩大与行业集中度提高具有等同性的论述,主要是针对由技术进步引发规模经济而言的,它不适合于解释技术进步作用甚微的流通产业。显然,如果流通产业出现垄断而这种垄断又不能通过技术进步消除时,那么,符合实际的流通产业的产业组织理论就有必要关注政府对流通产业的规制问题了。

在第一、第二次产业的范围内来考察市场结构中的竞争和垄断,产业组织理论一般会将研究重点放在成本、技术、定价、规模等方面。对于哈佛学派将垄断等同于行业或产品集中度的理论认知,以斯蒂格勒为代表的芝加哥学派的理论认知却不同于哈佛学派;他们认为行业或产品的集中度高,是技术进步所导致的规模经济的结果,产品的可替代性所决定的潜在竞争者的大量存在，会制约集中度高的厂商的定价行为，因而一些行业或产品所存在的垄断集中度并不能改变市场结构的完全竞争状态，规模经济所产生的平均生产成本的下降会使资源优化配置，政府对具有垄断集中度的厂商进行规制是不必要的[1]。芝加哥学派的这些理论观点实际上是在承认产品差异性的基础上，将市场结构、行为和绩效看成同成本、技术、定价、规模等之间的一种复式关联。可以认为，这种视角是将产品差异性由假设转化为现实分析的结果，它对于我们架构流通产业组织理论有着借鉴作用。

芝加哥学派的观点在很大程度上反映了流通产业的实践。流通产业的进入门槛低及竞争激烈的特点，使零售、批发、连锁和仓储的行业集中度并不像其他产业那样明显，其规模经济的特征主要表现在资金实力和管理模式先进性等方面，也就是说，其所提供的产品的差异性受第一、第二次产业的规定；尽管流通厂商所提供的产品和服务或多或少具有一些技术进步的因素，但这种技术进步主要反映在管理的科学性上。联系我国流通产业的实际来看问题，一方面，流通产业中的国有控股公司在某些产品或服务上明显具有经营的集中度；另一方面，随着跨国公司在流通产业的大举投资，他们在某些产品或服务中也明显出现了行业经营的集中度。如果我们运用芝加哥学派的理论来解释这些现象，则可以认为我国流通产业中存在着局部垄断的市场结构。我们能不能以这种局部垄断的市场结构为主线来架构流通产业组织理论呢？面对流通产业受技术进步影响较小的事实，能不能对技术进步因素在长期内不太会致使流通产业垄断现象消失的情况展开深入的分析，以说明流通产业这种局部垄断现象的特殊性呢？能不能依据产业自然垄断理论对流通产业组织结构优化以及国有控股公司和跨国公司的市场实力，对流通产业是否存在自然垄断现象做出解释呢？显然，这些问题属于流通产业组织理论的基础问题，有待于进一步探讨。

基于流通产业的运行特征，学术界通常认为流通产业的市场结构近似于完全竞争，其依据在于技术进步不会引起流通产业的垄断集中度，其规模经济不具有第一、第二次产业降低平均成本的特征，或者说，任何流通厂商都不具有产品或服务的定价权。因此，政府无须对流通产业实施规制。然而，政府究竟需不需要对流通产业实施规制至少取决于以下情形：1. 流通产业存不存在规模经济以及与此相对应的成本劣加性（Cost Subadditivity）；2. 流通产业有没有可能在经营上形成行业集中度；3. 提供某类产品和服务

---

[1] Stigler, G. J. and G. Friedland, *What can the Regulators Regulate*: *The case of Electricity*, Journal of Law and Economics, 1962.

的集中度高的流通厂商是否具有定价权等①。笔者在以前的研究中曾指出，跨国公司大举投资背景下的现代流通产业越来越显现出规模经济的特征，它有可能在提供产品或服务方面形成垄断集中度②。假若这种观点能够得到理论和现实的证明，我们在建构现代流通产业的产业组织理论时就必须考虑到垄断因素，并对流通产业中的特殊垄断形式做出不同于第一、第二次产业的解释，而不能仅仅依据完全竞争或垄断竞争模型来解说流通产业的市场结构和厂商的行为方式。

强调技术水平提高和规模经济范围扩大会导致平均成本降低、进而认为规模经济有利于提高资源配置效率，是芝加哥学派"可竞争市场理论"反对政府实施反托拉斯政策的立论依据。同芝加哥学派一样，新产业组织理论原则上也反对政府干预，但该理论认为"可竞争市场理论"单纯从技术因素来解释规模经济如何实现市场均衡的观点，简化了产业组织运行中的诸如信息不对称、外部性、寡头之间串谋、有限理性约束、机会主义行为、资产专用性等事实，淡化了交易费用会引致契约的不确定性，从而忽视了不完全契约对市场结构形成的影响③。于是，经济理论界关于产业组织的研究跳出了以前的分析范围，开始注重于市场治理结构的研究，而这种注重则使得产业组织理论的分析范围大大拓宽。

新产业组织理论有关"市场不确定性→交易费用→厂商规模→市场结构"的理论见解，体现了该理论从交易费用着手对厂商行为的关注，这种

---

① 流通产业究竟存不存在以及以何种形式存在规模经济，是一个需要讨论的问题。成本劣加性是规模经济的自然反映。经济理论对规模经济的研究一般集中在诸如电力、通讯、自来水、交通等公共产业部门，参阅 W. J. Baumol, J. C. Panzar, and R. D. Willig, Contestable Markets and the Theory of Industry Structure, San Diego: Harcourt, Brace Javanovich, 1982, Chapter3, 4, and 7. William W. Sharkey, 1982, The Theory of Natural Monopoly, Oxford: Basil Blackwell. 产业自然垄断现象在流通产业有没有可能发生，并不是一个绝对关联于技术进步的问题，技术进步会产生规模经济，组织管理现代化也有可能产生规模经济。从组织管理现代化来考察流通产业，我们关于流通厂商是否会产生垄断的认识或许会有新的视角。

② 不过，以前的研究是针对我国流通产业运行实际所展开的理论描述，并没有从流通产业组织理论的架构来做系统的分析。参阅何大安：《跨国公司投资与流通产业管制》，载《财贸经济》，2006年第8期；《流通产业组织结构优化中的自然垄断趋势》，载《经济学家》，2007年第4期。当我们以局部垄断的市场结构作为问题研究的重心时，则有必要将流通产业有可能出现的自然垄断现象纳入流通产业组织理论的框架来进行专门的研究。

③ 威廉姆森关于如何在企业和市场之间建立适度规模以实现资源合理配置的分析和研究，实际上是以交易费用的高低来解说企业合理规模，以说明什么样的市场结构和产业组织有利于资源配置。威氏的这些理论观点对新产业组织理论的影响是深刻的，它使产业组织理论的研究开始全方位关注交易费用范畴的运用。参阅威廉姆森：《治理机制》，中国社会科学出版社，1999年版。撇开新产业组织理论关于产业组织的宽泛分析，仅就其有关企业规模受外部交易费用和内部组织管理费用双重影响的分析而言，这些研究为我们探讨流通产业的产业组织理论，无疑提供了某些帮助。

研究方法与 SCP 的区别，是注重将厂商的市场行为放置于同现实一致的逻辑推论层面，以至于后来新产业组织理论中出现的各种博弈模型都期望将这种逻辑推论一般化①。联系流通产业来看问题，新产业组织理论有关"市场不确定性→交易费用→厂商规模→市场结构"的理论观点，在有些方面比较适合于对流通产业中的厂商是否具有垄断特征的解说。因为，垄断特征不明显的流通产业的产业组织能否达到市场均衡的帕累托状态，主要取决于不正当竞争行为是否广泛存在，而对不正当竞争行为的分析，则是判别流通厂商是否具有垄断意图的重要依据。

在现实中，流通厂商的不正当竞争行为十分复杂，西方经济理论关于竞争和垄断的分析和研究，并没有对流通产业中的竞争和垄断行为进行过专门的考察，也就是说，西方经济理论只是将其放置于产业组织理论中一并考察的。不正当的竞争行为是厂商追求利润的行为反映，它是制度安排存在着缺陷的产物，会导致垄断行为的发生。因此，如果我们要勾勒流通产业组织理论的一般图景，必须重视竞争和垄断的分析；如果我们以这些理论见解来架构流通产业组织理论，则必须对流通产业的竞争如何形成垄断做出解释。以上分析表明，在哈佛学派、芝加哥学派和新产业组织理论中，存在着一些适合于解说流通产业竞争和垄断的理论见解。在笔者看来，运用新产业组织理论的某些理论见解来架构流通产业的产业组织理论，比较适合对流通产业中的竞争和垄断的说明，尽管运用这些理论见解所建构的流通产业组织理论并不是一般意义上的产业组织理论。

3.3 中国流通产业的局部垄断分析

3.3.1 问题的提出

厂商不正当竞争行为的界定是同制度安排相关联的。新产业组织理论将新制度经济学有关交易成本、有限理性、机会主义、逆向选择、资产专用性、道德风险等范畴运用于厂商的竞争和垄断的分析，实际上是从制度安排

---

① 早期新产业组织理论的逻辑推理及其博弈分析通常以一系列假设为前提，由于其缺乏实证资料的支撑，因而受到过批评。随着计算机和网络技术对数据处理的突破，新产业组织理论开始关注实证分析与逻辑推理的融合，并通过对厂商定价行为的实证来验证逻辑推理的正确性。

的角度对产业组织中厂商的竞争行为所展开的理论研究,它在一定程度和范围内解释了厂商的不正当竞争行为。从竞争和垄断的层面来理解新产业组织理论的这些研究,竞争激烈的市场意味着产业运行中的交易成本广泛存在和较大数额的支付[①],有限理性约束意味着对不确定性难以形成正确预期的厂商有可能违背制度安排而采用不正当的竞争手段,不正当竞争手段的理论描述是厂商做出有利于自己而损害他人的机会主义行为,或在策略上采用具有风险性质的提前预期反应的逆向选择行为,资产专用性却给厂商的不正当竞争提供了物质基础,而道德风险则是不正当竞争的极端手段。厂商的不正当竞争行为的终极结果,会造成产业运行中的交易成本的增加进而影响到资源的合理配置。这便解释了新制度经济学为什么要以交易成本作为分析范式的原因。新产业组织理论是新制度经济学在产业组织理论上的延续,较之于完全竞争和垄断竞争的产业组织理论,它在否定完全理性和信息对称假设基础上的有关产业组织运行的理论见解,比较适合对竞争和垄断之复杂现实的解说。

在流通产业中,厂商之间竞争的激烈程度和复杂性会在多大程度和范围内形成垄断,其垄断形式同第一、第二次产业有何区别,公司的内外部约束、厂商的经营策略以及跨国公司的进入等如何影响或规定流通产业的竞争和垄断,流通产业存不存在规模经济,如果存在规模经济,其产品或服务经营之平均生产成本的降低会以何种手段或途径实现,流通产业究竟存不存在自然垄断。显然,这些问题在不同经济体制国家或在同一国家的不同经济体制发展时期是不同的。以我国流通产业运行的实际而言,这些问题的说明与经济体制转轨有着密切的联系。不过,要解释我国流通产业组织运行的现状,必须在对我国流通产业存不存在垄断以及有可能或业已存在的垄断形式做出论证的前提下,才能对以上的问题做出回答。本书在以下的章节中将陆续对这些问题展开不同层次的分析。

产业的进入壁垒由人为垄断和自然垄断两种类型构成。流通产业的技术和资金门槛低的特征,几乎决定着它的自然垄断壁垒的不存在,但当政府对流通产业实施规制时,就会在一定程度上给人为垄断壁垒的形成创造条件。或许是由于世界各国政府很少对流通产业实施规制,现有的关于流通产业组

[①] 产业组织的运行格局决定宏观层次上的产业运行,而宏观层次上的产业运行以及由此形成的产业结构则是厂商投资选择的结果,在激烈竞争的市场环境中,厂商的投资选择要支付数额较大的交易成本,这种交易成本的支付同市场制度(主要表现为契约的制定、执行和仲裁)和政策法规等息息相关。关于宏观层次上投资选择之交易成本的分析,参阅何大安:《投资选择的交易成本》,载《经济研究》,2003年第12期。

织的分析，一般是在完全竞争理念下做出的研究。当这类研究在诉说政府规制的弊端时，人为垄断便成为这类研究所列举的政府规制弊端的目标。排除垄断而专论竞争的产业组织理论，是亚当·斯密开创的以"看不见的手"为理论灵魂的古典产业组织理论。这一理论之所以时而受到其他产业组织理论的批评，时而又存在着"死灰复燃"的迹象，乃是因为市场失灵和政府失灵的并列存在。西方产业组织理论之所以对流通产业的市场结构、组织和绩效没有引起足够的关注，则是因为成熟市场经济条件下的流通产业不明显存在厂商进入的人为垄断和自然垄断的壁垒。

3.3.2 局部垄断分析

在市场经济不发达或尚未完成体制转轨的国家中，如果我们断言流通产业不存在垄断现象，则显得有些武断了。以我国的情况而论，由于相当一部分流通产业的资产是国有资产，这些资产由国务院委托国有资产管理局或地方政府再经由代理厂商经营，政府对这类资产经营的政策支持，或多或少会给这类资产的垄断经营创造了条件，从而给试图进入的潜在竞争者设置了进入门槛。另一方面，打开国门的 WTO 使跨国公司在我国流通产业的投资日益增加，外商大举进入对流通产业的产业组织的影响，是在引入先进的管理技术的同时，企图占领我国流通产业的局部市场以待条件成熟时形成局部垄断。或许是"流通产业无垄断"的理念在学人脑际中的根深蒂固，在我们所接触的国内相关研究的文献中，几乎很少有学者对我国流通产业的竞争和垄断现象展开专门的产业组织分析。

基于以上的事实，笔者倾向于将我国流通产业的市场结构理解为"竞争为主和垄断局部存在"的类型。这里关于竞争的理解同西方产业组织理论没有什么区别，但对于我国流通产业中的局部垄断现象，有必要做以下几点说明：1. 垄断行为根源于其所经营的产品的专控性，如果流通厂商仰靠政府产业政策的倾斜，在产品进货的渠道上排他性地设置了其他厂商进入的壁垒，并且部分地具有产品的定价权，则局部垄断便有可能出现，如中石化、中石油麾下的加油站等；2. 在具有较高科技含量的服务业中，如果政府产业政策的设置存在着不让竞争对手进入的制度安排，则这类服务业中的局部垄断现象就有可能产生，如中国移动、中国电信等[①]；3. 跨国公司在华

---

① 产业经济学通常将电信业界定为自然垄断产业，但从厂商提供服务的角度来看，将其看成是流通产业也存在着一定的合理性，至少可以说是一种准流通产业。

的各种大型超市和连锁店有可能会形成局部垄断，这些大型超市和连锁店利用它们的品牌效应、先进管理和优质服务正在逐步占领行业市场，具体地说，它们通过降低产品和服务的平均成本而逐步享有定价权；4. 大型国有控股的流通产业利用国家提供的固定资产和无形资产，在产品经营和服务方面将潜在竞争者排斥在行业外，以形成部分产品和服务的局部垄断。有必要说明的是，假若我们忽视以上情形，则不会认为我国流通产业存在局部垄断现象；假若我们将以上情形看成是我国体制转轨时期的流通产业组织中重要的、并且在相当长时期内不会消失的特征时，我们便倾向于将以上状况看成是流通产业的局部垄断现象。

　　局部垄断同垄断的广泛存在不是一回事。众所周知，流通产业组织的一般特征是竞争强、厂商进出门槛低、技术因素对平均成本影响不显著等，但这种针对成熟市场经济的一般性特征并不完全吻合于经济体制转轨时期的流通产业。西方经济学家针对第一、第二次产业所描述的垄断竞争、不完全竞争、可竞争市场等有关市场结构的理论，虽然是逼近现实地纠正了以完全竞争为核心的产业组织理论，但他们的分析是一种泛垄断分析，并没有对局部垄断展开专门的分析，因而以这些理论来讨论我国流通产业的局部垄断时需要做出适当的修正，这是我们反复强调的问题。另一方面，局部垄断是一个显示竞争和垄断之不同程度的范畴，它的现实背景是经济体制转轨对产业组织的制度规定，因此，如果我们用这个范畴来解说我国第一、第二次产业组织的市场结构，也并非完全不适合。作为对问题的一种探讨，可否以"局部垄断的市场性竞争"来描述我国现阶段流通产业的产业组织呢？可否以"局部垄断的市场性竞争"为核心来架构我国流通产业组织理论呢？从而架构出我国产业组织理论的一般框架呢？显然，这些问题需要系统的论证。

　　本章的前部分曾依据西方产业组织理论对流通产业的产业组织展开过一些概要的理论评说，现在联系"局部垄断的市场性竞争"来认识流通产业组织，首先要讨论的是，我国流通产业的这种局部垄断在产业组织或市场结构中有什么样的变动趋势？其次是要分析这种局部垄断会不会随着技术进步而演化成更大范围的垄断？再其次是要讨论这种"局部垄断的市场性竞争"对资源配置有何影响？最后需要探讨的是，政府要不要对流通产业实施必要的规制，等等。

　　关于第一个问题。随着体制转轨的加速，我国流通产业中的那些由体制因素决定的局部垄断，其范围可能会逐步缩小，这主要表现为产品和服务供给源的政府管制正在被市场机制部分打破，进入壁垒也在逐渐消失，国有控股的大型流通厂商的市场力量有减弱的趋势，国有控股的流通厂商并不明显具有产品和服务的定价权。但对于跨国公司在华投资的那部分流通产业所存在的局部垄断，情况有可能正好相反。这是因为外商公司在华的长期投资策略是占领我国的商贸流通市场，他们会利用自己的优质品牌、完善的售后服务和先进的管理技术，先以损失利润的策略挤垮竞争对手，待有效占领市场后再发挥他们的市场决定力量，以获取超额利润。我国现阶段的零售业、超市连锁业、仓储业等就已经出现了这样的情形。因此，从长期来看，跨国公司在华流通产业中的局部垄断现象，有进一步扩大的趋势。

跨国公司在我国流通产业中的局部垄断的程度和范围究竟会发展至何种境地，在很大程度上取决于国内流通厂商能不能够创造出自己的优质品牌、售后服务和先进的管理技术系统。这个问题的进一步讨论涉及前文提出的第二个问题。流通产业与第一、第二次产业之间在受技术进步影响方面的区别，主要发生在平均生产成本的变化方面。具体地说，第一、第二次产业的技术进步会导致规模经济，规模经济会致使平均生产成本降低，而平均生产成本降低会导致以定价权为标志的市场力量，从而会形成垄断；流通产业受技术进步的影响主要反映在管理层面上，如果我国流通产业中的所有厂商的管理水平大大提高，外商也就失去了优势，外商的市场决定力量也就会大大减弱。因此，流通产业中的技术进步（管理技术水平提高）一般不会扩大局部垄断的范围，我们对此不必担忧。

关于第三个问题。"局部垄断的市场性竞争"是有利于还是不利于资源的有效配置，是一个较为复杂的问题。这种复杂性至少要从以下两个角度来解析：1. 如果这种局部垄断主要是由国有控股的大型流通厂商在政府庇护下所形成的市场力量导致，就不利于资源的有效配置，这就解释了我们为什么要对流通产业进行改革的原因。2. 如果这种局部垄断主要是由跨国公司在华投资所形成的市场力量决定，则需要考虑两种情形：一是当我国的流通产业改革尚未完成时，跨国公司在华流通产业中的市场力量有利于推动改革的进程，因为，尽管跨国公司拿走了大量超额利润、从而在绩效上显示出资源配置的低效，但从全社会的角度来看，这一局部垄断在改革尚未完成的时期内是有利于资源配置的；二是，当国有控股的大型流通厂商已失去市场力量、局部垄断完全由跨国公司独占时，则这种"局部垄断的市场性竞争"至少在民族主义意义上是不利于资源配置的。

关于第四个问题。经济学家是赞成还是反对政府干预是以市场结构和行为是否有利于资源配置为理论依据的，哈佛学派的 SCP 模型则是这种依据的理论表述。针对我国的实际，政府要不要对流通产业实施必要的规制，倒是一个两难选择的问题。原因是随着外商的大举进入，规制，有悖于 WTO

的商贸自由原则；不规制，则造成资源的非效率配置。为此，我们能不能对跨国公司在华流通产业投资实施间接规制的政策主张呢？这一政策主张的基本思路，是鼓励不同国家的跨国公司在我国的某地区或中心城市的流通产业中并列存在，如此政策的妙处在于不偏离WTO的商贸自由原则，它既可以吸收外资和学习先进的管理技术，也可以通过跨国公司之间的竞争而避免流通产业出现局部垄断。当然，这一对流通产业实施间接规制的政策主张是一种迂回的适度规制，它会涉及到制度安排的方方面面，需要我们认真的研究。

严格来讲，我国流通产业中"局部垄断的市场性竞争"的市场结构及其运行，是市场性竞争和非市场性竞争的混合，对其影响资源配置及其绩效的评说，关系到对经济体制转轨中的制度安排等一系列问题的评说。由于局部垄断并不否定竞争的存在，因而这些评说要联系市场竞争来展开。事实上，我国现阶段流通产业中的竞争是十分激烈的，它也会在相当大的程度上影响流通产业的产业组织及其运行。较之于西方成熟的市场经济国家，由于体制转轨决定了制度安排中的不确定和摩擦更加明显，我国的流通产业中的机会主义、逆向选择、道德风险等问题更加严重，以至于流通产业的运行必须支付较大数额的交易费用。交易费用的广泛存在，意味着产业组织运行中的资源配置的低效。这方面的情况可以运用新产业组织理论予以阐述。

3.3.3 补充性说明

流通产业组织以及与此关联的市场竞争和垄断等问题，属于产业组织理论这个母系统中的一个子系统问题。当我们认为流通产业不存在垄断时，或者说，当我们以完全竞争的眼光来审视流通产业时，我们就不会对流通产业组织进行竞争和垄断的结构分析。流通产业的产业组织的结构分析要素仍然是竞争、垄断、定价权、资源配置、政府规制等，分别以"存在还是不存在垄断"的视角来考察流通产业组织，将会对其有不同的理解。基于学人普遍认为流通产业不存在垄断这一思维倾向，当我们认为流通产业存在垄断时，实际上是将这种垄断作为它的重要特征来对待的，而对这种特征的分析，也就是对其垄断类型的一种分析。本节将我国流通产业的产业组织解说为局部垄断，则是对这种特征的一种理解。

如上所述，产业组织理论始终是围绕市场究竟是完全竞争还是垄断竞争、何种市场结构最有利于资源配置、政府对垄断要不要采取规制以及怎样进行规制等问题展开的，它试图要建立一个解释现实中竞争和垄断的并列存在、从而在理论上通过建构模型来为政府制定产业政策提供决策依据的学说体系。但某一学说体系要达到理论的完善性，是必须能对这一理论体系涵盖下的所有分支做出成功的说明。基于这样的理解，本节在进一步理解西方产业组织理论如何解释竞争和垄断的市场结构的基础上，联系我国流通产业组织的实际，在理论上对我国流通产业组织中的局部垄断现象进行了一些理论概括，并对政府是否需要对流通产业实施必要的规制提出了一些看法。因此，本节的分析可视为是运用西方产业组织理论、从而对其理论体系涵盖下的某一分支的研究。

本节把"局部垄断的市场性竞争"理解为我国流通产业组织运行的最主要的特征，这一理解是根据我国流通产业中的跨国公司和国有控股公司两大实力性市场主体的市场决定力量所做出的基本判断。诚然，这一判断只是在理论层次上的一种对我国流通产业运行实际的概括，它并没有通过实证资料进行论证，但在笔者看来，如果这一判断在实际和学理两方面能站住脚，相信能够得到实证分析的支持。同时，由于这一判断是对我国流通产业运行中的竞争和垄断之基本特征的理论概括，对这一理论概括的分析演绎可以展现出竞争和垄断的不同组合，因而，这一概括性判断对建构我国流通产业组织的理论框架是至关重要的。

不同经济体制下的流通产业组织运行是不同的，我们不能离开经济体制转轨背景来研究我国流通产业的运行，不能套用西方产业组织的理论模型来界定我国的流通产业组织，这是我们研究我国流通产业组织时所必须把握的基本原则。基于不同经济体制背景下的流通产业在竞争和垄断的形成、机理、结构等方面不同，其竞争和垄断的表现形式也就存在着区别，或者说其竞争和垄断有可能出现的组合形式也就存在差异。我国流通产业组织理论的基本架构要体现这种差异，要围绕其特殊的竞争和垄断形式来展开，要深入分析和研究形成这种竞争和垄断的体制背景和厂商的行为方式，这样才有可能对流通产业的产业组织做出符合实际的解说，才有可能对流通产业组织中的市场结构做出符合实际的说明。联系竞争来考察我国流通产业中的局部垄断，政府的政策导向应该是鼓励正当竞争，抑制不正当竞争行为以消除垄断，但问题在于，政府的政策导向必须以认识到我国流通产业存在着局部垄断现象为前提，必须要有一个能够揭示这种局部垄断的流通产业组织理论给政策制定提供思想材料，因此，如何建构我国流通产业组织理论的框架是我们的首要任务。

3.4 建构流通产业组织理论的思路

人类工业化文明的发展史在很大程度上可以理解为是竞争和垄断的历史，流通业从制造业分离而独立门户的发展史，则可以理解为是工业化文明过程中的人类对资源进行优化配置的分工史。新古典经济学从资源配置角度来看待这些历史时，关注的是工业化文明中的竞争和垄断；马克思主义政治经济学从价值形成和实现角度来看待这些历史时，重视的则是制造业和流通业之于价值生产和价值实现的不同功能[①]。我们姑且不评论这两大经济理论之分析视角的高低，仅就它们都涉及对流通产业经济功能的分析而论，这两大经济理论实际上都认识到流通产业在社会经济运行和发展过程中具有资源配置的作用。经济领域的某一产业对整个社会的资源配置发挥作用，该产业的运行就必然会出现竞争并有可能会产生垄断，而竞争和垄断的存在则意味着对这个特定产业的研究，有可能会产生同这个特定产业的运行实际相对应的产业组织理论。

经济学将竞争和垄断看成是影响或决定资源配置的两种基本的产业组织形式，应该说是基于厂商在生产经营中的行为方式及其制度安排的考虑；经济学关于政府要不要对产业运行实施规制的政策主张，则是出于对竞争和垄断是有利于还是不利于资源配置的思考。但以分析方法而言，政策主张的规范分析及其结论有可能是实证分析的结果，也可能是某一理论体系的逻辑演绎。关于实证分析，这里提出一个经济学界同仁可能不赞成的观点：对产业组织的实证分析从而提出政策主张，既可以以数据模型说话，也可以通过对产业组织运行机理的揭示来完成。在笔者看来，对于建构产业组织理论之基本要素的竞争和垄断的分析，运用机理分析方法丝毫不逊色于实证方法（当然这需要讨论）。本节关于建构流通产业组织理论的思路，拟采用机理分析的方法。

---

① 以上的分析见解，可以帮助我们认识马克思主义政治经济学与西方经济学对制造业和流通业之资源配置功能的不同认知。马克思关于流通产业不创造价值而只是帮助制造业实现价值（剩余价值）的观点，是他运用劳动价值论和剩余价值论对资本主义经济的一种逻辑认知，西方经济学不严格区分制造业和流通业来研究资源配置如何达到最大化效率，这两种不同认知体现了它们的学术体系建立在对流通业与制造业相互关系的不同理解上。前者认为流通业是制造业在流通领域的延伸，其潜在的理论观点是流通业不属于产业部门；后者则认为流通业与制造业在资源配置方面是合而为一的，其潜在的理论观点是认为没有必要对流通业进行专门的产业组织分析。——假如这样的解说在理论上正确，我们对经济理论界目前缺乏流通产业组织理论就有所理解了。

从现象形态来看，流通产业的竞争问题较之于第一、第二次产业并无差别，流通产业资金、技术等门槛低的事实似乎宣示着垄断的不存在，现实会影响经济学家的理论思维，当我们明白了这种思维对产业组织理论之研究边界的影响时，它至少部分解释了为什么产业组织理论没有对流通产业的竞争问题展开专门研究的原因。流通产业果真不存在垄断吗？流通产业的竞争真的同第一、第二次产业的竞争没有差别吗？这些问题是建构流通产业组织理论的基本问题。如果我们认为流通产业不存在垄断，认为流通产业的竞争同第一、第二次产业没有差别，那么，建构流通产业组织理论的学术努力便是一项多余的工作。

事实上，不同流通厂商经营同一产品或提供同一服务的平均成本是有区别的，这种区别同样可以用边际理论展开分析和研究。在激烈的市场竞争中，由于流通领域的产品或服务存在着差异性，这种差异性决定着流通厂商的竞争方法、途径、手段以及竞争的程度和范围同第一、第二次产业之间的差异性。我们怎样在理论上揭示这些差异，从而对流通厂商的竞争方法、途径、手段等进行机理描述，如何对流通厂商的竞争的程度和范围等进行机理描述，从而在竞争方面展现出流通产业同第一、第二次产业的区别，这些描述对于建构流通产业组织理论至关重要，可以将其定论为建构流通产业组织理论的最重要的基本思路之一。

建构流通产业组织理论的另一重要的基本思路，是在理论上界定流通产业中的厂商所经营的产品或服务的差异性，也就是说，让流通产业组织理论的建构不是建立在产品或服务的同质性假设之上。这个问题的研究涉及对流通厂商所经营的产品或服务之差异性的机理分析。如果我们能够在理论上揭示这一机理，我们便可以得到由这种差异性引致流通领域竞争的解释性变量，并通过这些解释性变量对流通产业的基本竞争格局做出一般性的说明。这种一般性说明的理论价值是显著的，它可以帮助我们理解、认识乃至于定论流通产业的竞争是否存在竞争度，而这种竞争度的分析和研究可以在理论上深化和拓宽对流通产业组织形式的认知。现有的产业组织理论之所以缺乏流通产业的专门研究，就其基本理论的架构而论，很可能是因为没有这样的分析思路。当然，思路变成具体的分析并能在理论上成立，尚有待于经济学者的努力。

流通产业存在着激烈的竞争是所有的产业组织理论的共识，但这种竞争与第一、第二次产业在方法、途径、手段以及竞争的程度和范围上的差别，却几乎被现有的产业组织理论忽略。这个问题之所以被再次提及，是因为对它的分析会波及垄断问题。流通厂商所经营的产品和服务的平均成本不具有第一、第二次产业的明显特征，在一定程度上封闭了人们对流通厂商的竞争方法、途径和手段等的讨论。产业自然垄断理论有关成本劣加的分析是以规模经济为对象的，而规模经济在经济学词典中似乎是专论生产过程的；产业组织理论针对成本劣加和规模经济的分析，自然将竞争的分析范围锁定于规定平均生产成本变动的生产过程；流通领域被排斥于成本劣加和规模经济的分析视野，经济理论对其竞争的分析便局限于交换过程的现象形态。于是，产业组织理论间或涉及的有关流通产业竞争的分析则基本上被涵盖于其对第一、第二次产业的研究之中，对流通产业组织的研究便显得无关紧要了。理论思维存在着一种"由种概念推论和解析亚种概念"的惯性，因而流通产业的竞争问题没有得到经济学家的重视，流通产业组织理论的建构也就失去了以该产业竞争分析为理论支持的根基。

以上分析说明，建构流通产业组织理论的重要思路之一，是必须对流通产业所经营的产品或服务是否存在平均成本及其变动的问题进行研究。如果我们能对这个问题做出解说，则可以对流通产业是否存在规模经济问题做出解说，并可以对流通厂商是否具有定价权问题做出解说，从而可以对政府是否有必要对流通产业进行规制及怎样进行规制等问题进行解说。同时，这些问题之研究的现实和逻辑延伸，关联到了流通产业是否存在垄断的问题。一般来讲，如果流通产业存在规模经济下的平均成本变动，则流通产业便存在着经营的集中度问题，流通厂商便有可能存在着定价权，也就是说，流通产业中存在着垄断。不言而喻，对流通产业的竞争和垄断做出符合实际的揭示，是建构流通产业组织理论之思路的理论分析前提。不过，关于流通产业有可能存在的垄断类型的界定，是建构流通产业组织理论的一个十分重要的问题。

这个问题的重要性在于流通产业的垄断类型在不同经济体制背景下的区别。直观地审视流通产业的运行，经济学家通常会关注人为垄断而忽略自然垄断。诚然，若流通产业存在垄断，我们必须重视厂商以串谋勾结、挤压对手、品牌优势、资金势力等为主要手段所形构的进入壁垒的人为垄断，但对于流通厂商以先进的管理为内容的技术手段有可能会导致规模经济和成本劣加的自然垄断问题，也应该进行研究。对流通产业存不存在自然垄断的理解，关键在对"自然"的解说方面。人类经济活动的"自然性"是排除人为因素的一种泛概念，我们可否将一切非人为因素所导致的经济趋势理解为经济自然性呢？如果可以，那么我们就有可能从流通产业寻觅到自然垄断的痕迹，如果流通产业存在自然垄断，我们建构流通产业组织理论的思路便可以增加一个新的分析纬度。

高度概括流通产业组织理论之建构思路,是必须运用一般性的分析范畴来对竞争和垄断做出概括,以达到理论建构的"形散神不散"的效果。联系我国流通产业的运行实际是来思考,笔者在前文中提出的"局部垄断的市场性竞争"概念,大体上具备了这种概括性。作为对问题的一种探讨,我们能不能以此概念为中心来建构我国流通产业组织理论呢?对此,笔者有着一种在理论上探索的冲动,但建构一种理论会碰到许多困难,这些困难或来自研究对象的复杂性对研究者理论思维的制约,或发端于分析方法和手段的约束,或根植于制度、主体、行为的非线性组合关系,等等。因此,本节关于流通产业组织理论之建构的分析,只是作为一种分析思路而提出的,至少是暂时还不存在系统建构流通产业组织理论的奢望。另一方面,笔者的理论直觉是:我国流通产业运行的很多问题都直接或间接地同"局部垄断的市场性竞争"有关,因此,如果我们"穷追猛打"地以"局部垄断的市场性竞争"作为研究对象,或许能对我国流通产业的运行问题有所建树。

第4章 体制模式、局部垄断与公司治理结构

在上一章的讨论中，笔者曾将我国流通产业的市场结构理解为一种以竞争为主但却存在局部垄断的类型，并以"局部垄断的市场性竞争"来描述这一类型。这样的理解是受不完全竞争理论或垄断竞争理论的思想启迪而得出的。从严格的意义上来讲，将我国流通产业的市场结构看成是一种以竞争为主的局部垄断，实际上是以不完全竞争的视野对垄断的一种局部性分析。不过，我国流通产业中的局部垄断同不完全竞争理论之分析框架中的垄断，毕竟在诸如垄断的形成过程、表现形式、作用机理以及垄断主体的行为手段等方面存在着区别。对这些区别的关注，在理论层次上将有可能体现出研究者对我国流通产业的市场结构具有独特的观察能力，在现实层面上将有可能反映出研究者理解西方理论、从而具有符合实际的运用能力。中国流通产业运行问题的具体表现形式，始终是围绕竞争和垄断以及由此决定的市场结构展开的，对流通产业之市场结构的考察，是以产业组织理论为分析底蕴的。因此，我们在不完全竞争视野下讨论中国流通产业的局部垄断问题，离不开对流通产业组织的分析。

4.1 对流通产业组织的几点理解

依据对流通产业的多重界定来解说流通产业组织，在有助于我们清晰认识流通产业运行的同时，也存在着使我们依据这种解说来理解流通产业组织的某种模糊不清。这一见解的立论根据是，按现实中的业态、业种、阶段、地域等标准来划分流通产业，会致使人们从商品流通的不同角度而不是从其共性来认识流通产业组织。例如，以百货、连锁超市、仓储等的业态标准来划分流通产业时，人们对流通产业组织的认识会局限于最终消费品的流通范

围；以生产资料和生活资料的业种标准来划分流通产业时，人们对流通产业组织的认识会受到马克思划分社会再生产两大部类的抽象理论的影响，以至于只能从高度概括的理论层次而不是从现实的具体层次来认识流通产业组织；再例如，以零售到批发的阶段性或以内贸和外贸的地域性来划分流通产业的类型，通常会使流通产业组织的分析限定于某一局部范围。流通产业组织是产业组织的一个重要组成部分的事实，规定着对它的研究不能完全局限于实际层次，而应该在外延较为宽泛的并能与整个产业组织运行有共性关联的层面上进行探讨①。

基于以上的理解，笔者倾向于将流通产业组织理解为：从事商品流通活动的经济主体以及决定这些经济主体活动的各商业企业之间的内部架构，在市场结构、行为和绩效等方面由市场机制或行政干预所导致的竞争和垄断的基本格局。对流通产业组织的如此理解，强调的是商业流通主体的行为方式及其市场结构的两层面内容，同时，这样的理解可以外推出决定流通产业组织的宏、微观因素。

一国流通产业中竞争和垄断之基本格局的形成，通常要受到经济体制模式、市场经济发展水平、制度安排质量、投资结构等状况的影响。概括而论，经济体制模式所决定的市场机制和计划调控在经济运行中的比例和范围，会影响到流通领域的竞争和垄断的程度和范围②；市场经济发展水平的高低，会对流通领域的竞争和垄断的表现形式和实现途径产生影响；制度安排的质量高低，会在政策、法律规章上通过规则及执行规则的手段影响到流通领域的竞争和垄断的基本格局③；投资结构状况对流通领域的竞争和垄断

---

① 或许因为如此，西方经济学家一直注重于从以竞争和垄断为核心内容的一般理论层次对产业组织展开分析和研究，而没有对流通产业组织进行专门的分析和研究。西方经济学家的这种研究倾向并不妨碍我们对我国流通产业组织的研究。如果我们能够对我国流通产业组织及其特征做出符合产业组织运行的一般界定，便有可能通过对我国特定的竞争和垄断格局的考察来建构出一种大体上吻合于实际的流通产业组织理论。当然，这是一项难度较大的研究工作，最主要的困难发生在流通产业运行中的市场结构如何经由竞争和垄断的分析而得到判定。

② 这种影响主要是针对计划调控所引发的行政垄断而言的。国内学者曾对我国流通产业中的行政垄断发表过一些理论见解，基本观点认为计划调控程度的高低和范围的大小，会决定流通产业中的行政垄断程度和范围。参见郭冬乐、宋则主编：《中国商业理论前沿Ⅱ》，第 426~445 页，社会科学文献出版社，2001 年版。但这些分析和研究没有涉及以下两个问题：一是没有在理论层次上解说垄断和竞争的关联；二是没有对流通产业是否存在自然垄断问题展开讨论。对于前一个问题，笔者试图在本章做出部分的理论论证；对于后一个问题，笔者拟在本书第 9 章谈谈自己的观点。

③ 制度安排的质量高低对竞争和垄断之影响的价值判断，是一个包含着是推崇竞争反对垄断还是提倡竞争容忍垄断的规范认知问题。认知不同，经济学家对制度安排影响竞争和垄断之质量高低的价值判断也就不同，这一点我们常常可以在制度分析理论中领悟到。但尽管如此，指出制度安排会影响到竞争和垄断，对于我们在较高的理论层次上认识流通产业中的市场结构会有所帮助。

的影响，则主要反映为流通厂商经营商品和服务是否存在着规模经济和集中度等问题。显然，对这些问题的深入研究，都将涉及到流通产业的经济主体以及决定这些经济主体活动的各商业企业之间的内部架构等问题。但以上情景在不同国度中是不同的，即便在同一国度的不同经济体制模式下也是不同的，这便决定了不同国家流通领域的市场结构存在着差异，从而决定着不同国家的流通产业组织存在着差异。

经济理论对产业组织的研究是从厂商的结构和行为开始的①。随着经济学家分析产品差异性和集中度的拓宽和加深，产业组织理论的分析目标便被逐渐锁定在市场过程和绩效上。自贝恩（Bain）的理论倡导、从而在产品差异性之分析基础上所形成的哈佛学派有关市场结构的产业组织理论（SCP模型）以来，产品差异性和非价格竞争（产品设计、广告、销售费用等）的因果关系，便成了产业组织理论研究竞争和垄断的主题之一②。本书第3章曾认为SCP模型部分适合于对流通产业的市场结构及其产业组织的解说，流通厂商所提供的产品或服务之差异性的存在，意味着他们在产品设计、包装、广告、销售费用等方面的平均成本不一致，而技术进步对流通产业不具有明显规模经济作用的特点，则意味着流通厂商经营产品或服务的集中度具有相对的稳定性③。因此，如果我们在不完全竞争视野下来理解流通产业组织，可以认为流通产业的竞争和垄断的并列存在以及由此出现的市场结构，植根于流通产业的产品差异性和经营集中度，而流通厂商在诸如投资、定

---

① 产业组织问题的早期研究，是在将厂商作为追求利润最大化的给定生产函数的基础上展开的，它主要集中于对制造业的产品差异性和卖方集中度两个方面。参见 Chamberlin, E. H. 1933. *The Theory of Monopolistic Competition*. Cambridge, Mass.：Harvard University Press. 但由于产业组织的研究可以广泛地与市场相联系，因而不完全竞争理论很难被运用于一般教科书的竞争模型的分析中。就人们对卖方集中度的关注而论，寡头垄断行为的分析便成为产业组织研究的主要内容。

② 在哈佛学派的理论体系中，市场结构被界定为存在着时间系列的相对稳定、可观察的一组变量，他们注重从市场结构的内在变量（产品性质和技术等）来展开分析，研究市场结构如何决定买者和卖者的行为，并通过效率来比较行为结果和最优化选择的市场绩效。参见 Bain, J. S. 1959. *Industruial Organization*. New York：John Wiley, 1968. Scherer, F. M. 1980. Industruial Market Structure and Economics Performance. 2ⁿᵈ edn, Chicago：Rand-McNally；1970. 哈佛学派的"结构—行为—绩效"模型（SCP）的主旨，在于论证集中度高的厂商总是倾向于提高价格和设置行业进入壁垒以谋取垄断利润。

③ 其实，SCP模型在市场组织方面对张伯伦（Chamberlin）的不完全竞争模型有关产品差异性和生产集中如何形成卖方垄断的思想做出了更加贴近现实的说明，即否定了完全竞争模型和完全垄断模型对极端竞争和极端垄断的描述，认为竞争处于极端状态会使利润下降，垄断处于极端状态会致使比比皆是的超额利润，现实情景所反映的典型的市场行为应该是处于极端竞争和极端垄断之间的价格和产量的分布。SCP模型这一思想可谓是张伯伦的不完全竞争理论在新的市场环境下的反映。参阅 Chamberlin, E. H. *The Theory of Monopolistic Competition* [M]. Cambridge, Mass：Harvard University Press, 1933.

第 4 章 体制模式、局部垄断与公司治理结构

价、广告等方面的竞争或垄断的市场行为，则使得流通产业组织具有不完全竞争的特征。

各国经济发展中的市场结构及其运行的历史表明，产业组织中的很多问题是难以用寡头垄断理论予以一般性解释的，这在某种程度上折射出了建立在不完全竞争学说之上的产业组织理论的较为贴近现实的一面。在一般的意义上来理解或建构产业组织理论，就是要解释市场结构中的竞争和垄断的比例及其相互融合的情形，也就是说，如果经济理论能够成功地解说这一比例及其相互融合，就有可能产生符合实际的产业组织理论。沿着这样的思路来理解流通产业组织，如果我们能够在理论上确立市场结构中的完全竞争和（卖方）寡头垄断的终点和起点，或者说能够在理论上描述出介于完全竞争和寡头垄断之间的不完全竞争的区域（这可能是一个存在争议的区域划分），那么，这种纯理论意义上的关于不完全竞争区域的界定，将有助于我们对（流通）产业组织的理解[①]。

从现实来看，流通市场结构中的完全竞争的覆盖面要大于制造业，而其寡头垄断的覆盖面要小于制造业，这是问题的一方面。另一方面，界定流通市场结构中的完全竞争和寡头垄断的终点和起点，除了面临像界定制造业一样的困难，还需要对流通市场结构做出不同于制造业的具体分析要求。这个问题的深入研究，需要对流通市场结构中的完全竞争和寡头垄断做出不同于制造业的说明。即便我们能够完成这一说明，也仍然会碰到确定流通市场结构中的竞争和垄断之边界的困难。因此，解说流通产业组织的困难与论证一般产业组织的困难在很大程度上是相同的。同时，理解一般流通产业组织与理解某一特定国度的流通产业组织又存在着部分不同，这便是前文所提及的特定国度的流通市场结构要受到体制模式、市场发展水平、制度安排、投资结构等状况之影响的问题。

在理论上对流通产业组织的理解能否合理，关键在于对该国流通产业中的市场结构的认识，而对市场结构的认识则取决于对经济组织及其制度的认识。同制造业一样，完全竞争作为一种经济组织并不是流通市场结构中的唯一制度，对流通市场结构的均衡做出大体上符合实际的分析，必须将垄断引

[①] 这是一项难度很大的研究工作。1933 年张伯伦和罗宾逊两位大师的著作曾为此做过努力，他们试图弥合卖方寡头垄断和完全竞争这两种极端相反情形之间的差距，但无论是张伯伦以自由进入为核心的竞争模型论证还是罗宾逊以需求曲线为核心的模型解说，都没有建构出一个非卖方寡头垄断的不完全竞争模型。针对这项难度很大的研究工作，到目前为止，经济学理论都没有取得实质性的进展。见中译本《新帕尔格雷夫经济学大辞典》第 3 卷，第 570 页。

入经济组织及其制度之中①。按照现代垄断性竞争理论的分析方法,流通产业中的经济组织也可以看成是由完全竞争性的消费者、完全竞争性厂商和垄断竞争性厂商组成。假定价格给定时的完全竞争性流通厂商可以从投入和产出的可行性的一个向量组合中达到利润最大化,假定在价格和所有流通厂商的利润分配给定下的完全竞争消费者能够实现其预算约束的效用最大化,垄断性竞争厂商就有可能得到一条以实际观测到的价格和数量之轨迹为内容的需求曲线,于是,在市场出清的情况下,流通市场上的消费者和厂商的需求量就有可能等于所有生产商的产出量,即消费者和厂商就有可能产生同原来给定的价格和数量相对应的一组新值②。可以认为,这组新值的推导或界定是对不完全竞争的市场均衡的一种解析。

　　流通市场结构以及由此形成的产业组织已被共识为以下因素决定:买卖方集中度、产品差异性和进入市场的条件。然则,对这些因素的不同认识将会对产业组织产生不同的理解。就流通产业而论,或许是因为流通产业不存在或不明显存在导致潜在进入者担忧价格会低于成本的规模经济,流通市场中的激烈竞争会消除超额利润;或许是因为原有厂商在产品经营专利权、产品差异性以及买主不愿更换商标等方面具有优势,流通市场会存在由于非价格因素引致的进入障碍;或许是因为流通厂商在投资时很少存在像制造业那样的沉没成本,资产专用性约束和机会主义行为在流通市场不是那样引人注目,从而买卖方的集中度问题就相对显得轻微。倘若从以上的观察点来看问题,流通产业组织中的市场结构及其均衡分析就难以借助于现有的产业组织理论成果了。

　　很多产业组织的研究者曾在不同程度和范围内是将卖方集中度、广告和商标等非价格因素、规模经济及自然垄断等,作为形成产业进入障碍的重要原因来看待的,并认为进入障碍会导致竞争和垄断并存的格局。对流通产业

---

① 传统的对经济组织进行研究的一般均衡理论是由瓦尔拉斯(Walras)开创并通过希克斯(Hicks)进一步发展的,但他们两人在实际性的局部均衡分析中对垄断的认识是不同的。瓦尔拉斯认识到完全竞争不是经济组织的唯一制度,认为要考虑经济组织中的垄断因素(尽管他没有将其放置于一般均衡分析中);而希克斯认为引入垄断对一般均衡的经济理论分析有破坏性作用。Hicks, J. R. 1939. *Value and Capital.* 2nd edn. Oxford; Oxford University Press. 1946. 当人们从现实而不是从完全抽象理论的建构来研究市场结构或经济组织时,垄断竞争或不完全竞争的经济组织便越来越引起人们的关注。在有关局部均衡和一般均衡的讨论中,由于局部均衡通常只讨论一个行业或一组行业,它不能包含所有厂商的相互关联,而只有在考虑到所有厂商相互关联的情况下,才有可能建立起包括垄断的一般均衡分析。这方面经济思想的贡献者特里芬(Triffin),见Triffin, R. 1940. *Monopolistic Competition and General Equilibrium Theory.* Cambridge. Mass.; Harvard University Press.

② 这里的抽象推论来源于现代垄断性竞争的一般均衡分析,如根岸(Negishi)、阿罗(Arrow)等人的思想。参阅中译本《新帕尔格雷夫经济学大辞典》第2卷,第868~869页。

中市场结构的形成和变化、竞争和垄断处于何种并存状态、产业组织是否具有优化资源配置功能等问题的研究，的确离不开对以上原因的探讨，但我们也不能忽视对买方集中度、信息不对称、厂商合谋等问题的研究。例如，消费者和厂商对某种产品商标或性能的偏好，是形成买方集中度的一种典型的非价格因素；卖方之间有关产品信息的不对称分布，会在很大程度上维持非竞争行为[1]；产业组织在优化过程中，在鼓励竞争的同时，也有可能在一定程度上推进垄断[2]。因此，我们对流通产业组织的现实理解，尤其在对中国流通市场结构中的竞争和垄断的格局做出判断和理解时，必须全方位地考虑体制转轨背景下的价格和非价格因素，而不能满足于某些抽象的假定。

总之，在理论分析层次上对流通产业组织的理解，关键在于对决定市场结构的内生变量的选择。综观不同产业组织理论有关市场结构之理论观点的差异，这些理论关于产业组织中的竞争和垄断的意见分歧，其最基础性的理论原因则根植于内生变量的选择。但观察或评价不同产业组织理论的内生变量的选择，我们又似乎发现内生变量选择过少，会影响到模型对现实解释的偏离，而内生变量选择过多，又会致使问题分析的复杂化。举例来说，如果我们把"质量"作为内生变量置于不完全竞争模型，这个取决于需求函数细节的变量对均衡分析的影响，会迫使研究者在均衡分析中对生产高质量产品的厂商能够获取高于边际成本的价格有所说明（实际上模型很难做到这样）。再举例说明，如果将"广告"作为内生变量置于不完全竞争模型，研究者通常要在模型分析中对广告影响消费者行为做出一些有利于说明均衡的假设，但无论是将广告仅仅作为向消费者提供信息的假设，还是仅仅将广告作为改变消费者偏好的假设，这些假设都会在相当大的程度和范围内不符合消费者对商标的实际选择偏好，以至于干扰了研究者对市场结构之均衡分析的质量。

那么，我们研究流通产业组织应如何选择有助于市场结构分析的内生变

---

[1] 关于信息不对称有可能维持非竞争性行为的分析，对策论已对目标信息和对手策略选择等问题展开过研究，这些研究指出买卖双方对价格和品种的信息拥有及其程度，会影响到营销和分销安排以及竞争对手的行为。例如，在买方必须花费时间才能寻觅到竞争性卖方各自价格的情况下，即便很多卖方销售完全相同的产品，每个卖方或多或少具有一定程度的垄断力量。施蒂格勒（Stigler）就是以上述见解来批评贝恩（Bain）关于卖方集中对垄断起决定形成作用之理论观点的。Stigler, G. J. 1968. The Organization of Industry. Homewood, Illinois: Irwin.

[2] 这个观点存在着很大的学术讨论空间。持异议者不会同意产业组织优化有可能推进某种程度垄断的观点，但这种异议是以不考虑政府干预和跨国公司投资为立论依据的。这个问题的深入讨论会涉及到规模经济的形成过程和方式，现实中某些行业的规模经济既有可能是市场机制作用的结果，也有可能是政府干预而形成的；前者会形成自然垄断，后者则会形成人为垄断。参阅何大安：《流通产业组织结构优化中的自然垄断趋势》，载《经济学家》，2007年第4期。

量呢？显然，这关系到流通产业组织研究的框架设计问题。在笔者看来，如果我们暂不考虑流通产业组织的一般均衡分析，而仅仅考察影响中国流通产业实际运行中的竞争和垄断的主要变量，其内生变量的选择可能要简明一些。下面，我们首先考虑对流通产业之市场结构发生重要影响的基础性变量———经济体制模式。

4.2 局部垄断形成的体制基础

局部垄断的市场结构与不完全竞争理论所描述的市场结构，在经济体制基础等方面具有不同的规定性。不完全竞争理论有关竞争和垄断的研究，是以西方成熟的市场经济体制为基础的，并且对市场结构之形成的解说，始终以均衡分析为框架来讨论产业组织一般[①]。概括而言，西方产业组织理论对垄断问题的分析，无论是不完全竞争理论，还是完全竞争理论、垄断竞争理论、可竞争理论等，这些理论对市场结构形成过程中的竞争和垄断形成及其表现形式的理解或认识，都是以市场机制、产品自然属性、厂商或个人之间的合作和不合作等为考察对象的，很少涉及经济体制模式对垄断形成的影响。即便有的经济学家在某些场合提及体制模式，那也只是局限于政府产业规制的政策内容。因此，现有的产业组织理论尚没有对由经济体制模式引致垄断的问题引起重视，也就是说，本书所界定的由体制因素决定的局部垄断尚不在西方经济学家的视线内。

从理论分析的角度来界定市场结构在形成过程中的垄断问题，可以分为两种不同的研究对象：一是研究市场结构中的垄断和竞争并存时的一般均衡；二是不考虑一般均衡而只是对市场结构中的垄断和竞争的并存现象展开讨论。显然，以这些研究所涉及的经济体制模式来说，产业组织理论的有关市场结构的一般均衡分析，必须以成熟的或相对稳定的市场经济体制为背景，这是因为在成熟的市场体制中，决定或影响竞争和垄断的因素可以在理论层次上集合性地抽象为分析性变量，而对这些变量的数学处理相对容易达

---

① 西方有重大影响的经济学家涉及局部垄断的例外，是马歇尔（Marshall）在《经济学原理》一书中所阐述的局部均衡理论。但马氏所涉及的局部垄断，是针对竞争性均衡的成本分析而言的，并且这一被称之为"马歇尔垄断"的研究，是以产品非均匀性特征的同类型厂商的均衡分析为对象的，换言之，"马歇尔垄断"同样也未联系经济体制模式。我们在斯拉法（Sraffa）有关"马歇尔垄断"的评论中可以看到这方面的理论分析判断。Sraffa, P. 1926. *The laws of returns under competitive conditions*. Economics Journal 36, pp. 535~50。

到模型建构的符合实际和学理逻辑的要求。在计划体制向市场体制过渡的转轨体制中，由于计划机制会受到市场机制的约束，而市场机制会受到计划机制的干扰，因而，理论研究很难将决定或影响竞争和垄断的因素抽象为分析性变量，这就是说，建构一个容纳竞争和垄断的既符合实际又能达到学理逻辑要求的一般均衡分析框架，在理论层次上会面临一系列的困难。或许是因为如此，中国体制转轨经济的实践没能促使经济学家对产业组织的一般均衡展开成功的理论研究。

本书第3章曾指出，中国流通产业之局部垄断现象的市场形式，具体反映为一些产品的销售被控制在以计划执行机制为背景的国有控股公司手中，一些产品和服务被跨国公司凭借资金实力、管理技术和品牌优势等所控制。较之于我国流通领域的其他产品和服务，尽管这两类产品和服务在产品差异性、经营成本、自然属性以及与制造业的关联等方面不存在明显的区别，但由于国有控股公司在流通领域的销售经营是利用了以计划机制支持为内容的制度安排，跨国公司则是凭借了以市场机制支持为内容的制度安排，于是，这些产品和服务的销售经营便形成了进入门槛，而进入门槛的出现会赋予这类厂商一定的定价权。值得说明的是，这种局部垄断不是指产品世界中的某一组类别产品在销售经营上的局部垄断，而是指由制度安排所导致的针对所有类别的产品和服务在销售经营上的局部垄断。在这里，我们不仅看到了流通领域的产品和服务难以遵从西方产业组织理论的变量处理和模型架构的分析方法，更重要的是，我们认识到了转轨经济体制是形成中国流通产业产生局部垄断的体制基础。

对体制模式决定或影响我国流通产业竞争和垄断之特定格局的深入分析的一个重要的问题，涉及政府产业政策及其经济规制中的立法、司法和行政执行之间的相互关联问题。在我国产业政策制定和规制执行的现实中，一方面，规制执行机构并非完全被立法机构所控制；另一方面，规制程序及其执行并不一定会受到司法机构的约束。也就是说，我国的产业政策及其经济规制中的立法、司法和执行尚不存在系统性的协调。这样的情况在成熟的市场体制国家也是存在的。体制转轨的国度之所以会在更大程度和范围内出现这样的情况，最重要的原因，是转轨体制中的计划机制对市场经济发展有着较强的影响作用。在我国流通产业的运行中，这种影响主要表现在产业政策及其规制中的立法、司法和执行等对国有控股公司的偏好。撇开立法、司法和行政执行等在任何经济体制模式下都存在的一般性摩擦，仅就计划机制对国有控股公司的支持而言，它会在政策甚至法律规章等方面为国有控股公司设置门槛以阻碍潜在竞争者的进入。

新古典经济学将政府、厂商和个人看成是"理性经济人"框架下的具有同一性质的行为主体的理念，对政府产业政策、法律规章以及宏观调控等的影响是不可忽视的。政府的立法、司法和执行机构分属于不同的规制层级，倘若出于某种特定的分析需要（如对政府规制中的政治支持函数的解释），将它们抽象成一个同一的主体是必要的，但在具体研究立法、司法和执行时，经济理论研究的这种抽象会忽略政府的立法、司法和执行机构的各自行为差异[①]。在我国体制转轨的现阶段，计划和市场的双系统运行，会致使立法、司法和执行的不同层级机构在规制过程中面临不尽相同的信息和市场环境。如果我们将分属于不同层级的立法、司法和执行机构看成是一个具有同一性质的抽象主体，实际上是在现实的层面上把政府看成是一个黑箱。以流通领域之市场结构的形成来说，当政府被看成是一个黑箱时，体制转轨中的制度安排对竞争和垄断如何形构市场结构、进而如何产生局部垄断的过程便被模糊起来。

或许是因为我国现阶段流通产业中的局部垄断现象尚不够明显，国内学者在对流通产业的市场结构进行研究时很少对这种局部垄断现象展开分析，而是关注于运用西方产业组织理论对流通产业之市场结构的一般解说[②]。值得强调说明的是，以成熟市场体制为背景的产业组织理论来解释我国流通产业的市场结构，存在着许多值得商榷的问题。其中的重要问题之一，则是转轨经济体制对市场结构形成的影响究竟在多大程度和范围内能够与西方产业组织理论所解说的情形相一致。成熟市场体制下的垄断大都属于由产品自然属性或规模经济所导致的自然垄断，不存在或几乎很少存在像我国国有控股公司和跨国公司那样的对市场结构发生重大影响的经济主体，也就是说，本书所理解的我国流通产业中的局部垄断现象，在成熟市场体制国家根本就不存在。因此，我们把转轨体制看成是流通产业存在局部垄断的体制基础，至

[①] 在有关政府规制的理论分析文献中，规制经济学对政府规制立法、司法和执行机构追求效用最大化的抽象描述就是忽视这种行为差异的明显例证。例如，规制经济理论的创始人施蒂格勒（Stigler）曾将供给和需求引入规制经济分析，他认为规制供给和需求联合决定现实规制，这种抽象地讨论规制供给和需求的分析方法，同佩尔兹曼（Peltsman）"将价格、利润及税收等结构性地并入了政府谋求政治选票的分析"并无二致，都是建立在政府强制、政府理性选择以及立法、司法和执行机构无行为差异等基本假定之上的。参见 Stigler, G. J., *The Theory of Economic Regulation*, . Bell Journal of Economics, 2（Spring），1971. Sam Peltsman：*Toward a More General Theory of Regulation*, Journal of Law and Economics，XIX（2），August，1976.

[②] 国内学者关于流通产业市场结构的分析和研究，或基于完全竞争型、完全垄断型、垄断竞争型和寡头垄断型的解说，或着重于对流通产业进入壁垒、产品差异性、规模经济水平等的实证和计量，但这种运用西方产业组织理论对我国流通产业之市场结构的一般解说，并没有对我国流通产业的垄断现象做出特征性的概括说明。这种研究动态的典型研究成果之一，可参见金永生：《中国流通产业组织的创新研究》，首都经济贸易大学出版社，2004年版。

少有着从实际抽象到理论的部分合理性。

4.3 流通产业的公司治理与局部垄断

现代经济学关于公司治理结构及相对应的委托代理的研究，是同产权和交易费用等问题联系在一起的[①]。体制模式→产权结构→公司治理→委托代理→公司绩效之现实逻辑，使产业组织理论越来越关注于公司治理结构的研究。国内学术界在消化西方公司治理理论的基础上倾向于认为，如果公司的股东相对集中、董事会主要由公司内部人组成、董事会与总经理之间缺乏制衡机制、企业的目标和管理方式注重长期利益和强调协调与合作，则公司治理结构是组织治理型（德日模式）；如果公司的股东高度分散、重大决策和董事会与总经理的制衡依托于庞大的流动性强的资本市场，企业的目标和管理方式注重短期利益和强调分工与制衡，则公司治理结构就是市场治理型（英美模式）[②]。

本书第2章曾在概括的层次上以契约为主线对流通产业运行的制度安排展开过讨论，认为：1. 流通产业中的股权结构变动频率较快，它容易导致公司职能机构及其决策层的变动；2. 市场需求的不确定，容易引致流通厂商经营方针的变化；3. 契约不完全以及由此引起的纠纷，要求流通厂商在短期内必须做出适应市场治理的策略调整。对公司治理与市场治理（契约）相互关系的考察，是研究公司治理之模式类型的基础，只有确定了公司治理

[①] 现代成本经济的产权转移速率快以及权益分配的市场不确定的加强，导致现代企业在产权界定、权益分享和风险承担等方面越来越需要支付以搜集、传送、处理信息和保障交易各方动机兼容的交易成本。参见 Milgrom, P. R., Roberts, J.：*Economics, Organization and Management*. Englewood Cliffs, NJ.：Prentice Hall 1992. 为减少交易成本，股东通常将产权委托给代理人经营，为全面解说产权和交易费用对公司委托代理的影响，新制度经济学结合产权、交易费用和委托代理与公共选择理论和宪法经济学以展开制度为关联的研究，从而实现了实证分析和规范分析的同构。参见齐默尔曼：《经济学前沿问题》，第118~121页，中国发展出版社，2004年版。

[②] 国内直接介绍或表达这种倾向性观点的文献，可参见秦晓：《组织控制、市场控制：公司治理结构的模式选择和制度安排》，载《管理世界》，2003年第4期。标准的新古典经济学理论强调市场治理，认为把利润留在企业内部由组织配置会阻碍资金的流动，影响稀缺资源的最优配置。资源配置的微观层面涉及企业委托代理激励以及与此相对应的科层组织运转等问题。基于以契约为核心的市场治理模式越来越不适应等级交易形式所体现的母公司与子公司之间的委托代理关系，公司的组织治理理模式十分关注信息不对称下的代理者的逆向选择、道德风险等机会主义行为，认为从公司抽取利润以增加资本市场投资者收入、将管理人员看成是一种市场供求交易、以股票价格变动来间接约束管理者的市场治理模式，不利于企业的决策、管理和股东权益之间的制衡，而要实现这种制衡则需要以组织行为取代价格机制来内化交易。当这种"取代"付诸于管理实践时，便形成了组织治理的公司治理模式。

的模式类型，才能解说市场结构中的竞争和垄断。流通产业中的情况也是如此。就流通产业中公司治理的模式类型而论，由于现实的组织治理和市场治理这两种模式会受到不同类型制度安排的影响，我们必须根据制度环境分别对性质不同、股权构成不同的公司做不同类型的判定，而不能简单套用英美模式或德日模式来进行甄别。

在交易成本大于零的市场环境中，公司治理模式是由影响经济活动的基本政策、法律和社会游戏规则的制度环境决定的。制度环境影响着治理结构的选择及其比较效率。从中国现阶段的流通产业的实际来看，依据制度环境来判别公司治理模式，可以认为在中国流通领域形成局部垄断的那些公司的公司治理模式，是组织治理型模式和市场治理型模式的混合。这种混合可从以下几方面展开理解性判定：（1）在形构流通领域之局部垄断的两大经济主体中，国有控股公司大体上属于组织治理模式，跨国公司大体上属于市场治理模式；（2）随着流通领域竞争的激烈化，那些具有局部垄断能力的国有控股公司会受到市场机制的制约，其公司治理模式或多或少具备了市场治理模式的色彩；（3）原属于德日公司治理模式的跨国公司或原属于英美公司治理模式的跨国公司，会根据中国流通市场治理的特征，或在组织治理模式中部分容纳市场治理的成分，或在市场治理模式中部分容纳组织治理的成分———制度环境影响或决定公司治理的规定性，给我们认识中国流通产业的公司治理与局部垄断的相互关系提供了一些新的分析思路。

同第一、第二次产业一样，流通产业的公司治理同样是要通过内部制衡和外部约束来处理好两种制度安排：一是解决股东、董事和经理阶层的激励约束的内在制度安排，处理好剩余索取权问题；二是解决以竞争为主线的涉及资本控制权、经理选聘和产品竞争等的外在制度安排。国内学者通常侧重于对股东、董事和经理阶层的激励约束，尤其是关注对经理行为的研究，以探寻究竟应采取何种制衡机制才能最大限度地满足股东和利益相关者的权益[1]。事实上，我们划分公司治理模式，不能只注重公司内部的制衡机制而淡化制度环境的影响。在社会经济运行和经济发展的过程中，构成制度环境之重要内容的政策和法规，不仅会影响到公司治理结构，而且会在公司治理

---

[1] 这种学术研究路径可能是来源于诺贝尔奖获得者米勒（Merton H. Miller）教授1995年在上海举办的国有企业改革国际研讨会上所作的题为《公司治理的两种不同策略》的演讲。米勒在演讲中注重对如何判断和督导经理行为进行了解说。参见徐滇文、文贯中主编：《我国国有企业改革》，第2页，中国经济出版社，1996年版。经理行为的判断和督导属于委托代理问题，而委托代理问题的研究自然联系到了公司治理模式的选择。或许是当年米勒教授的演讲过多介绍了英美或德日的公司治理模式，至今我们关于公司治理模式的选择或多或少习惯于以这些模式为分析蓝本。

结构的层面上通过公司的行为方式对竞争和垄断的基本格局发生作用。以中国流通产业所出现的局部垄断而言，这种作用的发挥过程，就是流通产业的公司治理与局部垄断的关联过程。

从公司治理结构的设置及其运行来看，可以认为，中国流通领域的国有控股公司的组织治理模式中的股权集中、董事会主要由公司内部人组成、董事会与总经理之间缺乏制衡机制等情形，只是这种组织治理模式的现象形态，其实质性内容在于这种组织治理模式的运转，要受国有资产管理局或国有投资公司、地方政府、乃至于中央政府的制约。因此，我们没有理由将国有控股公司的目标和管理方式看成是注重长期利益和强调协调与合作。具体地说，就是公司的各层级组织以隐性方式追求各自的效用最大化，其效用函数中包含着某些与政治科层组织相同的动机和目标，这种情形会导致公司的剩余索取权以非市场机制形式来展开配置；同时，由于国有控股公司享有各种政策优惠，并且其资本控制权很少或根本就不会受到外部市场的约束，于是，当政府对她们的政策支持力度足以形成阻碍潜在竞争者进入其经营"领地"时，这种特有的公司组织治理模式就会与其所拥有的局部垄断之经营方式结合起来，从而出现完全不同于德日等国以大公司和银行之间相互控股的受市场约束的公司组织治理模式。

中国流通产业中的那些属于市场型治理的非国有控股公司的股权相对分散，企业重大决策、董事会和总经理之间的制衡，以及公司剩余索取权和资本控制权等，则主要受市场机制导引，尤其要受制于流动性强的金融市场和长期资本市场，这在很大程度上反映了这类公司目标和管理方式注重短期利益和强调分工与制衡的情况。以中国流通产业运行的整体画面来讲，正是这类公司和国有控股公司一起构成了中国流通产业之竞争和局部垄断的基本格局。由于这两类分属于不同公司治理模式的公司所面临的制度环境是相同的，他们在经营产品和服务的过程中便极有可能在公司治理模式方面形成相互交叉和渗透的局面。当我们把跨国公司的治理模式看成是市场治理型时，本书关于中国流通领域形成局部垄断是公司组织治理型模式和市场治理型模式之混合的观点，便有了分析和研究的基本线索。在这里，我们看到了制度环境对于分析和研究中国流通产业竞争和垄断之基本格局形成的规定。

另一方面，无论性质上是属于德日公司治理模式的跨国公司，还是性质上属于英美公司治理模式的跨国公司，它们在中国流通领域的投资经营都会受到中国特有的制度环境的影响。就这些影响在公司治理模式上反映而论，它们会改变其在母国公司治理结构中的一些制度和行为方式，以适应中国流通市场中的特定制度环境。例如，以发射全球商用卫星处理庞大交易信息和运用需求价格弹性作为销售策略的美国沃尔玛公司，以仓储、卖场合而为一和以现金现付为特征的德国麦德龙公司，都在一定程度和范围内为适应外部市场约束而改变了公司的内部制衡机构，它们或是选择国内企业家作为代理人，或是将销售目标锁定于以集团消费为对象的企业和非企业机构。如此等等，不一而足。这就是说，在跨国公司的组织治理模式中部分容纳市场治理的成分，而在市场治理模式中部分容纳了组织治理的成分。我们既可以把跨国公司治理模式在中国的调整看成是它们形成局部垄断的条件，也可以将这些情形理解为中国特定的制度环境对跨国公司企图实现局部垄断的要求和约束。

4.4 制度环境约束与公司治理模式

　　制度环境在很大程度和范围内是体制模式的产物。中国的经济体制改革在宏、微观层面上所形构的制度环境特征，是基本政策和法律规章的制定和实施，尚不足以同经济运行和经济发展形成完整的配套。概括来说，制度环境对公司治理的内部制衡和外部约束的影响，主要是通过《公司法》、《证券法》、产业政策、宏观调控政策等相关政策法规来实现的。例如，《公司法》所规定的董事会和监事会制度，在法理上规定了公司的内部制衡结构是股东大会任命董事和监事，董事会负责重大决策和任命总经理，监事会负责监督董事和总经理。再例如，初始的经济体制所规定的财产的法人结构，会决定或影响公司的股权结构，而股权的控制和反控制会演绎出不同的公司治理的外部约束格局。因此，公司治理的内部制衡和外部约束是由制度环境所塑造的。

　　中国特定的制度环境决定的组织治理和市场治理模式有着特定的内涵，它不能简单地等同于德日模式或美英模式。这一结论同样适用于流通产业。以流通产业的公司组织治理模式而言，其股份有限公司和有限责任公司的股权结构，主要分为国有控股和数家法人控股两大类型（不考虑上市公司中以法人的形式参股的自然人大股东）。这两大类型所反映的"一股独大"的特征，是构成中国公司治理结构中出现由产权规定的"内部人控制"的物质基础。相对于德日模式，撇开公司长期经营的目标函数，由于这两大类型公司的股权不存在或很少出现银行控股或大公司之间的环形控股的情况，因而公司的内部制衡和外部约束受市场组织机制控制的比重和覆盖面较小。也就是说，公司内部的股东大会、董事会、总经理、监事会在决策、管理和监督等方面的内部制衡，只是呈现出《公司法》和《证券法》的框架设计要求，并没有反映市场体系的外在约束。

我们可以将以上情形解释为制度环境对公司治理模式的约束。基于这种约束在流通领域的国有控股公司中尤为显著[①]，笔者倾向于将中国流通领域中的公司组织治理模式理解为："一股独大"导致"内部人控制"的缺乏内部制衡机制、缺乏外部约束而较少受市场治理机制影响的治理模式。

当然，强调制度环境而淡化市场机制对流通产业的公司组织治理模式的影响，在相当大程度上蕴含或体现着对市场治理模式的以下认识：如果公司的内部制衡在内容上体现股东大会、董事会、总经理和监事会的制约关系，并且重大决策大体上显现出"股东积极主义的一致性同意"的原则；那么，以资本市场的控制力和调节力为核心内容的外部约束，便会经常以强制手段改变公司的股权结构，从而促使公司在做出重大决策时重视内部制衡机制对外部约束的适应性。这里关于组织治理模式和市场治理模式的理解，主要是针对公司股权结构在多大程度上受制度环境影响、其内部制衡在多大程度上受外部（市场）约束而言的。将组织治理模式解说为主要受制度环境影响，包含着极其丰富的内容；将市场治理模式看成主要由股权相对分散引起，则是强调内部制衡受外部约束的导引。由于无论何种模式都会受到制度环境影响，因此，从外部市场约束来考察公司内部制衡（外部市场约束属于制度环境）的分析思路，实际上就是在宽泛的层次上对制度环境约束与公司治理模式之相互关系的研究。当我们以委托代理为主线来分析公司治理结构时，问题的揭示会更加明显。

在公司治理结构的诸种制衡关系中，所有权与经营权的委托代理的形式和内容最能反映公司的治理模式。中国的国有控股公司在委托代理上的深层问题之一，是所有者层次不清晰导致产权不清晰。流通产业也存在着这样的情况。相对于自然人产权的委托代理，国有控股公司是一个复杂的委托代理体系；这个体系的委托代理由产权委托和法人治理之双重结构构成，它要比非国有控股公司的委托代理多出一个"产权委托代理"的层次。在现实中，国有产权的委托代理通常是国务院将国有资产委托给各级政府管理。从性质

[①] 国内学者曾讨论过国有控股公司的治理模式问题。就如何解决国有产权的行政性委托代理向企业性委托代理的转化而论，魏杰先生主张进一步加强、规范和改革国有投资公司的治理结构是一种有可能提高公司治理效率的途径。参见魏杰：《国有投资公司治理结构的特点研究》，载《管理世界》，2001年第1期。以国有投资公司的治理作为解决国有控股公司治理模式的讨论，实际上就是从组织治理角度的一种分析，但我国公司的组织治理的内容相当宽泛，仅依靠国有投资公司的模式可能难以解决问题。

上来说，它是一种典型的由行政委托代理规定的有关产权使用和管理的组织治理模式，这是同体制转轨所赋予的制度环境相关联的。虽然，这种组织治理模式在运行机制上部分解决了国有产权的虚置经营，但当各级政府将国有资产委托给诸如国有资产管理公司、国有投资公司等机构，再经由这些机构委托给所属企业经营时，便涉及了法人治理结构的治理模式问题，而这种法人治理结构正是制度环境制约公司治理模式的例证。

学术界批评国有控股公司的法人治理结构的软约束，通常是围绕"一股独大"以及由此产生的股东大会、董事会、总经理和监事会之间缺乏制衡机制，公司的重大决策不受外部约束以至于导致一系列弊端等问题来展开的。这一批评对流通产业中的国有控股公司之治理结构的适应性，在于流通产业的国有控股公司的委托代理也有着同样的法人治理结构的规定性。制度环境制约公司治理模式的形成机理表现为：国务院将国有资产委托给各级政府管理是一种行政性的委托代理，行政性委托代理只是在抽象层次上重视资产所有权、资产保值增值及所有权收益，它并不是按市场原则以契约形式来确定委托代理关系，因此，中国体制转轨时期特有的制度环境所决定的国有资产的委托代理结构，一般会影响到公司法人治理结构中的委托代理。公司内部的权责利关系是其内部制衡机制得以实现的实质性载体，现代企业制度中的法人治理结构之所以能够实现市场意义的委托代理，关键在于这一实质性载体的存在，而这一实质性载体则取决于制度环境。如果行政性委托代理不能转变为现代企业制度所要求的委托代理，国有控股公司的治理模式则无法跳出由制度环境决定的组织治理的藩篱。

按照德日的组织治理模式来安排中国国有控股公司的治理结构，并非就一定不是一种明智的选择。但问题在于，德日公司的股权结构是银行控股或企业之间的环形控股，这种股权结构有可能在制度安排上探寻出有效的制衡机制，并能够较好地兼顾来自市场的外部约束，而中国的国有控股公司的情况却不是这样。以流通产业为例，股权的单一化难以建立起有效制衡机制的原因是：1. 单一化股权会导致股东大会、董事会、总经理和监事会在重大决策和管理、监督等方面的同一性；2. 股权单一化决定董事长由上级任命和总经理由董事会任命的格局，会致使制衡机制在组织制度上被削弱；3. 所有权与经营权之间的委托代理，也会因股权单一而难以实现市场意义上的约束。因此，以德日公司的组织治理模式来解说或评判中国国有控股公司的治理模式，是一种忽视制度环境差异的不合时宜的学术理解。

中国国有控股公司的组织治理模式区别于德日模式的另一值得关注的重

要特征，是企业的目标和管理方式并没有体现长期利益和强调协调与合作。虽然，从国务院到各级政府再到国有资产管理局及所属企业，其委托代理结构链中的上述特征不是很明显，但在公司内部的法人治理结构中，其委托代理关系则反映了这一特征。从定性的角度来理解，由于股权单一决定了股东大会形同虚设和公司最高决策会体现政府的意志，国有控股公司中的委托人与代理人所签订的委托代理合同，除了具有委托人与代理人之间的信息不对称这种不受公司治理模式影响的共性特征外，国有控股公司通常只是要求代理人在代理期限向企业上交一定数额的利润为主要约束，至于国有资产的增值、厂商向消费者提供的服务价格和质量、社会福利效应等，往往在合同中体现为次约束。这种忽视企业的长期发展目标而单纯强调短期利润的激励方式，会给企业的委托代理带来很多问题，而这些问题也只有在转轨体制的制度环境中的公司组织治理模式下才会出现。

现代企业制度的委托代理十分关注企业的剩余索取权的制度安排，剩余索取权是与控制权相关联的。国有控股公司对市场控制权的排斥，在相当大的程度上限定了代理人的剩余索取权，这种限定不可避免地会减弱委托代理中的激励。关于这些问题，我国学术界曾进行过广泛的讨论，但这些讨论是将国有控股公司和市场型运营公司放置于同一框架展开的；尽管涉及了委托代理问题，但并没有从制度环境约束和公司治理模式相互关联的角度对这些问题做专门的研究[①]。显然，联系剩余索取权来研究委托代理，离不开对制度环境与公司治理模式的相关研究，而这种扩大了分析边界的研究，要求我们将分析对象扩大到市场治理模式的运营型公司。

笔者在此所认知的市场治理模式的运营型公司，是针对中国的制度环境对公司治理模式的制约而言的。具体地说，是指产权或股权结构已初步形成多足鼎立、内部制衡机制能发挥一定效率以及外部约束对公司制度安排发生影响的那些公司。无论是在第一、第二次产业还是在流通产业，这些公司均具有以下的特征：1. 股东大会、董事会、总经理和监事会之间存在一定程

[①] 例如，张维迎曾在广义和狭义两层次上对剩余索取权和控制权的法律、文化和制度安排的规定性进行过分析，《所有权、治理结构与委托—代理关系》，载《经济研究》，1996年第9期；杨瑞龙分析了"行政干预下的控制型企业"的诸种弊端，《应扬弃"股东至上主义"的逻辑》，载《中国经济时报》，1999年9月10日；林毅夫认为，对于控制权及其监督机制，只存在适合于特定制度环境下的相对有效率的公司治理结构，而不存在最优的公司治理模式，《充分信息与国有企业改革》，上海三联书店、上海人民出版社，1997年版，第82页；何玉长围绕"三会四权"对企业的控制权、经营权和剩余索取权等问题展开过分析，《国有公司产权结构与治理结构》，第4页，上海财经大学出版社，1997年版。豆建民认为，由于国有控股公司存在"所有者缺位"问题，委托人的剩余索取权和控制权不相匹配会导致对国有资产所有权代表的激励不足和缺乏监督的动力。《中国公司制思想研究》，第187页，上海财经大学出版社，1999年版。

度的约束和监督；2. 部分股东奉行"股东积极主义"；3. 委托代理契约体现一定的激励原则；4. 制度安排中存在分配剩余索取权的有效手段；5. 资本市场对公司的控制权会形成一定的威慑；6. 董事会和监事会有股东和职工代表参与。很明显，这些特征是以公司不存在"一股独大"为前提的，这些特征的程度、比例及范围的大小反映着中国的制度环境，并决定这类市场型营运公司的市场化程度的高低。

  作为公司治理结构核心问题之一的剩余索取权，是一个既涉及所有者又波及其他利益相关者的问题。如果剩余索取权与其他利益相关者无关，则以上六大特征一般不存在，从而该公司便不属于市场营运类型。就委托代理而论，如果剩余索取权与代理人无关，代理人便不会真正关心公司的长期发展，就会利用与委托人之间的利润、成本和收益等的信息不对称来机会主义地损害公司利益。从中国目前流通产业的现状来看，市场治理型的营运公司比较重视委托代理中有关剩余索取权分配的诸如股权激励、总经理资源配置权和收益分享权等创新措施；开始关注内部制衡机制建设和外部市场约束，这类公司在与代理人签订委托代理合同时，开始关注股权变更、收购兼并、资产处置、上市、清盘等有可能涉及剩余索取权等问题。公司治理结构中的剩余索取权分配得到重视，既可以看成是市场外在约束对公司治理结构之强制要求的结果，也可以看成是制度环境约束公司治理模式的具体表现。

  目前，中国流通产业中以兼并重组为标志的市场等级交易和混合交易越演越烈，这些交易将原属于公司之间的交易转化为公司的内部交易。市场交易类型变化对公司委托代理会提出新的要求，对剩余索取权的市场化处理也做出了某些强制性的规定[①]。所有这些，都是制度环境约束与公司治理模式之相互关系在实践中的反映。事实表明，凡重视委托代理合同和剩余索取权以适应市场交易形式变化的公司，其公司治理模式就趋向于市场营运型；反之，则趋向于"一股独大"的组织控股型。从这个意义上来理解中国公司的治理结构及其绩效，除了少数具有局部垄断经营性质的国有控股公司外，大多数组织控股型的国有企业都不同程度地受到了市场的"嘲弄"。因此，必须重视中国特定制度环境中的公司治理模式的研究。

---

  ① 迄今为止，我国理论界有关市场等级交易对公司治理结构之影响的研究尚不多见。我国发端于20世纪90年代中后期的公司治理结构问题的大讨论，主要是针对传统的市场交易类型而言的。参见郑红亮、王凤彬：《中国公司治理结构改革研究：一个理论综述》，载《管理世界》，2000年第3期。

4.5 小结式讨论

中国体制转轨所规定的制度环境，在一个相当长的时期内规定着公司的组织治理和市场治理两种模式的并列存在。对于流通领域的局部垄断现象，在制度环境背景下深入分析这两种并列存在的公司治理模式，也许是拓宽对流通产业的竞争和垄断之研究的重要途径。随着体制转轨的加速和完成，虽然公司治理的组织模式仍然会在一定范围内存在，但流通领域的公司治理的市场型模式将会成为主导形式。因此，相对于公司治理模式如何在特定制度环境下影响垄断的形成，对这两种模式谁优谁劣的专门讨论在一定程度上便失去了它的现实意义。从流通领域的公司治理结构的内部制衡和外部约束来考察，完善公司治理模式的总体思路，应该是如何在国有控股公司和市场型公司中加强内部制衡机制，其具体途径可以围绕制度环境重塑、外部约束、委托代理、剩余控制权和剩余索取权等方面来展开；完善公司治理模式的框架设计，则应该将公司治理结构放置于体制模式转轨的总体框架之中，并从宏、微观两个层面来进行探讨。

经济体制转轨在市场层面的创新之一，是以资产置换、重组和兼并等为内容的等级交易和混合交易的范围正在逐步扩大。如上所述，这两种交易最主要的特征是将部分原属于企业之间的交易转变为企业的内部交易。市场层面的这种创新，一方面会改变公司的内部制衡机制和外部约束条件；另一方面对制度环境起到了重塑的作用。就流通产业的公司治理结构而论，如果我们将等级交易对公司内部制衡机制和外部约束条件的影响看成是经济运行微观机制的一种变化，那么，等级交易对制度环境的影响便可以被理解为是对制度安排的一种宏观要求。联系公司的组织治理和市场治理两种模式来看问题，制度环境的重塑要求我们对制度、政策、法律规章等做出新的选择，以适应变化了的市场对公司治理的需要。中国公司的组织治理和市场治理两种模式与经济体制转轨相伴存在的事实表明，体制转轨不结束，这两种治理模式便会在流通市场结构中"平分秋色"，就不会结束明显存在的局部垄断的局面。因此，完善公司治理模式不能离开既定的制度环境，不能离开变化的市场结构及其产业组织形式，对流通产业组织中的竞争和垄断等问题的讨论，要植根于中国特定的制度环境，而不能完全局限于西方的产业组织理论来讨论问题。

或许是因为国有控股公司的治理结构在组织运行和管理等方面很少受外

部约束的影响，关于这类公司治理结构的讨论，国内学者通常以公司的内部制衡机制为分析对象，分析路径主要是围绕如何通过界定所有权和经营权来设置各级管理机构及其职能，如何通过解决"所有者缺位"来建立股东大会、董事会、总经理和监事会之间的制衡和监督，如何克服信息不对称来确立有效率的委托代理，等等。诚然，这些分析在一定程度和范围内扣住了国有控股公司治理的某些症结，以至于延伸这种分析有助于对流通产业之局部垄断的理解，但由于这些分析没有对国有控股公司的组织治理模式给予高度的关注，因而这些研究成果并没有经由政府的政策取得预期的成效。正像很多学者所认识到的那样，国有控股公司的内部制衡得不到解决的根本原因在"一股独大"，而"一股独大"之所以难以改变则在于中国特定的制度环境。基于这样的现实，我们是不是应该考虑通过政策来鼓励和支持成立类似于"非国有化投资公司"的机构，趁股权分置改革的制度安排所提供的条件，或通过二级市场，或利用资产置换、重组和兼并的等级交易来改变"一股独大"，探索出解决国有控股公司内部制衡的途径，从而寻觅到减弱局部垄断的公司治理模式。

中国的公司治理模式不同于西方国家从而难以解决低效的最大困难，是存在着维系或涵养"一股独大"的制度环境。值得指出的是，这种情况不仅存在于国有控股公司，也存在于市场型运营公司，尽管维系或涵养这两类公司治理模式的制度因素不相同。笔者以为，要消除这种局面，必须通过法律规章和政策手段等来改变现有的制度环境，否则便是在做纸上谈兵的文章。作为对问题的一种讨论，我们是否可以考虑在体制转轨时期改变直接决定或影响"一股独大"的制度环境，将现阶段国有控股公司的组织治理模式为主的局面改造成"以组织治理为主市场治理为辅"的局面，将市场型运营公司塑造为"完全市场治理"的模式。当然，这是一项系统工程，它会碰到许多问题，尤其是对国有控股公司的组织治理模式的塑造会碰到很多困难，并且，如果"以组织治理为主市场治理为辅"的模式不能解决"一股独大"，那么，公司的制衡机制仍然会得不到解决。但作为体制转轨背景下的一种权宜之计，这种思路至少比在不考虑制度环境的框架内讨论问题有着深入研究的价值。

国有控股公司产权在法律上的规定是包括各级政府在内的国家所有，但由于缺乏能实际操作的制度安排来体现这个所有权，并且在法律和政策实施的实践中存在着分割、转让等困难，于是，董事会和经理阶层在诸如投资战略、股权转让、兼并重组等重大问题上，不能得到现代企业制度意义上的真正代表所有者的股东大会制的支持，这便形成了内部人控制或政府多头干预的形势。市场型运营公司虽然不存在所有权的缺位问题,但由于股东大会的表决权掌握在少数大股东手中,尽管这类公司的重大决策会受到外部约束,但同样存在着内部人控制问题。内部人控制必然引致公司制衡机制的低效率,而制衡机制的低效率则必然导致委托代理出问题。虽然,国内现有的关于公司治理结构的分析和研究已充分认识到了这条因果逻辑链,但从制度环境约束和公司治理模式的角度对这些问题展开分析和研究的文献尚不多见。是否可以从讨论委托代理的角度来认识和完善公司的治理模式呢?很明显,这个问题的讨论再次涉及到由产权规定的股权结构以及与此相关的制度环境。

委托代理契约是否具有效率,通常是由股权结构规定的制衡机制决定的,但有效率的制衡机制并非意味着委托代理机制就一定有效率。委托代理契约通常受制度环境和公司治理模式的双重影响,同种类型的公司治理模式并非就一定意味着实施相同的委托代理契约;同时,外部约束之于公司的内部制衡,对委托代理契约的影响会在不同的公司治理模式中有不同的结果。这一大串错综复杂问题可高度归结为以下的讨论:1. 对国有控股公司的组织治理模式来说,在暂时无法改变或难以实质性地改变其股权结构的情况下,是否可以考虑通过不断探寻有效率的委托代理机制来加强内部制衡;2. 讨论是否有必要以及怎样在组织治理型和市场运营型公司中重塑股东大会、董事会、总经理、监事会之间的某些权责利制衡;3. 在委托代理契约中实施激励原则,应以哪些激励手段为主、哪些激励措施为辅,要不要以及如何在委托代理中运用惩罚机制;4. 在改变内部制衡机制时,是否有必要以及如何利用外部约束;5. 就我国流通产业的实际而言,组织治理模式需不需要以及在多大程度上需要融合市场治理模式。显然,对以上问题的讨论会涵盖目前中国公司治理模式选择的主要问题。

公司治理模式选择的不确定性,决定着以上讨论有可能导致政府决策所诱导的公司治理模式之效率的不确定性,但这是一个与公司治理模式选择的讨论不直接相关的问题。对政府的宏观决策而言,选择什么样的治理模式作为我国现阶段公司治理的主导模式,可以说是不确定条件下的一种风险决策。这种决策之风险程度的高低,在很大程度上取决于我们对制度环境、公司治理的内部制衡和外部约束、委托代理以及与此相关的剩余控制权和剩余索取权等一系列问题的理解和认识,因此,重视理论研究的政府应该关注这些讨论。

基于国内学者对中国公司治理的具体研究所涉及的内容已相当宽泛的事实,本章的分析基调是在概要分析公司组织治理和市场治理两种模式的基础上，强调制度环境对公司内部制衡和外部约束的重要性，并据此对产权、委托代理、剩余索取权等问题做出了一些与治理模式选择相关的研究。本章的主旨不是企求解决中国公司治理模式选择的具体问题，也不是企望通过对这两种模式的分析来改变政府的选择偏好，只是希望这些分析能够使经济学者进一步拓宽和加深对中国公司治理结构的认识。不过，以流通产业为分析对象来探讨体制模式、局部垄断和公司治理模式等问题，还需要对主体行为问题展开讨论。

第5章　流通厂商选择行为的理论解说

　　自新古典经济学将厂商、个人和政府的选择行为含括于偏好一致和效用最大化的"理性经济人"范式而遭到质疑和批评以来，现代非主流经济学越来越重视或倾向于以心理和实验方法对选择行为展开实际的而不是局限于理念框架的研究[①]。但由于被视为公理的"效用最大化"范式对投资选择的解说具有符合人的行为动机和目的的一般性，迄今为止的大量经济学文献有关厂商选择行为的分析和研究，仍然以理性选择为分析前提，而对厂商选择行为中隐性存在的非理性选择并没有予以足够的关注。经济主体以理性选择为主的经验事实，通常会使人们忽视对非理性选择的研究。其实，在人的理性选择中或多或少夹带着一些非理性，选择行为在一定程度上是理性与非理性的融合[②]。长期以来，经济理论对理性和非理性的学理界定一直潜藏着争议，这种争议在很大程度上限制着我们对厂商、个体和政府选择行为的解说。鉴此之故，本章首先对理性选择和非理性选择展开一般经济学意义上的探讨性界定，然后对流通厂商的选择行为做出理论分析，以说明中国流通市场结构中产生竞争和垄断的行为过程和动因。

---

　　① 非主流经济学关于选择行为的心理和实验的研究，通常是以个体选择为分析对象的；这些研究注重个体的实际选择同主流经济学所描述的有关选择的经典理论之间的偏差，以行为经济学和实验经济学为代表的非主流经济理论，实际上是认为"偏好一致性假设"抽象掉了选择行为的差异性，"效用最大化"之于投资选择和消费选择，更多的是选择行为的一种理想式期望而不完全符合实际。客观地说，非主流经济学的这些研究属于基础性的理论研究，它可以被运用于对厂商的行为分析。关于对非主流经济学所涉及的理性和非理性观点的评论，以及理性选择转化为非理性选择的分析，参阅何大安：《理性选择向非理性选择转化的行为分析》，载《经济研究》，2005年第8期。

　　② 笔者曾以个体选择行为为分析对象，研究过一些经济学家有关选择行为的理论中所蕴涵的理性与非理性相融合的思想痕迹，并对现实中的这种融合在理论层面上展开过论证。参阅何大安：《经济学世界中理性选择与非理性选择之融合》，载《浙江学刊》，2007年第2期。不过，个体选择行为与厂商选择行为之间尚存在着一定的差异，厂商选择行为在某种意义上可以理解为是群体选择行为，如果这种理解有道理，则我们关于厂商选择行为的分析或许会有所进展。参阅何大安：《个体和群体的理性和非理性选择》，载《浙江社会科学》，2007年第2期。

5.1 理性选择与非理性选择的探讨

经济学关于理性经济人的分析假设，有着一条从"经济人"到"理性人"再到"理性经济人"的发展脉络。这一分析脉络的主线是人的自利本性以及由这种本性决定的对效用最大化的追求。经济人假设的理论基础涉及到古希腊的享乐主义、边沁的功利主义和孔迪亚克的感觉主义等[①]。当经济学家试图以"经济人"概念来全面解释人类的选择行为时，"经济人"假设在一段时期内曾被"理性人"假设所取代[②]。"理性人"假设试图专从追求效用最大化来描述人的行为决策，但这种绕开决策行为的利他动机的精明解说，对人的决策行为的解释仍然缺乏说服力。也许引入利他因素会损害理论分析的完美，新古典经济学力图将"利己和利他动机"融合于一个统一的假设框架，于是，融合了"经济人"和"理性人"的"理性经济人"假设便应运而生了。高度概括性地解说理性经济人概念，我们可以将"偏好一致性"理解为其理论建构的支撑点，将"效用最大化"理解为其理论建构的灵魂。

非主流经济学否定现实中存在彻头彻尾之理性经济人假设的最主要依据，在于现实中不存在以追逐效用最大化为唯一目标的单纯经济人。非主流经济学认为，即便将人的理性选择行为界定为利己本能下对特定目标的追求，也不能以人的经济决策独占理性选择的领地[③]。针对非主流经济学和其他学科对理性经济人假设的批评，主流经济学曾以迂回的方式将人的其他行

[①] 例如，边沁在《宪法法典》一书中，阐述了两个对社会科学发展有着重大影响的"最大程度幸福和自我偏好"的功利主义原则，在《论政府部门的构成》和《法律和道德原理导论》等著作中，认为法律的制定要体现"最大程度幸福"的理性原则，告诫立法者要"理性"地考虑人类的自利行为本性，以保护社会绝大多数人的利益。参见罗斯·哈里森，《新帕尔格雷夫经济学大辞典》第一卷，第243～246页，经济科学出版社，1996年版。显然，边沁的功利主义思想是以"自利选择行为具有普适性"为基础的，而自我偏好原则却"定义"了个人之趋利避害的"理性"特征。因此，无论是"经济人"、"理性人"还是"理性经济人"概念，都与他的思想有渊源关系。

[②] 在经济学说史上，帕累托曾首次提出"经济人"概念以完备他的最优化理论的逻辑，但由于他没有考虑到人的决策有时会受到利他因素的影响，因而受到了批评。美国制度学派代表凡勃伦、德国历史学派代表克尼斯等人认为，否定利他因素不足以全面说明人的决策行为动机。关于这方面的文献回顾和评说，参阅杨春学：《"经济人"的三次大争论及其反思》，载《经济学动态》，1997年第5期。

[③] 事实上，这一带有结论性的评说已被很多学科中的学者所意识和说明。现代经济学关于利他主义影响人的行为决策的分析和研究，是对理性经济人的最富有理论性的挑战，而马斯洛的欲望层次理论则在更一般的意义上质疑或间接否定了理性经济人假设，但人们熟悉这方面的理论动态并没有促使人们完成对理性经济人概念的全面修正。

为动机和目的，仍旧解说成是实现效用最大化的手段，并以此来论证理性经济人假设的合理性和一般性。这种"碰到问题寻找理由并将新问题解说成同原命题存在因果关系"的经院哲学，尚不足以弥缝理性经济人假设在解释现实问题时所留下的理论间断点。

理性经济人假设之所以会留下的理论间断点，是因为它对理性选择行为未能做出完全吻合于人的实际决策过程的理解。在笔者看来，人的理性决策过程是"由思考而认知而选择"的过程，这一理解有着比"理性经济人之工具主义的理性决策"更加宽泛的含义①。人的思考和认知过程同步于偏好形成过程的这一事实，在意味着人的思考时间越长、程度越深从而导致认知越充分的同时②，也表明人的偏好形成或决定过程充满着随机性或不确定性。也就是说，人的偏好既有可能二元化，也有可能是单一化或多元化，并不必然存在像新古典经济学所论证的那种对应不同选择子集的二元关系，更难以在全部可选择的子集中搜寻出与这种二元关系相对应的偏好一致性。例如，一个股市投资者在对宏观政策、经济走势和各行业经营等基本面进行以信息搜集、加工和处理为内容的思考后，会形成是充当多头还是空头之选择的认知；如果认知支持他扮演多头的角色，他在进行理性决策时至少有以下的偏好系列：对不同行业的股票具有不同的偏好，对高、中、低价格的股票具有不同的偏好，对同一行业的不同股票具有不同的偏好等等。在通常情况下，反映这些偏好的选择子集是大于2的，而不是一个简单的二元子集③。

在理论上，以经济活动领域中的理性选择来评说理性经济人假设，并说明这一假设对人们实际行为决策的背离，曾被以有限理性学说为底蕴的新制

---

① 关于这一理论见解的系统论述，参见何大安：《选择行为的理性与非理性融合》，上海三联书店、上海人民出版社，2006年版。

② 以是否思考和是否形成认知来作为判别人的选择行为的理性和非理性，一方面，跨越了单纯以经济行为决策的研究范围；另一方面，回避了以选择行为结果的效用最大化作为判别选择行为是否理性的经典教义，试想，一个科学家在充分发挥思考并形成特定认知的情况下失败于某项实验，难道可以认为他的选择行为是非理性吗？行为人在选择时思考的时间越长、认知越充分，意味着他的选择行为的理性程度越高，这便涉及到理性程度的实现问题。关于这个问题的详细论证，参见何大安：《行为经济人有限理性的实现程度》，载《中国社会科学》，2004年第4期。

③ 诚然，对这个二元子集之偏好进行无差异的抽象能够被理论研究所接受，但由于它暗含着"将行为人多元偏好子集抽象为二元子集"的分析假设，因而它将"偏好一致性"作为"理性经济人假设"之理论建构的支撑点，是难以得到现实支持的。"理性经济人假设"的理论魅力，在于行为人对效用最大化的追求。在以上简单的例子中，无疑，那位股市投资者追求效用最大化的行为努力蕴含其中；然则，追求效用最大化并不意味着一定要实现效用最大化。赫伯特·西蒙著名的寻针和下棋例说，曾质疑或否定过这一"理性经济人假设"的灵魂。参见赫伯特·西蒙：《从实质理性到过程理性》，载《西蒙选集》，第245～270，首都经济贸易大学出版社，2002年版；《现代决策理论的基石》的有关章节，北京经济学院出版社，1989年中译本。

度经济学以及非主流经济学予以深刻的揭示①。撇开以"选择结果能否实现效用最大化来作为判别是否是理性行为"这个较少被经济学家讨论的问题,笔者以"由思考而认知而选择"来界定理性选择的分析观点,同赫伯特·西蒙的过程理性学说有一定的联系②。这个分析观点有关理性和非理性之属性界定的结论是:只有当行为人对信息和环境的不确定性等因素进行分类、整合、加工和处理时,选择行为才具有理性属性;如果行为人只是依据直觉和外部刺激等,则其选择行为便是非理性的。

针对"偏好一致性+效用最大化"被嵌入选择模型、选择行为便定性为理性属性的分析理念,丹尼尔·卡尼曼和阿莫斯·特维斯基(Kahneman and Tversky, 1979)通过精心设计的社会学、心理学实验对选择行为加以识别,提出了一种用以取代期望效用选择模型的替代模型——前景理论(Prospect Theory)③。以区分选择行为的理性和非理性之属性的困难来说,前景理论实际上是揭示了理性和非理性行为的同构或相容等问题。一种探讨性的观点可认为,西蒙以有限理性为基础所强调的过程理性学说,在很大程度上调和了这种同构或相容。不过,过程理性概念是对行为在给定条件和约

---

① 对理性经济人假设的质疑和批评,以纯粹的现实行为及其决策为依据是不足以震撼该理论假设的。在这方面,赫伯特·西蒙的有限理性学说可谓是开批评理性经济人假设之先河,威廉姆森、哈耶克、诺斯等新制度经济学的代表人物,则可谓是在探索批评理性经济人假设的理论与实践的衔接点,而行为经济学、实验经济学等则是在有限理性学理的基础上,通过对个体决策实验的实例来否定理性经济人假设的理论分析尝试。

② 赫伯特·西蒙(1973)曾将"偏好一致性+效用最大化"意义上的理性行为理解为实质理性,而将注重心理、环境、信息变化且充分发挥认知的理性行为解释为过程理性。在过程理性的研究中,西蒙实际上是将偏好一致性看成给定条件和环境约束下的逻辑推论,将效用最大化看成是实质理性绕过环境和信息不确定性、以意念中的"最优"取代现实中"满意"的一种公理化假设。为此,他以国际象棋对局为例说明了认知有限性对人的心理和行为过程的影响。这些解释有助于我们对诸如"无差异曲线"、"等产量线"、"边际收益等于边际成本"等范畴所内涵的传统经济学意义上的理性选择行为的理解。同时,西蒙指出过程理性是适当深思熟虑的结果,行为人通常是在复杂环境下搜集各种信息,以不同方式处理信息从而对问题求解的;偏好一致性既不符合计算序贯程序的贝叶斯定律,也找不到可接受计算工作量的过程来求解;问题的求解不仅涉及计算而且涉及计算效率,即便成功运用计算数学,那也是以蕴含着一系列关于计算系统能力的假设为前提的。虽然,西蒙有关过程理性的分析没有明确言及非理性选择,但他倾向于同意心理学的观点,即认为非理性代表着没有进行适当思考时对不确定机制的条件反射。参见赫伯特·西蒙:《从实质理性到过程理性》,载《西蒙选集》,第245~270,首都经济贸易大学出版社,2002年版。

③ 期望效用选择模型的实质是"偏好一致性+效用最大化"。前景理论认为,不确定条件下的选择行为是介于有根据的展望和冒险碰运气之间的一种行为,人们展望风险做出选择,会背离偏好一致性和效用最大化。就背离偏好一致性来说,由于人们选择时会经常剔除影响决策的相同因素,行为人的相同选择并不表示偏好一致性,或者说不同形式的相同选择在偏好上存在着差别;就背离效用最大化而言,由于人们经常存在着将可能出现的结果与过去确定情况下取得的结果对比、从而低估可能结果的"确定性效应",而不是完全按效用最大化原则决策。据此,前景理论得出一个重要的结论:当收益确定时,人的选择行为表现为风险厌恶;当损失确定时,则表现为风险偏好。这些观点在选择结果方面揭示了现实中理性选择和非理性选择的同构现象。Kahneman, D. and A. Tversky, *Prospect Theory: An analysis decision under risk*, Econometrica, 47 (2), 1979.

束下适于达到给定目标的"实质理性"的一种批判性解说,这种解说所包含另一基本观点是:倘若着重考虑行为的形成过程,那么,只有在极其简单的局势下行为人才是理性经济人,而认知心理学意义上的行为人在多数情况下是根据现有的知识和计算能力做出选择的。与西蒙思想比较接近的是哈耶克(Hayek)。他在其"有限知识论"的基础上,认为行为人的理性是通过制度、习惯、规则(感觉秩序)来实现的,鉴于知识的社会分散性,行为人往往会有意识地部分地放弃客观认知,甚至有意识地采取直觉或冲动性的选择行为。虽然,西蒙和哈耶克关注的都是现实的过程理性如何取代实质理性的问题,但他们关于社会认知影响行为的研究,却在一定程度和范围内同笔者"由思考而认知而选择"的分析观点有暗合的地方。

厂商选择行为与个人选择行为的属性,并不存在实质性的区别。如果我们对厂商选择行为的研究,不是仅仅局限于经济活动领域,而是扩大到所有领域来考察厂商的决策行为,尤其是关注厂商的经济性和非经济性交叉的决策行为时[①],我们关于(流通)厂商选择行为的分析或许会产生新的认识。理性的"大象无形、大隅无边"的学理,曾致使数代哲学家和社会科学家为之苦苦思索。不过,若从人的行为选择过程来解说理性决策,将"由思考而认知而选择"理解为理性决策,可以消除因分析对象的范围限制所引起的对理性决策的某些模糊不清。现有的对理性经济人假设的批评,主要是基于人们的实际决策并不是按照偏好一致性和效用最大化进行的,在这些批评中,经济学家明确意识到人们的经济选择行为经常夹带着非经济因素,而正是这种非经济因素的介入使得理性经济人假设偏离了现实。但无论是从学理偏离实际还是从分析视域扩大来考察,现代经济学理论似乎还没有对理性决策给出一个能囊括经济行为的一般性理解。当然,出于分析视角的差异或侧重点的不同,很可能难以将这种理解拓宽为定义,但如果我们坚持理性决策是以理智、知觉及认知为前提,注重行为的决策过程,那么,将厂商或个人的理性决策解释为"由思考而认知而选择"便存在

---

① 这个问题的理论说明如下:厂商的选择并不是唯一决定于经济性动机和目的(即便在经济领域也是如此),对于特定事件的选择子集的决策,厂商并不像新古典经济学所抽象描述的那样以偏好一致性和效用最大化为内涵的二元子集构成,而是由经济性和非经济性混合动机和目的构成的复杂的选择子集,这样的选择子集既包含效用最大化也包含着其他的动机和目的,它可以在数学上表述为 n 维向量空间。例如,一个厂商选择某一投资项目,或以未来利润预期,或以公共福利,或以帮助亲朋好友,或以完成祖父辈的心愿,或以爱国主义,甚至以上述因素的某种组合等为动机和目的,此时,我们就很难依据新古典经济学理论将这些选择定义为能够用数学逻辑演绎来反映其偏好的二元子集,更无法解释和证明这个厂商在实际选择中的偏好一致性。因此,新古典经济学将经济活动中的理性决策界定为偏好一致性和效用最大化是脱离实际的,它是一种工具主义意义上的理性学说。

着一定的合理性。

　　厂商由思考而认知的过程，既是理智地对影响决策的信息和环境因素进行加工和处理从而通过知觉形成认知的过程，也是其偏好形成从而产生选择的过程。一些经济学家为分析之方便，主张在偏好稳定和市场均衡的前提下研究效用最大化①。主张偏好稳定，在一定程度上等同于主张偏好一致性，这种研究方法在加固理性经济人假设之理论堤坝的同时，会忽略厂商在决策过程中"由思考而认知而选择"的理智和知觉过程。事实上，就厂商的实际决策而论，很可能存在着以下理性与非理性的交叉现象：厂商在决策的初期阶段对影响决策的信息和环境等复杂因素进行了思考，但也许在中期或后期阶段放弃了思考，或者程序相反，也就是说，其认知和决策很可能是在时而坚持思考、时而放弃思考的过程中形成的；以这种状况而言，行为人在不同领域的情况是不同的，这同利己本能和追求最大化相关。如在一般的经济和非经济领域，厂商坚持思考的比重会大于放弃思考的比重，而在金融领域就会经常出现放弃思考的比重大于非金融领域的情况，在紧急状态（战场或突发事件）之放弃思考的比重要大于正常状态，等等②。因此，我们应该关注厂商在现实选择中的这种理性和非理性的同构、交叉或融合现象。

5.2　流通厂商的理性和非理性选择

　　厂商的理性和非理性选择问题，是一个囊括其一切制度化行为和非制度化行为、包括其所有市场化行为和非市场化行为等的问题。新制度经济学在有限理性的分析前提上对厂商的产权构成、交易成本形成、契约签订、公司内部制衡、外部约束、委托代理实施等问题进行过深入的研究，在这些研究中，他们针对不确定性和有限理性制约，契约制定和其他制度安排，逆向选择和道德风险等的分析，曾在一定程度和范围内对现代经济学有关厂商选择行为的研究发生过影响。以新制度经济学的这些研究关联于厂商行为的理性

---

　　① 林毅夫教授曾在教导学生时认为偏好稳定假设是经济理论分析所必需的，并举例说明了这一假设的学理性。从建立理论体系和逻辑分析的完美性来看，林教授对学生的启迪无疑是正确的，但就人们的实际决策从而加深对理性决策的研究而论，林教授的这种没有经过深思熟虑的说法则是值得探讨的。林毅夫：《论经济学方法》，第34～40页，北京大学出版社，2005年版。

　　② 这个问题的详细论证涉及以主流和非主流经济学的某些学术观点对现实决策的一些解说，详见拙作：《理性选择向非理性选择转化的行为分析》，载《经济研究》，2005年第8期；拙著：《选择行为的理性与非理性融合》，上海三联书店、上海人民出版社，2006年版。

选择而论，它至少在"否定完全理性和信息对称"等的理论层次上折射出厂商非理性选择的一些问题。例如，威廉姆森（Williamson，1975）在论述交易成本的广泛存在时，曾从有限理性的角度分析过公司组织治理中的行为选择问题；再例如，赫伯特·西蒙（Simon，1973）有关有限理性的论证以及他前期关于直觉理性之于选择行为的分析，等等，就涉猎到了诸如认知、信息和环境等对人的计算能力的制约，这些研究对后期发展起来的非理性选择理论产生过影响[①]。不过，在大量的涉及厂商选择行为的经济学文献中，尚没有形成对厂商选择行为的理性和非理性的一般分析。

流通厂商的理性选择行为是否可以根据"由思考而认知而选择"来判别呢？流通厂商的非理性选择行为能否可以依据其没有遵从"由思考而认知而选择"原则来界定呢？这些问题存在着讨论的理论价值。流通厂商对投资、销售、管理等经营中所面临的复杂性的信息和环境之因素的搜集、整合、加工和处理，就是思考和认知的形成过程，而他们依据认知所采取的选择过程，则是他们在市场竞争中的理性选择过程。这些过程具有以下的特征：1. 相对于个体的选择行为，流通厂商在上述过程中的选择行为具有群体选择的规定，尽管这种规定往往是以公司治理的市场或组织之制度安排的形式反映出来，但由于这种群体选择行为是公司决策个体对信息和环境等复杂因素进行搜集、整合、加工和处理的思考和认知的集合，因而同个体选择过程一样，它同样经历了"由思考而认知而选择"的过程；2. 流通厂商对信息和环境等复杂因素进行搜集、整合、加工和处理的思考、认知及选择的形成，是流通厂商将"脑袋"置于自己的肩上的过程，因此，可以认为信息、环境、认知是选择行为的函数；3. "由思考而认知而选择"之于流通厂商，不具有偏好一致性和效用最大化的学理和实践约束。显然，这些特征支持我们以"由思考而认知而选择"作为判别流通厂商的理性选择行为。

如果我们将行为经济学和实验经济学对非理性的论证看成是有限理性学说在其理论中的衍生物，那么，有限理性制约下的流通厂商没有依据"由思考而认知而选择"的行为方式，至少可以看成是流通厂商的非理性倾向。非理性倾向可以理解为是非理性选择的一种前意识行为，它有着较为宽泛的内容。笔者以前在对行为经济学的非理性学说做出自己的理解时，曾涉及到

[①] 行为经济学的集大成者丹尼尔·卡尼曼在2002年诺贝尔经济学奖领奖会上曾指出，赫伯特·西蒙以有限理性为分析框架的"满意取代效用最大化"的过程理性学说，是他所论证的包含非理性选择思想的展望理论的思想来源。参见卡尼曼：《有限理性的图谱：迈向行为经济学的心理学》，载《比较》第13辑，中信出版社，2004年版。

这种前意识行为[1],但先前的研究主要是针对非理性选择及其规定性展开的,并没有对这种前意识行为进行专门的研究。现在联系流通厂商的理性选择来考察非理性倾向,这种研究或许显得很重要。

冯·纽曼和摩根斯坦(Von Neumann and Morgenstern, 1947)以及阿罗和德布鲁(Arrow and Debreu 1954)运用数理逻辑工具对理性选择的学理进行过严格的数学论证,但以卡尼曼(Kahneman 1973, 1979)和史密斯(Simth, 1994)为代表的非主流经济学,通过大量的行为和心理实验,在理性分析框架内对这些论证提出了质疑,认为个人或厂商的选择行为存在着明显不吻合"偏好一致性和效用最大化"的系统性偏差,这些偏差可以用诸如确定性效应、框架依赖、锚定效应、分离效应、心理账户、从众行为等范畴来说明[2]。非主流经济学的偏差分析为解说个人或厂商的非理性倾向提供了理论基础。在现实中,流通厂商同样也是时而进行思考、时而放弃思考,这种情形可解释为流通厂商选择行为的理性与非理性的融合,而正是这种融合现象使得流通厂商客观上具有非理性倾向。

理性与非理性融合是对选择行为中的"理智思考或放弃思考"和"是否形成认知"的理论描述或揭示。对于流通厂商来讲,"是否经历思考"和"是否获取认知"存在着"有和无"两个部分。实际上,主流经济学是在"有"的前提下来研究理性选择的。当我们关注到这种"无"状态时,至少要从以下几方面考虑问题:1. 在有限理性的约束下,流通厂商有可能会放弃对不能获取的信息和环境等因素的思考;2. 流通厂商的选择行为有可能是在不具有认知的情况下产生的;3. 如果流通厂商没有进行思考、缺乏认知,则意味着非理性倾向有可能会转化为非理性选择;4. 当这种非理性选择倾向逐步超过理性选择的成分比例时,理性选择便有可能转化为非理性选

---

[1] 何大安:《行为经济人有限理性的实现程度》,载《中国社会科学》,2004 年第 4 期;2005a:《理性选择向非理性选择转化的行为分析》,载《经济研究》,2005 年第 8 期;2005:《经济学世界中的理性和非理性投资模型》,载《学术月刊》,2005 年第 1 期;《金融市场化与个体非理性选择》,载《经济学家》,2005 年第 3 期;《政府产业规制的理性和非理性》,载《学术月刊》,2006 年第 5 期;《经济学世界中理性选择与非理性选择之融合》,载《浙江学刊》,2007 年第 2 期。《选择行为的理性与非理性融合》,上海三联书店、上海人民出版社,2006 年版。

[2] von Neumann, J. and O. Morgenstern (1947), Theory of games and economic behavior, 2nd ed. Princeton, NJ: Princeton University Press. Arrow, K. and G. Debreu, "*Existence of equilibrium for a competitive economy*", Econometrica, 1954, 22, pp. 265 - 290. Kahneman, D., Tversky, A., (1973). On the Psychology of Prediction. Psychological Review, 80; pp. 237 - 251. Kahneman, D. and A. Tversky, "*Prospect Theory: An analysis decision under risk*", Econometrica, 47 (2), 1979. Simth, V. L. (1994) "*Economics in the laboratory*", Journal of Economic Perspectives, Winter. 比较行为经济学和实验经济学,就这两大学说对非理性选择的理论贡献而论,行为经济学在基础理论论证的一般性显得较为清晰。关于行为经济学对非理性选择的理论解释,可参阅何大安:《行为经济学的理论贡献及其评述》,载《商业经济与管理》,2005 年第 12 期。

第 5 章　流通厂商选择行为的理论解说

择。我们可以将流通厂商在实际选择前的这种情形看成或理解为非理性倾向。行为经济学的偏差分析,实际上是从实验的角度将以上情形或过程解释为个人或厂商理性选择中所产生的非理性。

非理性倾向是以一种隐蔽的形式蕴含于选择行为之中的,这种倾向有可能形成非理性选择,也有可能被理性选择"泯灭"。将非理性倾向解说为非理性选择的一种前意识行为,主要是基于现实选择通常是以理性为主、非理性为辅的,这种情况会致使非理性倾向被"抑制"于非理性行为的萌芽状态。事实上,无论是个体还是(流通)厂商的选择行为都存在着以下的情景:由于影响选择的信息部分可以获取、部分难以获取,对于可以获取的信息,(流通)厂商有可能理智思考从而通过对信息的加工和处理来形成认知;也有可能放弃思考、不对信息进行加工和处理从而缺乏认知。对于难以或无法获取的信息,(流通)厂商一般不会理智思考,也无所谓加工、处理信息和获取认知。至于影响选择的其他环境等复杂因素,(流通)厂商也会出现类似的情景。以上情景是导致(流通)厂商产生非理性倾向的现实基础。

认知可以区分为"自我认知"和"他人认知"两种类型。行为经济学实际上是倾向于认为,以"他人认知"而形成的选择属于非理性。该学说曾以框架依赖、从众心理、可利用偏差等范畴描述过这一倾向性认识。"自我认知"来源于选择者对信息和环境的加工处理,而以"他人认知"作为选择依据,则可以理解为是放弃思考的非理性。这些思想以及与此相关的结论,同样适合于对流通厂商选择行为的说明。或许有人认为来自他人(他国)经验或权威理论的"他人认知",是他人理智思考的结果;利用"他人认知"进行选择,也应属于理性选择;但这种理解混淆了不同主体选择的对象性,它暗含着"影响不同选择的信息和环境等复杂因素具有同一性"的假设前提。其实,信息和环境因素在不同时空上对选择对象的影响是不同的,即便在同一时空上对不同选择对象的影响也是不同的。因此严格来讲,以他人经验和权威理论所进行的选择,在本质上属于非理性选择。值得说明的是,无论个体抑或厂商在进行理性选择时,都或多或少夹带着利用"他人认知"进行选择的非理性倾向。

分析流通厂商的非理性决策,要在明确其受有限理性约束的基础上揭示信息和环境的不确定性对其选择行为的影响,以说明流通厂商在竞争性经营中有可能存在的随意性。流通厂商选择行为的随意性,主要表现在依靠直觉或受外部环境诱导、或根据别国或他人经验等方面。按照主流经济学的观点来理解,在信息完全的情况下,流通厂商眼光敏锐甚或对目前的一切深思熟虑，能够对当前的决策完全吃透和充分估计到决策的未来结果。按照非主流经济学的观点来理解，不确定性会制约流通厂商的判断和计算能力，有限理性约束会使流通厂商难以在掌握信息、判断环境因素变化等方面获得完全的认知，从而无法把所有决策方案的价值估计综合到单一的效用函数之中①。流通厂商存在非理性的明显依据，是它的选择行为有着可以观察到的随意性冲动，这种冲动除了受经验和理论的影响外，还会受到直觉或外部环境的诱导或干扰。不过，将流通厂商的非理性决策理解为由缺乏认知所产生的随意性行为，并通过经验和理论之诱导的分析来说明它的客观存在，是一种对流通厂商选择行为的典型抽象分析。行为经济学所揭示的"锚定效应"、"代表性法则"、"易得性法则"等范畴，则是对这种影响的理论描述。

　　理论是学者理性思考的产物，但如果流通厂商在竞争性经营中照搬理论来进行选择，选择方案不是在形成特定认知背景做出的，那么，按照笔者的理解，流通厂商的选择行为应该被解释为非理性。这个观点的延伸分析，就是对特定理论的理解和运用，也同样存在着加工、处理和认知的问题。如果流通厂商放弃对作为选择依据之理论的认知，照搬或直接援引该理论作为选择根据，则由此形成的选择仍然可以界定为非理性。流通厂商的理性认知是选择前的决策意识，理论和经验会影响流通厂商的决策行为，但无论是作为经验总结的理论还是单纯由实践派生的经验，一旦流通厂商放弃了以信息和环境为认知思考的对象性，它的选择行为的非理性就有可能会产生。

---

① 最能代表这些理论观点的思想家是赫伯特·西蒙。西蒙曾将理性理解为"在给定条件和约束的范围内能适合实现指定目标的一种行为方式"。关于"目标"和"给定条件及约束"，学术界一般倾向于以下的理解：西蒙所说的目标，既可以假设是效用函数期望值在某一特定时空中的最大化，也可以假定为决策者主观意愿所希冀达到的准则；至于给定条件和约束，则通常将其解释为决策者虽可感知但却不可支配的外部环境。西蒙坚持认为有限理性是"有达到理性的意识却又是有限"的一种状态，见赫伯特·西蒙为《社会科学辞典》撰写的有关条文，载《现代决策理论的基石》，北京经济学院出版社，1989年中译本，第3~4页。西蒙将新古典经济学的"偏好一致性+效用最大化"为特征的决策行为解释成实质理性，将注重心理、环境、信息变化且充分发挥认知的选择行为解释为过程理性，认为实质理性是绕过环境和信息不确定性、以意念中"最优"取代现实中"满意"的一种公理化假设；偏好一致性既不符合计算序贯程序的贝叶斯定律，也找不到可接受计算工作量的过程来求解。见赫伯特·西蒙（1973）：《从实质理性到过程理性》，载《西蒙选集》，第245~269页，首都经济贸易大学出版社，2002年版。显然，西蒙的思想给我们分析和研究政府产业规制决策的非理性留下了咀嚼的空间。就信息不完全会导致搜寻和等待成本而论，现代经济学对传统主流经济学的评论，主要是认为理性经济人不可能在无成本的情况下完成自己的预测和选择，参见 Kreps, D. (1990), *A Course in Microeconomic Theory*, Princeton: Princeton University Press. 这种以有限理性和交易成本为事实依据的批评观点，来源于经济学家对不确定性的研究，而对不确定性的分析则给经济学展开非理性的研究奠定了理论基础。参见 Knight, J. (1992), *Institutions and Social Conflict*, Cambridge: Cambridge University Press.

5.3 流通厂商投资选择的理性和非理性模型

经济活动的不确定性要求流通厂商的投资选择必须对信息和环境的复杂性做出分析、判断和处理。针对思考是认知发挥的前提这一基本事实，西蒙曾认为应该将理性选择广义地界定为对问题的解决和批判的思考。联系流通厂商的投资选择，从而将"思考性地解决和批判问题"这种有关理性的见解上升到具体分析层面，我们可以将信息、环境和认知等理解为影响或决定流通厂商投资选择的三个基本变量。不过，从现实层次来考察，由于流通厂商的理性选择和非理性选择往往是交叉的，这种交叉在其投资选择时的具体表现是有时进行理性思考，有时会放弃理性思考。易言之，流通厂商的投资选择既存在理性的因素又存在非理性的成分。因此，对流通厂商投资选择之非理性倾向的研究，不能完全脱离对其理性选择行为的分析。

我们可以从定量分析的角度将流通厂商投资选择的非理性界定为超过其理性选择的某一临界点。这种界定可以按以下两点逻辑来展开讨论：1. 考虑有限理性对流通厂商投资选择行为的约束；2. 对流通厂商投资选择时所体现出来的有限理性程度做出描绘。设 X、Y 分别表示流通厂商对信息和环境等不确定因素的加工和处理，以 Z 表示流通厂商的认知，则流通厂商的认知函数为：

$$Z = f(X, Y) \qquad ①$$

而流通厂商有限理性程度的函数，则可以表述为：

$$F(X, Y, Z) = aX + bY + cZ + \varepsilon = aX + bY + cf(X, Y) + \varepsilon \qquad ②$$

上式是一个抽象的理论计量模型，它可以作为计量流通厂商在投资选择中有限理性程度的一般函数式，但由于变量 X、Y、Z 无法得到统计数据的支持，因而系数 a、b、c 难以通过线性回归来确定具体数值。不过，系数 a、b、c 的权数比重通常会随厂商精英的素质、信息和市场环境因素的变动而变动，至于随机变量 ε 的界定，倒是与一般的经济计量模型没有什么区别，它是泛指那些决定或影响流通厂商有限理性发挥的不确定性变量，如经验或理论对流通厂商形成的心理影响，社会舆论和媒体报道、权威观念等等。

流通厂商照搬经验或理论、从而放弃认知是其投资选择非理性产生的主要原因。至于社会舆论和媒体报道、权威观念等，均可以并入这一主因中来解释。若以 L、J 分别表示流通厂商投资选择时照搬理论和经验的行为方式，则流通厂商投资选择的非理性决策函数便可以表述为以下的形式：

$W(X, Y, Z, L, J) = (L+J) - F(X, Y, Z)$ ③

同理，流通厂商投资选择的理性决策函数则可以表述为：

$R(X, Y, Z, L, J) = F(X, Y, Z) - (L+J)$ ④

据此，我们有以下结论：流通厂商投资选择行为超过某一临界点，从而由理性转变为非理性，或由非理性转变为理性。这一结论的数学解析是 $W(X, Y, Z, L, J) > 0$ 或 $R(X, Y, Z, L, J) > 0$。当 $F(X, Y, Z)$ 是一个较低值时，意味着流通厂商很难通过对信息和环境等复杂因素的处理而获取特定投资选择的认知，或者说流通厂商的有限理性的实现程度不高；如果流通厂商不是通过对信息和环境等复杂因素的处理而得出认知，而是根据他人和过去经验或以权威理论来作为投资选择的依据，并且对经验和理论不加任何分析地照搬，那么（L+J）的数值就会增大，流通厂商的投资选择行为就会明显存在非理性。衡量这种非理性能否成为现实的依据，是比较函数式③中（L+J）与 F（X，Y，Z）的能量。

当 $(L+J) - F(X, Y, Z) < 0$ 时，意味着流通厂商有限理性的实现程度较高，流通厂商依据他人和过去经验或以权威理论所形成的非理性尚不足以左右其投资选择行为，也就是说，在这种情况下，流通厂商投资选择的非理性只是作为一种倾向存在，流通厂商的实际决策属性仍然是一种以理性决策为主、非理性决策为辅的状态。这与本书先前的分析结论是一致的。当 $(L+J) - F(X, Y, Z) > 0$ 时，便意味着流通厂商照搬他人和过去经验或以权威理论所形成的非理性的能量，超过了流通厂商有限理性实现程度的能量，此时，流通厂商投资选择的非理性倾向已转变为实际的非理性选择行为。当然，确定函数式③中（L+J）与 F（X，Y，Z）两部分的能量、从而做出比较是一件困难的事，这种困难导致了主体行为的非理性机理只是一个可以在理论上论证却难以在技术上核定的过程现象。或许是这种困难的存在，经济学家对这方面的研究几乎没有做出深入的分析。我们在理论上对这两种能量进行划分，抽象地界定出流通厂商投资选择中非理性行为的上述机理，或许能对这方面的研究提供线索。

不言而喻，函数式 R（X，Y，Z，L，J）较之于 W（X，Y，Z，L，J），正好是以上解说的背面。从一般的意义上来理解，W（X，Y，Z，L，J）是对流通厂商投资的非理性选择的一种抽象描述，这种描述之所以具有显著的抽象性，是因为函数式中的两部分的数值具有极强的不确定性，并具有难以运用具体数值刻画的特征。我们以（L+J）部分表示促使流通厂商在投资选择中的非理性决策的能量，以 F（X，Y，Z）表示致使流通厂商在投资选择中的理性决策的能量,尽管这些表述在实际度量时会面临无法利用统计数据对这两部分的能量进行测算的困难,但函数式③在很大程度上揭示了流通厂商投资选择的行为属性,这一点却是可以肯定的。

函数式③有关行为属性的理解折射出了流通厂商投资选择行为属性的转化问题,这个问题也同样存在于函数式④之中。理性和非理性决策行为相互转化的现实基础,是理性和非理性决策行为的相容或融合问题。就流通厂商的投资选择而言,流通厂商决策的理性和非理性行为通常是交叉的。本书所提出的"厂商选择行为以理性决策为主、非理性决策为辅"的观点,与函数式③所描述的有关流通厂商投资选择出现非理性行为的模型并不矛盾,因为当 W(X,Y,Z,L,J)<0 时,函数式③仍然会体现出这一观点。同理,函数式④也反映了这一观点。但问题在于,这个观点并不能否定流通厂商投资选择中的非理性决策的存在。因此,只要承认流通厂商投资选择行为是理性和非理性的相容或融合,问题的争辩就归结为函数式③中的(L+J)和F(X,Y,Z)两部分能量的讨论。

以我国经济体制转轨过程中流通厂商的投资选择而论,信息和环境的不确定会导致宏观调控的政策、手段以及各种竞争性行为主体之间的碰撞。这种碰撞对流通厂商投资选择的影响会在函数式③中得到反映。总的来说,当流通厂商根据政策调控所反馈的市场信息等作为认知依据时,通常会对这些信息进行加工、整合和处理以得出实施决策的认知,这便涉及到流通厂商有限理性的发挥及其实现程度问题,即涉及了 F(X,Y,Z) 的数值大小问题。一般来讲,流通厂商在投资选择中对信息和环境等复杂因素的分类、整合、加工、处理得越全面越透彻,它对投资选择的认知程度就越高,F(X,Y,Z) 的数值就越大,流通厂商趋向于理性决策的可能性也就越大。如果流通厂商放弃认知,主要以过去经验或他人经验来决策,或主要以权威性理论作为决策依据,流通厂商趋向于非理性选择的可能性也就越大,此时,(L+J) 的数值变大而 F(X,Y,Z) 数值就会变小,流通厂商投资选择的非理性就会出现,即 W(X,Y,Z,L,J)>0。

一般来讲,函数式③和④同样适用于对个人或政府选择行为的解释。不过,在转轨体制中,由于 L、J、X、Y、Z 诸变量之间存在着比成熟市场体制更加复杂多变的影响厂商、政府和个人有限理性发挥的组合关系,这些组合关系会干扰和降低这些行为主体对信息和环境等复杂因素的认知水平,即会降低 F(X,Y,Z) 的数值,从而相对提高(L+J)的数值。举例来说,政府以规模经济、技术报酬递增等作为界定企业是否属于自然垄断行业的依据时,不仅要受到体制摩擦、信息不完全、环境复杂性、权威理论和经验等的影响，而且还会受到非主流经济理论所论述的某些因素的影响，于是，政府对自然垄断产业的认知便会经常在有限理性的约束下难以形成一个符合实际的评价标准，也就是说，W(X，Y，Z，L，J) >0 的情形是完全有可能出现的。这样的例子在厂商或个人的选择行为中很多，在此不再赘述。

5.4 流通厂商非理性投资选择模型的进一步分析

以上关于流通厂商投资选择的理性和非理性的模型分析，立论依据在于流通厂商的现实投资选择是理性和非理性的交叉或融合。对于这种交叉或融合，笔者注重于流通厂商对信息和环境等复杂因素是否思考和是否形成认知的分析，并通过这两种状态之能量的比较来判定流通厂商的投资选择是处于理性还是非理性。显然，这样的分析思路是基于流通厂商投资选择之行为属性的一般考虑。当我们将分析画面完全放置于流通厂商的非理性投资选择上时，流通厂商的非理性投资模型的解说，则会呈现出另一番景象。

流通厂商在投资选择中不对信息和环境等因素进行分析和处理、从而放弃认知的情形，同行为经济学关于不确定条件下个体选择的描述有着很大程度的类似。行为经济学在揭示个体的非理性选择时认为，个体选择时经常出现的相似性偏差、可利用性偏差、锚定效应、分离性效应、依附性效应等，会导致个体的选择行为偏离偏好一致性和效用最大化。这就是说，可以将以上情形下的个体非理性选择概括为一种非线性函数。沿着这样的分析思路来思考，如果我们以 Y 表示流通厂商的非理性投资选择，以 A、B、C、D、E 依次表示相似性偏差、可利用性偏差、锚定效应、分离性效应、依附性效应，那么，理论层次上的流通厂商的非理性投资选择模型，便可以用以下抽象函数来表示：

$$Y = f(A，B，C，D，E) \tag{5}$$

从严格的意义上来考察，流通厂商在投资中的非理性选择很可能不是 A、B、C、D、E 众变量因子综合作用的结果。例如，流通厂商对不确定性投资甲进行选择时，很可能完全由相似性偏差 A 所决定，具体地说，就是该厂商会根据亲身经历过的记忆中的投资乙与投资甲的相似性，放弃理性思考而直接以乙的选择方法来决定对投资甲的选择。这样的情形在个体投资选择中更是不可胜数。例如，某君有对连续三个跌停股票抢反弹会迅速获利 5% 以上的亲身经历，当他发现某只股票连续出现三个跌停时会不经过任何思考而果断买入这只股票；再例如，某君面临是否购买某一保险单的选择时，他或是以购买该项保险人数的多寡而不作任何理性分析来作为自己选择的依据（依附性效应 D），或是对保险费率和赔偿率事先设定一个数量规定而不加任何分析来决定自己的选择（锚定效应 C）。因此，作为对流通厂商投资的非理性选择模型的一般探讨，用以上抽象模型来概括流通厂商非理性的投资选择，则具有一定的合理性。

⑤式所抽象的流通厂商非理性的投资选择，是建立在体制和政策相对稳定的假设基础之上的。但在现实的流通产业的运行中，流通厂商的投资选择或多或少会受到体制和政策因素的影响，尤其是在经济体制转轨时期，政策的频繁变动极容易导致流通厂商的投资选择在短时间内做出反应。流通厂商投资选择的时间越短，其认知水平发挥的程度便越低，其对影响投资选择的信息和环境的不确定性因素会做出仓促的处理。也就是说，在体制和政策频繁变化的市场环境中，流通厂商的投资选择会严重受由政策变动所引致的不确定性的影响，流通厂商的选择行为在体制和政策因素经常变动的影响下明显具有直觉理性的特征。因此，逼近现实地考察流通厂商投资的非理性选择，应该将体制和政策因素作为独立变量引入模型加以考虑。

设体制和政策变量为 X。显然，结合⑤式来分析体制转轨时期的流通厂商投资的非理性选择，将 X 引入模型⑤的困难，是来源于 X 影响流通厂商投资选择行为的全方位性及其非线性特征。我们不能简单地将体制转轨时期的流通厂商的非理性选择模型，理解为 X 与 f(A，B，C，D，E) 之和。但由于引致流通厂商非理性选择的一切因素都同变量 X 相关，因此，从抽象的层次上来理解，可以根据⑤式演绎出下列的函数关系：

$A = a(X)$

$B = b(X)$

$C = c(X)$

$D = d(X)$

$E = e(X)$

若以 W 表示体制转轨时期的流通厂商投资的非理性选择，将以上函数式代入⑤式，则有以下复合函数模型成立：

$$W = f\{a(X), b(X), c(X), d(X), e(X)\} \qquad ⑥$$

关于⑥式有几点需要说明：1. 流通厂商投资的非理性选择模型无法进一步具体化，或者说模型的抽象性是由分析对象本身的属性决定的。2. 从宽泛的意义上来考察，行为经济学关于非理性选择的各种分析，均可以在理论层面上通过细化该模型而得到解释。3. 该模型是建立在行为经济学的偏差分析基础之上的，其理论渊源可追溯于行为经济学的展望理论。4. 展开模型中的任一子函数，如相似性偏差函数 a(X)，都可以结合体制和政策因素进行拓宽研究。总之，模型⑥是对体制转轨时期的流通厂商非理性选择行为的一种高度概括，是对非理性选择思想的一种抽象展开。

作为对问题分析的进一步延伸，简要分析流通厂商的选择行为由理性向非理性的转化，或许有着一些理论品味的价值。概括而论，当体制和政策相对稳定时，流通厂商通常会发挥自己的认知而在投资选择之前对信息和环境因素进行理性思考。例如，某流通厂商拟买入某公司的股票，该流通厂商会在分析政策面的基础上对这家公司的行业性质、前景等基本面进行研究，并考虑该股票与同类股票的当前价格差、上升或下跌空间以及机构大户的操作情况。再例如，某流通厂商拟做多或做空某一期货品种，他会分析未来国内和国际市场中的该品种供给以及价格风险，从而决定是扮演多头还是空头的角色。再例如，某流通厂商拟购买某类保险单，他会测度投保对象风险发生概率是高于还是低于保险公司对该项保险风险发生概率，以做出是否购买保险单的选择。我们可以将以上过程理解为流通厂商投资的理性选择过程。

但是，在体制转轨从而政策因素会经常促使市场环境发生变化时，情况就不同了。面对政策的系统性风险，流通厂商对政策变化的反应有可能是在短时间内做出的。短时间决策会降低认知水平以至于完全忽略对信息和环境等不确定性因素的分析。此时，流通厂商的投资选择便常常取决于以下因素：1. 历史经验或教训；2. 新闻媒体导向；3. 他人行为；4. 权威或专家意见；5. 市场敏感氛围形成的集群趋向；等等。不言而喻，这些因素无疑会在减弱流通厂商理性思考的同时，加强流通厂商直觉理性的从众行为。以⑥式来解说，则流通厂商的投资选择可以通过函数 a(X)、b(X)、c(X)、d(X)、e(X) 部分地得到解释。关于这一过程，我们可用一个具体的事例来证实这种分析结论。

例如，某流通厂商经过仔细研究拟收购一家 A 公司的股票，问及缘由，这家流通厂商可以根据自己的研究说出很多理由；但如果恰逢政府颁布一项宏观调控政策对这家公司的预期前景会产生不利的影响，这家流通厂商很可能会犹豫起来；但在此时，如果他的战略伙伴告之另一家也可以被收购公司 B 的内部利好信息，并且恰好近日的报纸杂志也刊登了有关 B 公司的潜在利好基本面，这家流通厂商便极有可能会否定自己经过数日的研究而义无反顾地收购 B 公司股票。联系流通厂商投资选择由理性向非理性转化来看，显然，例子中的这家流通厂商研究 A 公司股票、并拟收购 A 公司股票过程是一种典型的理性选择，而他受宏观调控政策及外部环境因素影响迅速改变决策方案的过程，实际上是理性选择向非理性选择的转化过程。诚然，流通厂商投资选择行为由理性向非理性的转化并不完全取决于政府的政策，他人行为、新闻媒体、权威观念、市场导向等因素也起着重要作用，但如果我们深究这些因素的形成背景及其过程，那么，问题的讨论仍然可以归结于模型⑥。尽管它是一个可以做进一步分解来进行研究的抽象模型。

5.5　几点结论

　　流通厂商的投资选择是一个追求利润最大化的行为过程，依据新古典经济学之利己和效用原则所建构的"理性经济人"范式，流通厂商的投资选择行为是理性的。这同研究个体选择行为的分析结论是一致的。现代经济学十分重视有限理性约束，无论是主流还是非主流经济学，都认为有限理性约束会影响经济主体的选择行为。但是，针对主体选择行为如何受有限理性约束、从而如何理解理性选择和非理性选择，现代经济学主要以偏好和效用为分析对象，从信息不对称角度并利用博弈等数学工具来展开分析和研究的。诚然，利用现代经济学的这些理论成果来研究流通厂商的选择行为，可以在一定程度和范围内揭示流通厂商在有限理性约束下的行为属性，但在笔者看来，经济学关于理性选择和非理性选择的理解有着值得讨论的地方。以流通厂商的选择行为来说，对其选择属性的不同理解，将会对其选择行为有不同的理论解释。

　　基于人类经济选择行为的非单纯追求利润的规定，基于哲学、心理学和社会学等对理性选择的性质分析，基于偏好一致性和效用最大化在人们选择行为中存在的系统性偏差，笔者在本章将理性选择概括为"由思考而认知而选择"。显然，这一概括体现了有限理性对选择行为的约束，强调理性选择的本质属性是行为主体对信息和环境等复杂因素的加工和处理，强调思考和认知是实现理性选择的前提条件。联系流通厂商的选择行为，这一概括的逻辑延伸是认为流通厂商同其他选择主体一样，其选择行为或多或少包含着某些在没有经历思考、没有产生认知情况下的选择行为，由此产生的结论是：可以把流通厂商的选择分为由思考而认知的选择和没有思考而缺乏认知的选择。当由思考而认知居主导地位、没有思考而缺乏认知处次要地位时，流通厂商的选择便可解释为理性选择；反之，则可被解释为非理性选择。本章在第三、第四两节利用行为经济学等相关成果对以上观点展开了模型解说。假若这些模型分析存在着可供学人进一步深入研究的价值，我们关于流通厂商乃至于一切行为主体的理性和非理性选择的研究，或许会有新的锲入点。

将非理性倾向理解为非理性行为的一种前意识，是试图实现把选择问题研究一般化的一种努力。这种理解依据与现实的选择行为是理性与非理性的融合。这种前意识至少包括两个层次的内容：一是选择行为的非理性倾向往往是因为思维惯性，或由经验陈规所导致的某种行为定式而产生，当思维惯性和行为定式在人的头脑中固定下来，就有可能跳过对影响选择的信息和环境等复杂因素的理智思考，从而以固定的意识形式在选择者的脑际中存在；另一是非理性倾向要转化为非理性行为，一般以选择者对众多影响决策的变量不做出理智思考、不对信息和环境等复杂因素进行加工和处理、从而没有形成认知为前提，也就是说，选择者经常以某种带有框架式的意识来进行选择。行为经济学的研究就明显意指到了这种非理性倾向。作为行为主体的竞争性或垄断性的流通厂商，其选择行为同样是理性和非理性的融合，他们在做出非理性选择之前，同样存在着非理性倾向这种非理性行为的前意识。本章关于流通厂商投资选择行为的分析，对于包括流通厂商之内的所有行为主体的选择行为的研究，具有基础理论意义上的一般性（假如这一分析合理且有价值）。

流通厂商的理性选择和非理性选择的融合，可以通过以下的情景过程予以描述：公司董事会在提议和讨论投资选择方案时，通常情况是已对影响该投资决策的信息和环境等复杂因素进行了加工和处理，这种由理智思考到认知（实施该投资决策的意识）的形成过程，其行为属性应理解为理性选择；但由于对影响投资选择方案的信息搜集、加工和处理以及对环境不确定性的把握有着不可控性，不可控性会产生交易成本，而随着交易成本的数量增加，公司决策层有可能会放弃对这部分影响决策的不可控因素的理智思考；在这种情况下，公司决策层很可能依据过去经验、他人经验或依据权威理论进行决策，这种对部分不可控信息和环境因素采取以上决策的方式，实际上是将"脑袋交给别人"的放弃思考和认知的非理性倾向。诚然，从公司投资选择的行为属性来看，对部分信息和环境因素放弃思考而缺乏认知，并不一定会在性质上改变公司的选择行为的理性属性，但公司选择行为中所蕴含的非理性倾向却是明显存在的。理解这个结论很重要，它是我们分析和研究流通厂商选择行为及其属性的理论基点。

本章关于流通厂商投资选择的模型分析，实际上是依据理性与非理性融合的观点将流通厂商的选择行为抽象地划分为理性与非理性两大区域，并根据这两大区域各自的能量及其比例配置来展开模型设计的。继续进行这项抽象研究工作的困难，或许让意识到这个问题存在的经济学家望而生畏，以至于现有的涉及理性与非理性研究的经济学家都不同程度地回避了对这个问题

第5章 流通厂商选择行为的理论解说

的专论。行为经济学在研究选择行为的非理性时，实际上是通过认知心理实验开创性地揭示了选择者非理性倾向如何导致非理性行为的过程。也就是说，行为经济学关于确定性效应、框架效应、相似性效应、可利用性效应、锚定效应、从众效应等的分析，是对直觉、经验、外部刺激等影响行为人放弃思考和认知的理论解读[1]。尽管行为经济学没有划定出选择行为中的理性与非理性的各自区域及其比例，但继续深化这一揭示选择者非理性由来的意识层面上的理论解读，可以拓宽对选择行为研究的空间。正因如此，激发了笔者立论于理性与非理性融合对流通厂商投资选择中有可能出现由非理性倾向导致的非理性行为展开探讨，从而通过模型分析得出若干结论。

本章最重要的分析结论是将理性选择界定为"由思考而认知而选择"，将非理性选择界定为"未思考而缺乏认知而选择"。这些结论同新古典经济学的理性选择解说有着很大的区别[2]。根据这样的界定，其延伸的逻辑结论是：当流通厂商"由思考而认知而选择"之区域占据主导地位时，投资选择便属于理性选择，而非理性只是作为一种倾向存在；当流通厂商"未思考而缺乏认知而选择"之区域处于主导地位时，非理性倾向就不是作为非理性行为的一种前意识，而是会转化为非理性行为。在笔者看来，这样的分析结论不仅适用于投资选择方案的制订，也适用于投资选择的执行。例如，在流通领域中，总经理在执行董事会的投资选择时，市场不断变化的信息和环境等因素的不确定性，要求总经理根据市场情况做出选择，这同样会涉及"由思考而认知而选择"和"未思考而缺乏认知而选择"之选择行为的属性问题。

投资选择是最能反映流通厂商是否存在和在多大程度上存在非理性倾向和非理性行为的活动领域。但对于流通厂商的理性和非理性的分析和研究，容易被圈定于单个厂商的分析上。因此，要全面研究流通产业的投资选择，还必须在宏观层次上对流通产业的投资运行做出机理性的考察。

---

[1] 例如，展望理论（Kahneman and Tversky，1979）认为，个体会根据事件 A 的相关数据和信息来预估事件 B，产生相似性（Representativeness）效应；个体受记忆能力或知识水平的制约，通常利用自己熟悉或能够想象到的信息来进行直觉推断，产生可利用性（Availability）效应；个体对特定对象预估进而决策时，倾向于选择一个起始点，从而产生锚定（Anchoring）效应；同时，个体往往认为主流观点对信息充分或预测正确，从而产生从众效应。很明显，展望理论关于个体放弃思考而追随主流的行为分析（认知偏差），已在一定程度上涉及了非理性倾向。

[2] 现代经济学通常将新古典经济学有关偏好和效用以及建立在这种分析基础之上的理性选择理论，解说为工具理性。工具理性的特征是以若干假设将理性选择行为模式化和程序化，并且其分析范围局限于经济活动领域。相对而言，本书有关理性选择的界定所强调的，是一切人类活动范围的以是否存在思考和是否形成认知而选择来作为界定依据的。这种排斥了模式化和程序化的理性定义，显然是一种非工具主义意义上的理性解说。

第6章 流通产业的投资运行机理

分析厂商的投资决策行为，可以从不同的理论层次上展开。在上一章，我们从理性决策和非理性决策层次对流通厂商的选择行为进行了分析①。理性和非理性的决策问题，是经济理论分析的最基础的问题之一。以投资决策行为及其过程而言，厂商的任何投资活动几乎都可以通过理性和非理性决策理论来解说其行为底蕴。从实际投资的决策层次来考察流通厂商的投资活动，其在我们面前展现的理论问题之一，是流通产业的投资运行问题。

一般来讲，不同产业部门在资金或技术的进入门槛、生产经营的对象性以及资产专用性等方面存在着一定的区别，这些区别不仅在投资周期制约、竞争手段运用等方面有着不同的规定，而且会对这些部门投资过程中的实际操作原则、程序及其行为方式发生影响。尽管我们可以在宏观层次上对社会的投资运行机理做出总体的说明②，但不同产业部门的投资活动仍然存在着不同的机理特征。本章在对投资运行机理做出理解的基础上，以投资传导循环为分析框架，分析流通产业的投资运行机理不同于其他产业的各种规定性，并着重从投资的程序、原则和融资渠道等方面对中国流通产业投资运行的机理特征展开说明。本章的主旨是希望通过对这些机理及其特征的分析，为进一步研究流通产业的投资运行提供一个可供学术界深入探讨的分析界面。

---

① 在经济学中，"决策"一词较多用于管理组织理论，"选择"一词通常被用于描述人的具体行为，由于这两个概念有着高度的重叠，经济学家运用时一般不加以严格区分。

② 笔者曾对宏观层次上的投资运行机理展开过较为广泛的讨论，分析的对象性集中于一、二次产业的投资传导循环、产业结构、投资流向及结构等领域。参见何大安：《投资运行机理分析引论》，上海三联书店、上海人民出版社2005年版。本章关于流通产业之投资运行机理的分析，可认为是对先前研究的重要补充。

第6章 流通产业的投资运行机理

6.1 对投资运行机理的理解

现代经济学的发展越来越关注不确定条件下厂商投资决策的研究。这些研究既有纯数理逻辑的推论，也有以实验为背景的行为判断[①]。就经济学世界对厂商投资选择所涉及的角度和层次的分析而论，或许是出于不同的分析视角和目的，或许是由于分析的侧重点不同，大多数经济理论文献或是侧重于对厂商的实际投资选择过程的研究，或是偏好于对厂商投资选择的行为属性的研究。以前一种研究形式而言，主要是分析在市场竞争环境中厂商如何依据成本收益原则来进行投资活动；以后一种研究形式而言，则主要是分析厂商投资选择的行为属性及其决策理念。这是问题的一方面。另一方面，现有的关于厂商实际投资选择的分析和研究，大都聚焦于生产过程，而没有将非生产过程对厂商投资选择的影响纳入一个统一的分析框架，从而没有对投资运行涉及非生产过程时所蕴涵的机理引起足够的关注。特别地，当这些研究主要集中在第一、二次产业时，流通产业的投资运行及其机理便不在经济学家的视线中了。

按照笔者的理解，投资运行机理是指投资活动在制度、主体、行为等方面所显现或蕴涵的特征、趋向、过程及其机制的共性构成。这些共性构成通常贯穿于投资活动的始终，具体表现为投资主体在特定制度约束下之行为的趋同性。流通产业的投资决策和投资运行蕴涵着许多在制度、主体、行为等方面的共同特征、趋向、过程及其机制的构成，我们可以将这些共性构成理解为流通产业的投资运行机理，而将其不同于一、二次产业的投资决策程序、原则等理解为它的机理特征。

揭示流通产业投资运行机理的困难，主要由以下两个方面的事实使然：一是流通产业的进入壁垒较低且自然垄断现象不明显，其充分的竞争性容易隐匿投资过程中的某些共性构成；一是随着中国全面进入WTO，外资商业

---

① 纯数理逻辑推论的代表性文献，是纽曼和摩根斯坦的期望效用理论，以及阿罗和德布鲁将这一理论纳入瓦尔拉斯均衡分析框架的系统化。参阅 von Neumann, J. and O. Morgenstern（1947），Theory of games and economic behavior, 2nded. Princeton, NJ: Princeton University Press. Arrow, K. and G. Debreu, "*Existence of equilibrium for a competitive economy*", Econometrica, 1954, 22, 265-290. 以实验为背景的行为判断的主要文献，是卡尼曼、特维斯基的行为经济学和史密斯的实验经济学，参阅 Kahneman, D. and A. Tversky, "*Prospect Theory: An analysis decision under risk*", Econometrica, 47 (2), 1979. Simth, V. L. (1994) "*Economics in the laboratory*", Journal of Economic Perspectives, Winter.

97

的大举进入会致使流通产业的投资出现更加复杂的局面。这两方面的情况曾引起了人们的关注。一些学者根据流通产业的进入壁垒较低、难以形成垄断等现实,从充分竞争的角度描述了流通产业的投资;一些学者则对外资商业在中国的投资模式进行了研究,认为外资商业的投资理念、品牌战略、"以点辐射面"的商业布局等,都是以占领中国流通市场为终极目的的投资规划[1]。这些分析和研究是对中国流通产业投资运作的一种观察,我们应该将这些分析和研究看成是对流通产业中投资运行机理的一种理解。不过,对事物之机理的解说,需要在一定的哲学层面上对其实际进行一些必要的归纳或演绎,流通产业中的投资运行机理也理应如此。

分析中国现阶段流通产业中的投资运行机理,离不开对流通产业的投资制度安排的考察。中国现阶段流通产业中的投资运行可以高度概括为:关联全球经济一体化的投资有序性与国内流通产业投资的无序性,即呈现出两种存在很大差别的格局。这里所说的有序性,主要指政府必须遵循 WTO 的某些具体条款,允许和保护外资商业在中国流通产业的投资;这里所说的无序性,则主要表现为各级政府对流通产业投资会制定出不同甚至相互掣肘的政策。针对这些有序和无序的投资制度安排,一些学者在对流通产业投资进行实证分析的基础上,曾从市场组织、绩效等方面围绕这种二元化的投资制度安排,展开过政府要不要对流通产业实施必要的产业规制的讨论。事实上,从实际问题的研究到解决问题的政策制定,不可逾越问题产生的机理。基于这样的考虑,揭示流通产业的投资运行机理,分析这些机理的现象形态、形成过程及其特征,便显得十分重要了。

6.2 流通产业投资运行机理之概说

流通产业在宏观层次上所展现出来的投资运行态势,可以勾勒为以下的图景:宏观调控政策与市场机制→投资制度安排→厂商投资选择→融资渠道→项目投资→流通产业结构→市场商品供应格局。乍看起来,这一图景似乎

---

[1] 对中国流通产业投资问题的研究,一般是在实证分析的基础上注重于问题的政策性研究,大量文献分析了流通产业投资的无序性以及外资商业在中国投资的利与弊。例如,关于外资商业在中国投资的利弊分析,可参阅史达等:《外资商业进入对中国商业流通领域的影响分析》,载《商业经济文荟》,1998 年第 4 期;有关外资商业进入中国流通业是否会引发垄断的分析,可参阅荆林波:《关于外资进入中国流通业引发的三个问题》,载《国际经济评论》,2005 年第 5 期;涉及到流通产业组织结构所内涵的投资制度安排的分析,可参阅郭冬乐等:《中国流通产业组织结构优化与政策选择》,载《财贸经济》,2002 年第 3 期。

与第一、二次产业的投资运行态势没有太大的区别，但在第一、二次产业与流通产业的这种共同现象形态的背后，却包含着箭头所指示的不同内容；解释这些内容所包含的投资运行机理，需要从流通产业的市场结构形成及产业组织运行等角度来展开分析。

首先，宏观政策对流通产业的调控一般比其他产业要宽松，即在规范或诱导流通产业投资的制度安排中，市场机制所占的调控比例或作用范围要比宏观政策大得多。这种情形并非仅仅出现于体制转轨的国家，而是产生于所有混合经济的国度之中。流通产业的投资制度安排的这种规定性，一方面决定了其分散投资的特性，另一方面则表现为政府规制流通产业的空间和对象会受到很大限制。也就是说，流通产业的投资制度安排在很大程度上由市场机制主导，其投资运行主要是在竞争性市场结构及由此形成的产业组织下进行的。由于这种情形存在于所有混合经济之中，它不受社会经济体制模式的影响，我们可以将其理解为流通产业中的一种投资运行机理，尽管这种理解偏重于制度安排层次。

其次，流通产业具有较高的产业开放度，支持这种开放度的组织形式，往往是以国际性的经济联合体（如 WTO）为依托的，这便决定了政府对流通产业进行规制的能量弱化。在通常的情况下，如果某经济发展水平较低从而其流通产业不繁荣时，在缺乏必要的进入管制约束时，便会有大量的外资商业进入，于是，该国的流通产业格局便不可避免由于外资进入而被重塑。外资商业的大举进入通常会带来其母国的投资理念和战略，并且对流通产业的经营管理模式也尽显其母国的风格。这些情况会在很大程度上影响国内流通产业的投资选择。此时，国内流通产业会改变原先完全以本国市场供求、消费偏好、消费时尚、购买力定位及风俗习惯等作为可行性依据的投资决策模式，转而借鉴外资商业的投资模式（如连锁店、专卖店等）来进行投资决策。值得指出的是，这种转变不仅会对项目投资的资金量发生影响，而且会改变融资渠道，进而会改变国内流通厂商的投资决策程序和原则，等等。当我们将外资商业进入所引致的以上情形看成是流通产业的特有现象、进而将这种现象与第一、二次产业做出比较时，我们便可以将以上情形看成是流通产业的一种投资运行机理。

再其次，随着外资商业的大举进入，国内部分商家的投资决策往往倾向于采取合资经营的投资模式，他们或利用自己掌握的土地资源，或利用在闹市区拥有的建筑物和其他资产，或利用同地方政府的特殊关系及其他信息资源，以外资作为项目投资的主要资金来源。这种投资运行模式之所以要被理解为是流通产业中的一种投资机理，乃是因为欠发达国家的厂商在面临外资商业进入时极愿采取的一种投资决策方式，它会改变国内商家的融资方式。具体地说，就是国内商家向银行的商业贷款量和向社会募集的资金量都会相应地减少。与此相对应，国内商家的投资决策的依据会注重于外资商业的品牌效应、专业化程度、经营模式以及由上述因素所派生的市场占有率预期，等等。显然，在这样的背景下，流通产业中的投资运行就会沿着国内商家独资、与外资商业合资的两条路径展开，整个投资运作系统便会出现较为明显的二元化格局。

最后，无论是合资商业还是外资独资商业，都是按照现代企业制度模式经营的，由于这种体制模式适合于市场经济运行，因而国内商业也大都按这种模式建立起管理和决策体制。现代企业制度的法人治理结构规定了较为明确的投资决策规则，这一规则体现为投资决策的具体程序和原则。较之于其他产业，流通产业的投资决策分散且周转快、见效快，它使得流通产业结构的形成具有同其他产业不同的机理特征。第一、二次产业的投资结构到产业结构的形成通常需要较长的时间，这是该类型产业的固定资产形成生产能力的周期所决定的，而流通产业则不是这样，其投资周期主要取决于建筑物及其装潢所费的时间，商品采购及其上柜交易通常不需要较长的时间，至于广告宣传则是与开张营业同步进行的。流通产业投资周期较短这一机理，与现代企业制度的法人治理结构结合在一起，会对流通产业的投资决策产生影响从而派生出另一些机理性现象。

这种派生的机理现象之一，是大大小小的商家在进行投资决策时不重视投资周期对投资效率的制约，以当前的市场供求、领先的经营模式、购买或消费时尚等作为投资决策的主要依据，于是，流通产业会经常出现短平快的投资项目。机理性现象之二，是短期内容易出现类似的投资项目，并且在不同城市之间会产生一种波及效应，使得体现同一种商业文化和经营模式的投资项目遍及全国。机理性现象之三，在追求无形资产之品牌效应的同时，商家的投资决策往往超越大众的需求心理或需求层次，从而有可能会致使投资决策的低效率。这些机理的形成在很大程度上是由流通产业的内部法人治理结构决定的。因为，董事会提出的投资决策方案在提交股东大会表决时，流通市场的直观性现象容易被大部分股东所接受，也就是说，其投资决策规则符合现代企业制度，投资决策的操作程序和原则完全符合其法人治理结构的内部规定性。

以上关于流通产业之投资运行机理的分析，是针对其共性而言的。事实上，不同国家的流通产业会由于体制模式或市场机制作用空间的不同，会呈现出在共同机理作用下的不同特点，而这种特点却往往以不同的现象形态反映出来。就中国的情况而论，分析体制转轨和全面加入 WTO 的背景，可以揭示出中国流通产业的投资运行特点。如果我们将这些特点作为一种带有某种趋向性的事实来理解，那么，便可以在高度概括其特点的基础上，分析出中国流通产业投资决策的某些已显露出来但没有被理论界明确予以研究的特征。

6.3 中国流通产业投资运行的机理特征

如上所述，流通产业的投资运行机理蕴涵于以下过程：调控政策与市场机制→投资制度安排→厂商投资决策→融资渠道→投资项目→流通产业结构→市场商品供应格局。当我们把这一过程作为投资传导循环流来看待时，至少有以下几点认识：（1）市场供应格局通常反映政府对流通领域的宏观调控成效，它是宏观调控政策是否改变及政府将在多大程度上利用市场机制的主要依据，因此，流通领域中的市场状况会影响乃至于决定政府的调控政策；（2）流通产业投资传导的循环流，是直接投资过程和非直接投资过程的统一，并且可以分阶段加以考察；（3）联系中国现阶段流通产业投资运行的实际，中国流通产业的投资运行在不同阶段将会呈现出不同的机理特征。以上关于流通产业投资运行的传导循环流的几点认识，构成了我们对机理特征问题展开深入分析的观察点。

中国正处于经济体制转轨时期，随着 WTO 的全面加入，政府对流通产业之宏观调控的范围和力度正在缩小和减弱，这种情形主要表现为，当流通业态出现紊乱或流通产业内部结构出现不均衡时，政府难以通过制度安排对其投资运行进行政策规制，即政府难以对流通领域的投资所引致的市场不理想状况，在政策上进行有效的宏观调控。也就是说，处于经济体制转轨阶段的流通产业的投资传导循环流，在政府依据市场信息反馈而重新制定投资制度安排这一环节上，通常会呈现出弱相关的机理特征[①]。结合中国的实际

[①] 一国的投资制度安排由政府宏观调控体系和市场机制体系共同构成，这两大体系共同决定着社会的投资运行，即决定着厂商的投资选择、融资渠道、投资决策程序、投资流向、投资结构、产业结构、社会总供给等。某一时期的投资制度安排会决定该时期的宏观经济目标的实现程度，而这一实现程度会决定或影响政府在下一时期对宏观调控政策和手段的调整。由于经济体制转轨时期的市场和计划两机制会出现经常性的摩擦，流通产业投资运行所反映的市场信息通常以扭曲的形式反馈于政府，因此，政府在下一时期所制定的投资制度安排，就显露出了与市场信息弱相关的机理特征。关于这个问题的详细论述，参阅何大安：《市场体制下的投资传导循环及其机理特征》，载《中国社会科学》，2002 年第 3 期。

来解说这种机理特征,由于流通产业投资的分散性以及中国现阶段开始全面履行 WTO 有关外资商业在华投资权益的相关条款,政府即不能通过投资制度安排约束国内商家的投资选择,也不能通过规制政策限制外资商业的在华投资;于是,流通产业的投资运行完全呈现出在充分竞争氛围下的景象。关于这一问题,国内学者已有充分的认识,主张对流通产业的投资运行进行规制的讨论比较常见。但如果从中国流通产业投资运行机理及其特征的角度来看待这个问题,或许能对问题有更深层次的认识。

在流通产业的投资传导循环流中,调控政策与市场机制→投资制度安排→厂商投资决策→融资渠道→投资项目的过程,是直接投资过程;流通产业结构→市场商品供应格局→调控政策的制定和调整过程,则是非直接投资过程。较之于其他产业的投资传导循环,流通产业投资运行的机理特征,不只是表现为直接投资过程决定非直接投资过程,而是更多地蕴涵于这两大过程之中的诸环节。以直接投资过程而言,调控政策所规定的投资制度安排对流通产业投资运行的影响,在具体的调控手段上很难对商家的投资行为制定出统一的规制措施,即便有具体的规制措施,中央和地方两级政府也往往不相统一,并且会显露出零乱或非持续的机理特征。例如,针对外资商业的纷纷进入,中国的宏观调控实质上是采取分批有重点的规制措施,而地方政府则过多地考虑利润增长点和地方财政收入,实际上是采取了放弃规制以多多益善地引进外资的政策;同时,随着流通产业中的投资日趋多元化,中央政府通常会频繁地改变调控政策,从而使由调控政策所规定的投资制度安排出现非持续性的特征。国内经济学界针对中国出现的上述情况,曾有过广泛的分析和讨论,但从机理特征的角度来分析这种情况,尚不多见。

从市场机制所规定的投资制度安排对流通产业投资运行的影响来说,这种制度安排对厂商投资决策的作用机理,主要是通过价格信号、市场供求、商业运作模式等来实现的,它们对商家投资选择的诱导,一般有显性的利润目标且在空间上具有快捷的扩散性,因此,较之于其他产业,流通产业投资决策的形成通常表现出迅速依据市场信号做出反应的机理特征。另一方面,由于宏观调控在流通领域中的能量和空间的比例都较小,因而,由市场机制决定的投资制度安排便构成了影响商家投资决策的主导形式。对于这种主导形式的理解很重要,它可以在理论上解释为什么市场经济不发达国家的流通产业的投资运行容易失控,为什么即便在发达国家也难以对流通产业的投资运行实施有效规制。笔者认为,中国现阶段流通产业的投资运行情况在很大程度上显示了这种机理特征。

流通产业的投资决策主要受制于市场机制的这一机理特征,会在融资渠道上反映出来,而融资渠道的选择和投资决策的形成,又会与流通产业的企业制度相联系。从形式来看,中国的流通产业大都采取现代企业制度,其投资决策的原则和程序也是在法人治理结构的框架下实行的,但由于中国流通产业的股权结构同样存在着一股独大、投资决策权掌握在少数大股东手中的情况,当董事会提出有关投资决策的项目、融资渠道、合伙经营等实施方案时,尽管股东大会在程序上以投票的方式对投资方案进行表决,整个投资决策过程也完全体现了现代企业制度的决策原则,但由于大股东通常能够控制局面,或者说投资决策方案基本上是按大股东的意志实现的,因此,这种情形容易引致流通企业在投资项目决定、融资渠道选择、合伙经营确定等方面出现无摩擦状况。也就是说,它较之于股权分散的法人治理结构的决策体系,或较之于其他产业的投资决策的程序和原则,中国流通产业的投资决策从酝酿到提出方案、进而到决策形成的时间进程较短。诚然,形成这种格局的原因是多方面的,但我们可以将其概括为体制转轨摩擦与流通产业特点共同使然,并将上述情形解释为中国现阶段流通产业中投资运行的另一机理特征。

不过,商家投资决策的快速形成,并非意味着商家的融资选择和投资项目也会快速形成。这几个环节的衔接时间长短对不同的商家是不同的。一般来讲,规模较小的商家投资决策的形成较快,其融资渠道和投资项目确定所需的时间主要取决于金融工具的运用程度,以及与投资合伙人的契约形成所需要的时间,而规模较大的商家即便投资决策的形成较快,但融资渠道和投资项目确定所需的时间,则在很大程度上取决于金融市场的深化状态,具体地说,就是依赖于初级金融工具和次级金融工具的运用程度和范围。以中国的情况为例,由于中国目前正处于金融抑制向金融深化的过渡阶段,初级金融工具和次级金融工具的运用程度和范围尚不足以给商家提供充足的资金供应支持,这一流通产业投资运行的机理现象,通常会促使商家与资金充足的外资商业形成投资伙伴,于是中外合资的商业股份公司便越来越多,从这个意义上来理解,我们可以将大量出现的中外合资的商业股份公司解说为中国现阶段流通产业投资运行的机理特征的反映。

考察流通产业的直接投资过程与非直接投资过程的关联,随着某时期投资决策的形成和投资项目的确定,流通产业结构以及由此规定的市场格局就会随之形成。如前所述,流通产业的这一关联具有比其他产业所需时间较短的机理，但如果我们将这一机理放置于中国经济体制转轨的背景下加以分析，则会发现它具有由体制因素决定的机理特征。

经济体制转轨在宏观政策和调控手段方面的指向，是力图让市场机制成为引导经济运行的主导机制，尽快实现本国经济与世界经济的接轨，这种指向之于流通产业投资的运行及其效应，必然是政府对流通产业进行规制的程度和范围逐渐降低和缩小。体制转轨背景下的流通领域一般存在着较大的利润空间，于是，大小商家的投资决策的形成过程、融资的选择过程、项目的确定过程等都会以极快的速度完成，这一速度之所以快捷，一是由于政府干预的因素较少，一是由于流通产业中的现代企业制度的运行实际上由内部人控制的缘故。同时，流通产业的资产专用性程度不高，技术门槛和资金门槛尚不足以对商家构成进入壁垒；决定商家投资决策的主要因素是市场供求而不是资金技术因素，资金技术因素的制约可以通过与外资商业的联盟来解决。因此，中国现阶段流通产业投资运行之机理特征的综合反映，可以概括为投资的决策、融资和项目确定等过程完成的速度快，引进外资的规模、覆盖面和速度有逐步放大和加快的趋势。

沿着以上思路来进一步考察流通产业，尤其是从投资循环流来分析投资运行机理及其特征时，流通产业结构→市场商品供应格局→调控政策这一非直接投资过程，则显露出另一些不同于直接投资过程的特征。流通产业结构是由其投资结构决定的，总的来说，在第一、二次产业产品供给量既定的情况下，从投资结构到流通产业结构的间隔期仅仅受制于房屋的建筑期。一旦流通领域中的产业结构形成，市场的商品供应格局也就随之形成。但值得说明的是，市场的商品供应格局会体现流通领域的前期投资运行效应，而这种效应的优劣会对政府的宏观调控政策发生影响。在通常的情况下，政府会根据前期投资运行效应对流通领域进行政策干预，这种干预会改变后续期中流通领域的投资制度安排。

联系中国目前流通产业投资运行的实际来理解直接和非直接投资的关联机理，在中国流通产业中，由投资结构决定的产业结构具有不稳定性，这在很大程度上会影响市场商品的供应格局。例如，国内商家在经营上的翻新竞争，外资商家对连锁店、超市、专卖店及仓储等大量进入，中外合资商业的不断涌现，均在很大范围内使流通领域的市场供应处于不稳定态势，从而引致政府不断改变对流通领域的调控政策。因此，如果将中国这种特有的直接和非直接投资过程的关联机理放置于体制转轨的背景下来认识，则可以将其理解为中国流通产业中投资运行的一种机理特征。

6.4 局部垄断对投资运行的影响

深究体制转轨对流通产业投资运行的制度环境约束，使我们再次论及由体制因素决定的流通产业的局部垄断。本书在第3、4两章曾针对体制转轨阶段流通产业的局部垄断现象展开过分析，认为国有控股公司和跨国公司依靠计划机制支持和凭借资金实力、管理技术、品牌优势等，在某些产品和服务的销售经营上形成了进入门槛，在这些产品的销售上具有一定的定价权，并认为转轨体制是形成中国流通产业产生局部垄断的体制基础。当我们坚持这样的观点来考察流通产业的局部垄断对投资运行机理的影响时，现实则要求我们分析流通产业的局部垄断如何改变投资传导循环的部分内容，以便对流通产业的投资运行机理做出更加逼近实际的说明。

流通产业的局部垄断对投资制度安排的变动有一定的作用力。在纯市场调控的流通领域中，局部垄断产生的可能性较小，即便出现局部垄断，那也只是流通厂商与制造厂商在某一特定时空的串谋，从而使流通领域的特定产品的销售具有一定程度自然垄断的性质规定[1]，但这类产品销售经营的局部垄断的持续时间不会太长。正像前文再三强调指出的那样，体制转轨国度中的流通产业的局部垄断，部分植根于产权与计划机制的关联，部分产生于外资的经济实力、管理技术及品牌效应等。从直接投资和非直接投资所构成的投资传导循环流来考察，流通产业中的国有控股公司的产权与计划机制的关联，会影响到政府的产业政策和宏观调控手段，而外资在流通产业的介入，会影响到市场机制的作用形式等等。易言之，这些状况会改变宏观层次上的投资制度安排。另则，局部垄断的存在会维系和加固政府对国有控股公司的支持力度，会诱导外资利用自己的优势进一步扩大投资。这是我们分析流通产业的局部垄断对投资运行机理发生影响时首先要考虑的。

体制转轨中流通产业的局部垄断，通常发生在政府产业政策和宏观调控手段能够产生影响的那些产品及其经营主体的行为方式等方面。按照垄断的定义，这类产品在生产和流通领域所具有的特质性，至少在销售上有着来自制造商提供货源的经营门槛，这种门槛或是由于政策和宏观调控手段所导致，

---

[1] 这里关于自然垄断的理解，不同于产业经济学标准的自然垄断定义。产业经济学有关自然垄断的解说是根据规模经济所引发的产品成本劣加性而展开的，但在笔者看来，这种对"自然"的狭义理解不足以说明产品流通的自然垄断。关于这个问题，本书第7、8两章将在理论上给予解说。

或是由于资金和技术等要求所形成,从而使局部垄断者具有对这类产品销售经营的定价权。这就解释了为什么国有控股公司和外商在体制转轨国度会成为流通产业中的局部垄断的行为主体。在流通领域,这类行为主体的投资选择及其行为方式,并不完全依据市场信号的导引,他们或是部分地受制于产业政策和宏观调控手段,或是部分地以海外母公司的投资战略作为投资选择的依据。就宏观层次上的投资运行而论,流通产业中的这些局部垄断主体的投资选择活动,无论是在投资决策程序、原则、融资渠道,还是在资金流向和投资结构等方面,都会同那些完全根据市场信号而采取投资选择的行为主体有所区别。因此,局部垄断的存在会导致流通领域的投资运行轨迹呈现出二元状况。

任何经济行为的二元格局的形成,都是由特定的体制、市场等方面的因素相对应的,但问题在于,这些因素又会反过来受二元化经济行为的影响。就流通产业中的局部垄断和完全竞争这种二元化对投资运行的影响而论,一方面,由于产品销售经营的局部垄断有着较为明确的进入门槛,而那些得不到政府产业政策和宏观调控支持的投资资金便难以进入,于是,整个流通领域的投资流向便被划分为政策支持和非政策支持的两大块,这两大块投资的比例在很大程度上决定着流通产业的竞争和垄断的格局;另一方面,流通产业中的局部垄断的发展趋势,会直接或间接影响到诸如投资收益、风险承担、信用转移、融资手段运用等,从而在一定程度和范围内对完全竞争性的投资行为发生影响。

例如,在我国的现实中,那些得到政策和宏观调控支持的流通国有控股公司利用同制造业的计划性关联,对某类产品的销售经营享有一定的定价权,一些外资公司利用资金、品牌和管理优势等也直接或间接享有产品销售经营的部分定价权。按理,定价权所带来的丰厚利润会诱使大量资金进入,但由于转轨体制中的局部垄断所赖以生存的条件,不是非国有公司和非外资公司所能具备的,因而这类公司的投资只能进入不具有产品销售经营之定价权的区域。局部垄断对流通产业投资运行的以上影响,将随着其在流通领域中的投资份额或比例的增加而加强,其影响的范围还会扩张至投资传导循环中的非直接投资过程。

体制转轨国度中的以上情形表明,流通产业的产品的销售经营是由两种不同类型的投资所形成的。经济理论研究的难点之一,是很难从绩效上对这两种情形的优劣展开判断[①]。不过,有一点可以判断,那就是局部垄断会改

[①] 美国的政府产业规制的历史,是一部反托拉斯或反垄断的历史,但反托斯法实施近两个世纪的绩效并没有说服所有的经济学家放弃对垄断的理解或支持。现阶段中国流通产业中的局部垄断现象究竟存不存在绩效,倒是一个需深入研究的问题。尽管本书揭露出局部垄断对流通产业投资和经营有着负面影响的分析倾向,但笔者坚持认为中国流通产业目前的局部垄断有其存在的部分合理性。当然,这个问题需要进一步展开研究。

变流通领域中的产品供求格局,产品差异性在这种市场结构中会成为形成局部垄断性市场竞争之产业组织的物质基础,垄断厂商行使产品定价权会影响利润分配和消费支出。最终消费品之供求格局,会影响或决定政府宏观经济目标的实现程度,从而对政府制定后续期的投资制度安排产生影响。局部垄断对流通产业的投资传导循环的影响,在直接投资过程和非直接投资过程是不同的,其对非直接投资过程的影响逾越了流通领域,西方产业组织理论曾在很大范围内对这种影响展开过分析和研究。

6.5 几点结论

投资运行机理是蕴涵于投资活动内部且需要抽象分析才能理解和把握的经济现象。这种现象是制度、主体和行为之综合作用的结果,投资运行机理的对象性,既适合于集群厂商也适合于个体厂商。流通产业中的投资运行机理较之于其他产业具有不同的特点,这些特点可以理解为流通产业投资运行的机理特征。分析和研究这种机理特征,可以将关注点放置于特定经济体制背景下的投资主体及其行为方式的共性构成及其效应等方面,而不必对流通产业的具体投资过程进行研究。本章基于以上的分析框架对流通产业的投资运行机理展开了描述,倘若这些描述在理论层次上能大体上揭示出流通产业的投资状况,则我们对流通产业的具体投资过程的认识,或许会产生一些新的分析视角。

以动态的观点来考察流通产业的投资运行,时间序列的规定性要求我们从投资循环流的角度来分析投资运行。投资循环流所表征的过程,是制度、主体、行为在投资活动中的一种关联于直接投资和非直接投资的周而复始的过程。这些过程由若干环节构成,每一环节都包含着许多可以通过实际验证的机理。本章只是在高度概括的理论层面上解说了最主要的机理,并没有对这些机理的现实作用过程展开具体而详细的分析。作为对问题研究的一种探讨,指出这些机理的存在及其主要表现形式,可以通过对这些机理的验证来进一步围绕现实的投资活动展开具体的研究。事实上,国内外很多有关流通产业的分析已在一定范围内涉及了这方面的问题。

中国的经济体制转轨和全面加入 WTO 的实践,使流通产业的投资运行机理出现了一些不同于其他国家的变异情形。本章实际上是将流通产业的局部垄断现象看成是这些变异情形的产业组织形式,并通过对中国现阶段流通产业投资运行机理及其特征的分析来从侧面概括这些变异情形。不过,即便将流通产业中以局部垄断为特征的这些变异情形理解为投资运行机理，那也只是针对中国现阶段流通领域的投资运行及其特性而言的，它并不适合于其他国家。投资运行及其机理特征的揭示，必须以体制、主体、行为的给定条件约束作为分析规定，对这些给定条件约束的具体分析，则分属于投资运行机理及其特征涵盖下的对流通产业投资运行的深入而具体的研究。当我们逐步放开这些给定条件约束，或许能逼近现实地揭示出流通产业投资运行中的某些症结性问题，从而为政府对流通产业的宏观调控提出一些有价值的政策性主张。

中国流通产业的局部垄断的行为主体在实际运营中功能发挥是不同的。正像前文所分析的那样，国有控股公司之形构局部垄断的功能发挥，是仰靠制度环境中的计划机制和利用公司治理结构；与此不同，外商公司在华流通领域中的投资和经营，则更多涉及到市场机制问题。对市场机制作用程度和范围的哲学思考，是可以将市场机制的经济作用过程理解为经济的自然过程，如果这个观点具有合理性，那么，我们对流通产业的局部垄断的分析会延伸到同自然垄断的关联。

第7章 自然垄断、制度安排及其投资关联

　　跨国公司在华流通领域的投资逐步膨胀的事实,引发了人们对这种情形会不会产生垄断的思考。针对中国流通产业中出现局部垄断的情况,我们对跨国公司在华流通领域投资所引起的局部垄断的思考,不能完全局限于由政策和市场所决定的投资制度安排层面,或者说不能完全局限于对人为垄断的考察[①]。流通产业不明显存在规模经济的现实,在很大程度上让产品的自然垄断被研究第一、二次产业的理论文献独占。对自然垄断问题如何理解,流通产业存不存在自然垄断,跨国公司在华投资有没有可能形成自然垄断,显然,对这些问题的分析,必须结合跨国公司在流通产业中的投资所表征的性质规定性来考察,必须分析跨国公司投资战略选择之于中国投资环境的路径依赖。本章在对自然垄断做出新的思考的基础上,认为跨国公司在华流通领域投资所形成的局部垄断具有一定程度的自然垄断性质,中国流通产业存在着自然垄断的端倪形式,跨国公司在华流通领域的投资有着形成自然垄断的机理。据此,本章刻画了由投资环境和战略目标共同决定的跨国公司投资决策的抽象函数,并依据外资商业在中国流通产业中有可能出现自然垄断情形,就政府是否有必要对流通产业实行适当的规制提出了几点看法。

[①] 人为垄断包括由制度安排引起的行政型垄断和厂商之间联盟所形成的垄断。以中国的情况来说,由于规模经济的程度和范围有限,类似于卡特尔、托拉斯等形式的厂商联盟所形成的垄断不明显存在,但行政型垄断却相当普遍。关于中国产业组织中的行政型垄断的分析,参阅:宋则:《商品市场反垄断研究》,载《中国商业理论前言Ⅱ》,社会科学文献出版社2001年版。在笔者看来,中国现阶段流通产业中的局部垄断在性质上主要反映为行政型垄断,而厂商联盟所形成的垄断并不明显存在。但深究流通产业局部垄断的性质规定,中国流通产业局部垄断中的自然垄断究竟是否存在,却是一个值得深入研究的问题。

7.1 针对自然垄断的几点思考

现代经济学关于产业组织的分析，在论及市场结构、企业数量和企业定价时，曾从成本、价格、需求以及与此相对应的自然垄断、社会福利、市场失灵等方面深入探讨过政府的产业规制问题。就自然垄断的研究而论，一些经济学家认为，自然垄断是在规模经济基础上形成成本递减的规模技术报酬的一种产业特征[1]；另一些经济学家则通过规模经济的分析，认为对具有规模经济和自然垄断特征的产业实行规制可以促进社会福利[2]。由于公用事业和基础产业最具有规模经济的特点，于是，国内外经济学文献有关自然垄断及其相关的政府产业规制的研究，通常集中在诸如电力、通讯、自来水、交通等产业部门，而对流通产业并没有引起足够的关注。

追溯这些研究的认知逻辑及其实证推论，可以从两方面理解人们忽视对流通产业实施规制的原因：（1）属于第三产业的流通产业不像第一、二次产业那样，具有明显能够从成本角度进行观察的规模经济特征；（2）较之于第一、二次产业，流通产业资产专用性不强的特点通常会导致其投资流向的不确定性。正是以上两方面的原因，促使人们形成"流通产业不具有自然垄断特征"的认识。或许是这种认识渗透于产业经济学有关政府产业规制之学理的理念中，世界各国都依据流通产业不存在自然垄断，从而对流通产业的规制一般都比较放松，中国的情况更是如此。

自然垄断果真唯一性地产生于具有规模经济特征的产业部门或公用事业部门吗？这个问题涉及到对自然垄断的理解。我们姑且不论"将流通产业是否存在自然垄断作为规制依据"的观点是对还是错，仅就政府有可能受这种观点的影响来说，探讨流通产业存不存在自然垄断，倒是一个值得我们认真思考的问题。

---

[1] 这一特征通常被解说为规模经济所具有的成本劣加性（Cost Subadditivity），即具有自然垄断特征的单个产业能够在面对特定市场需求时比两个或两个以上企业提供一定数量的低成本产品。参阅：W. J. Baumol, J. C. Panzar, and R. D. Willig, *Contestable Markets and the Theory of Industry Structure*, San Diego: Harcourt, Brace Javanovich, 1982, Chapter 3, 4, and 7. William W. Sharkey, 1982, *The Theory of Natural Monopoly*, Oxford: Basil Blackwell.

[2] 持这种观点的主要是规制公共利益理论，该理论认为自然或人为垄断、外部性及信息不对称会引致市场失灵，政府对自然垄断产业的价格和进入进行规制有可能取得生产和资源配置的双重效率。例如，其代表人物理查德·波斯纳曾指出政府规制可以在不花费成本的前提上增进社会福利。参阅：Posner, R. A., *Theories of Economic Regulation*, Bell Journal of Economics, 5（Autumn），1974.

产品的自然垄断性质取决于企业的生产经营及其外部性，它通常反映出一定的资金和技术壁垒的规模经济特征；同时，产业自然垄断又在很大程度上取决于建立在规模经济基础之上的资产专用性。以这两方面的情况而言，虽然，流通产业显现的自然垄断特征不甚明显，但是，当流通产业（如连锁超市）规模扩大以至于形成局部垄断时，进入的资金壁垒就会提高，其较高的管理水平也会形成一定的技术壁垒；并且，随着连锁超市、仓储、百货业等流通产业规模的扩大，资产专用性也或多或少会在流通产业的诸如建筑、设备等物质形态上反映出来。因此，完全否定流通产业的自然垄断的物质基础，是不符合实际的。

经济学家普遍认为自然垄断起因于规模经济或产品多样化的生产，这种观点的逻辑自然延伸，会诱导人们将自然垄断理解为一种生产技术特征。然而，对规模经济报酬、产品多样化所引起的自然垄断的论证，并不应完全局限于产品和技术因素决定的成本定价、产品质量、作业条件等的内部性，还应考虑到不反映于交易过程却会引发第三方支付成本的外部性。笔者以为，规制经济学对内部性和外部性的分析和研究，在政府规制政策的选择和实施方面是关注有余，而在对自然垄断的认知方面则重视不足。其实，自然垄断不仅具有内部性而且具有外部性，我们可以通过这种外部性来说明流通产业的自然垄断的存在。

政府针对空气、水污染以及自然资源枯竭等进行的环境规制，通常被经济学家划归于产业组织安排不合理引起外部性的社会性规制。联系流通产业来看，如果仅从以上的认知范围来理解外部性，由于流通产业一般不会造成对空气、水及其他自然资源的直接危害，所以，现有的经济理论只是从内部性来解说流通产业的成本问题。但是，按照外部性意指"交易过程中没有充分考虑而由第三方支付成本"的宽泛含义，流通产业理应存在着外部性问题。这一结论可以从以下几个方面来认识：（1）流通产业会在很大程度和范围内对一、二次产业发生影响，这种影响经常反映在产品的技术、款式、规格以至于对规模经济的成本要求等方面，也就是说，环境中的空气、水及其他自然资源有可能受到工业化文明危害，与流通产业存在着一定的关联；（2）如果流通产业出现规模经济的格局，通常会诱导制造业的生产行为，当某时期流通产业青睐的是那些污染环境的产品时，它就会诱导企业生产具有外部性的产品；（3）经济实力强的跨国公司进入他国流通产业会产生局部垄断，如果流通产业出现价格垄断和进入壁垒，就会对消费者产生以增加成本支出为特征的福利影响。因此，我们有理由认为，流通产业在交易中也会出现未充分考虑而由第三方支付成本的外部性。

当然，指出了流通产业存在着外部性，只是揭示了它具有自然垄断的溢出特征，并不能全然说明流通产业的自然垄断的存在；要说明流通产业中的自然垄断的存在，必须对自然垄断中的"自然性"做出符合经济分析意义上的解说。事实上，产业经济学将"成本劣加性"作为解释自然垄断特征的分析，是基于规模经济背景下市场机制之于产品成本规定性的考虑，这种规定性通常反映的是市场和规模经济的自然属性，而非人为因素所导致的社会属性。因此，拓宽产业经济学关于自然垄断特征解释的分析边界，可以认为，凡是市场交易中非人为因素所引致的一切具有垄断特征的现象，均可以理解为自然垄断。显然，这一理解给我们认识流通产业存在着自然垄断提供了方便。因为，当流通产业形成垄断，尤其是跨国公司在他国流通产业的投资形成局部垄断时，以上有关流通产业所客观存在的内部性和外部性的分析，已在很大程度上证实了流通产业自然垄断的存在。

在体制转轨的国度中，如果跨国公司对流通产业的投资规模不大，通常不会在该产业中形成规模经济以及与此相对应的局部垄断；反之，如果跨国公司的投资规模扩大以至于形成一定的规模经济水平、进而出现局部垄断时，该国的流通产业就会产生笔者所解析的自然垄断，于是，对跨国公司的投资要不要遏制？对流通产业要不要实行必要的规制？便成为经济理论分析的一个值得重视的课题。

7.2 跨国公司形构自然垄断之梗概

流通产业的低经济性进入壁垒的天然属性，在支撑经济理论将流通产业定性为充分竞争行业的同时，也在政策导向上支持着政府对流通产业进入规制的全面放松[①]。但从政策目标及其行为的重点或焦点的动态过程来考察，经济的结构性变化会导致政府干预市场的新形式，或者说，政府加强或放松

[①] 关于这一现实问题的观察，产业组织理论曾在研究竞争和市场失灵时涵盖了以上的分析结论。依据占统治地位的学术观点，充分竞争行业有可能引发市场失灵，而市场失灵则需要政府规制；但由于流通产业存在着低经济性进入壁垒的天然属性，产业组织理论通常不关注对这一领域的政府规制的研究；同时，由于这些占统治地位的学术观点大都诞生于经济发达国家，跨国公司在这些国家流通产业中的投资并不能形成明显的局部垄断，因而，针对跨国公司投资于流通产业是否需要实施规制的研究并不多见。

规制取决于经济事件或市场失灵对政策目标和行为的感应。以跨国公司在中国流通产业中的投资而言，这一经济事件有可能会导致市场的部分失灵从而影响政策目标，会引致流通产业的结构性变化。探究这些影响和变化的市场自然性，则可以从跨国公司在他国的投资有可能形成的自然垄断方面进行探讨。

中国自加入WTO以来，跨国公司的进入有导致投资规模逐渐膨胀的趋势[①]。据此，学术界曾围绕跨国公司零售业是否影响中国产业链、会不会出现掠夺性定价、是争夺一般客户群还是核心客户群、要不要给其"超国民待遇"等问题进行了广泛的讨论。这些讨论的政策落脚点是政府要不要对跨国公司的投资实施必要的规制。主张实施规制的学术观点认为，外资商业大举进入会影响民族商业的生存和发展，它在危及商业主权的同时危及工业主权；反对规制的学术观点则认为，目前外资商业在中国流通产业中的比例较小，它可以带来先进的商业文化和管理经验。但在笔者看来，讨论政府要不要对流通产业实施规制以及在多大程度和范围内进行规制，关键在于跨国公司的投资会不会在流通产业中形成自然垄断。

众所周知，自1991年日本八佰伴率先进入深圳和美国沃尔玛1996年开始进入中国以来，迄今为止，跨国公司在华流通产业中的投资仍然不大，或者说还谈不上具有局部的垄断性，但我们不能据此认为跨国公司的投资不会形成自然垄断。关于这个问题，应有以下理解：（1）跨国公司在华投资具有长期的战略考虑，他们选择以根据地为依托的辐射战略，有计划有目的地占领中国的流通市场，如沃尔玛选择北京、深圳、昆明、大连等地为中心，将其经营理念、企业文化、管理手段辐射到华北、华南、东北等地区；（2）他们改变在国内的经营策略，实行适合中国国情的本土化战略以求迅速占领流通市场，如家乐福改变了其在国内以销售高品质商品的策略，在中国实行"站式购全"的经营手段；（3）他们采取前期不追求盈利甚至亏损的反商业原则，以挤垮竞争对手的策略占领中国市场。很明显，跨国公司这些"项庄舞剑，意在沛公"的行为方式，隐含着意在中国流通产业建立规模经济的企图。

诚然，从目前跨国公司在中国流通产业的投资比重来看，无论是超市零

---

① 截至2004年10月，跨国公司零售业在中国投资注册8.4亿元资本金，中国共批准了108个分销领域公司，各种分店3361个；世界200强零售业中的12.5%已进入中国流通产业，并且这一比率有着明显的提高趋势。参阅商务部统计报告：《中国利用外资的状况》2004年版；中国商业联合会、中华全国商业信息中心：《2004年中国零售业白皮书》，2004年版。

售业、百货业还是仓储业，尚不具备自然垄断的基础；但是，从长期动态的观点来看，跨国公司在中国投资所反映出来的战略及其手段，却在很大程度上隐含着其实现自然垄断的可能性。首先，我们可将以根据地为依托的辐射战略，理解成跨国公司为占领区域市场而展开的针对特定流通产业进行全面竞争的序幕，如果跨国公司能在某区域成功地将竞争对手击败，他们便可以在依据自己经营理念、营销策略和手段等方面形成无形资产，实行垄断性定价，从而在成本形成方面出现自然垄断理论所解说的"成本劣加性"现象。

其次，跨国公司依据中国实际的经营策略，实际上是一种糅合国际差异而渗透他国流通产业以变形的本土化来占领流通市场的战略。这种战略会出现以下几种可能性：（1）让蕴涵于跨国公司母体的经营和消费理念化解他国经营和消费的时尚、偏好及其行为方式；（2）形成体现其企业文化精神及市场经营意义上的资产专用性；（3）改变他国原有的流通产业的运行格局。显然，这些物质与文化相交融的运行状况一旦形成，就不可避免地给跨国公司创造垄断局部流通市场的条件，以至于使他们能够在低成本的约束条件下经营中国的流通产业。倘若如此，跨国公司在中国局部的自然垄断也就具备了必要的物质基础。

再其次，跨国公司采取前期不追求盈利甚至亏损的反商业原则，是一种典型的以挤垮竞争对手占领市场的"欲将取之，必先予之"的经营策略。从商业机理来看，不盈利或亏损意味着商品销售价格接近或低于成本。虽然，这些举措有悖商业原则，但它是击败竞争对手的一种行之有效的方法。对手们纷纷挂起白旗之时，正是跨国公司总裁们的弹冠相庆之日。因此，跨国公司一旦能有效占领市场，极有可能会实施垄断性定价，他们的成本优势就体现出来。此时，单个外资商业在面对特定市场需求时就有能够比两个或两个以上的流通企业低成本地销售一定数量的商品或服务。

分析跨国公司在华投资形成自然垄断的可能性，并非不承认它对中国流通产业所带来的积极影响。例如，外资商业通常具有对缓解国有商业资金不足、便利消费者、示范现代化管理经验和营销方式等的作用。更进一步讨论跨国公司的在华投资，分析的进程要求我们讨论跨国公司投资的条件约束问题。在高度概括的理论层面上，我们可以投资环境来解说这些约束条件。跨国公司在异国流通产业的投资在很大程度上要受到投资环境的影响，而对投资环境的分析可以在一定程度上揭示出跨国公司在异国流通产业投资的机理。

7.3 投资环境对跨国公司投资的约束

跨国公司投资是一种在地域上脱离母体而移师他国的商业活动，这项活动对于进行跨国投资选择的外资商业来说，属于微观经济行为，但对于如何规划投资环境的异国政府来说，则属于宏观经济行为。一般来说，有条件并准备进行跨国投资的外资企业，通常将跨国投资作为其整个投资选择战略的一个重要组成部分。以跨国公司的投资选择原则、过程和内容而言，虽然，投资的决定原则仍然是成本与收益的比较，但它更多地反映在交易成本方面[①]；而从跨国公司的投资过程及其结果来考察，交易成本的形成和支付，通常是由他国的投资环境决定的。因此，分析跨国公司投资于流通产业的机理，可以围绕投资环境予以解释。

跨国公司投资于异国的流通产业时，通常将投资环境看成是资金得以运作的外部条件系统，这一系统的变量起码包括地理位置、资源禀赋、政策环境、基础设施条件、人文环境、市场环境，等等。因此，如果我们以 E 代表投资环境，以 X_1 代表政策环境，以 X_2 代表市场环境，以 X_3 代表基础设施条件，以 X_4 代表人文环境，以 X_5 代表地理位置，以 X_6 代表资源禀赋，以 ε_1 代表影响投资环境的其他随机变量，那么，投资环境的决定函数便可一般性地表述为：

$$E = f(X_1, X_2, X_3, X_4, X_5, X_6, \varepsilon_1) \quad ①$$

以 I 代表跨国公司对异国流通产业的投资，则这一投资的决定函数便可表述为：

$$I = F(E) = F\{f(X_1, X_2, X_3, X_4, X_5, X_6, \varepsilon_1)\} \quad ②$$

不过，通过投资环境的描述以刻画跨国公司投资于异国流通产业的机理，并不包含跨国公司的投资战略。联系前文来进一步加深对这一机理的分析，如果我们把跨国公司在异国流通产业投资的战略同样理解为一函数，以 $G(Y_1, Y_2, Y_3, \varepsilon_2)$ 表示，其中，$Y_1, Y_2, Y_3, \varepsilon_2$ 分别代表投资目的、经营策略、营销手段及随机变量，那么，跨国公司在异国流通产业的投资函数便可以扩展为：

---

① 这里所说的交易成本，主要是指跨国公司与他国政府就达成投资协议所进行的政策谈判、契约签署和资源配置等的讨价还价，以及跨国公司为获取收益而克服自身在他国不利条件制约而支付的因制度、地理、人文等因素引起的费用。关于这类具有宏观层面含义的交易成本的分析，参阅何大安：《投资选择的交易成本》，载《经济研究》，2003 年第 12 期。

$$I = F\{f(X_1, X_2, X_3, X_4, X_5, X_6, \varepsilon_1)\} + G(Y_1, Y_2, Y_3, \varepsilon_2) \quad ③$$

投资环境决定函数中的各变量及其属性，有的是正式制度安排的产物，有的则是非正式制度安排的结果，而投资战略函数则是跨国公司内部的一种制度安排。撇开投资的具体运作过程，跨国公司在异国流通产业的投资机理，可通过这一制度安排得到解析。这一制度安排至少可从以下两方面理解：（1）决定或影响投资环境的各变量可分为两种类型，如政策环境、市场环境、基础设施条件，大体上可界定为政府规定的正式制度安排，而人文环境可圈入社会认可的非正式制度安排；（2）将投资环境决定函数中的市场环境、人文环境等变量在制度安排上加以细化，它们既是政府规定的正式制度安排，也是社会认可的非正式制度安排。鉴于制度安排分析的侧重点是一种定性描述，因此，当从②式来讨论跨国公司在异国流通产业的投资时，我们可以通过这些制度安排对跨国公司的投资战略做出解说。

一般来说，正式制度安排和非正式制度安排，都会对跨国公司的投资发生作用。中国现阶段的政策环境、市场环境等对外资商业具有较强的吸引力，进入流通产业的外资商业在土地使用、合伙经营、税收优惠等方面享有"超国民待遇"，即中国政府对外资商业投资于流通产业几乎没有实施规制；但跨国公司在选择投资区域时，一般要对投资区域的人文环境、地理位置、资源禀赋等进行研究。外资商业选择甲地区而不选择乙地区，通常是从其战略目标的角度来考虑的，他们更多地考虑的是能否有效地占领市场，亦即能否在该地区的流通产业中形成自然垄断。③式在抽象的层次上表达了这一思想内容，它是对跨国公司在中国流通产业进行投资之环境分析的数学描述。另一方面，我们也可以将③式理解为跨国公司在中国流通产业投资而展开环境分析的路径依赖[①]。

投资环境中的正式制度安排，主要是由经济的立法、司法及执行机构制定和实施的，外资商业要想取得满意的目标值，会对投资环境展开讨价还价，这种讨价还价是一种博弈行为。以加强还是放松对流通产业的规制而论，如果政府在原则问题上不让步，就会制定一些规制措施，反之则反是。对于外资商业来说，由于投资环境直接关系到投资的成本支出，因此，它会

[①] 关于行为主体路径选择的分析，威廉姆森曾强调由于有限理性、道德风险和机会主义的存在，经济主体为降低交易成本支出，必然会寻找各种有利于自身的制度安排，尤其是政府规定的正式制度安排。威氏的这些见解对于我们理解跨国公司的路径依赖，显然有着理论佐证作用。参见 Williamson, O. E. 1975: "*Markets and Hierarchies: Analysis and Antitrust Implications*", A Study in Economics of Internal Organizations, New York-London.

通过各种路径改变或影响中国引进外资的投资环境。在通常的情况下，其做出努力的主要路径选择是改变政策环境和市场环境两个变量。以政策环境来说，外资商业总是希望能够在税收、土地使用、产品销售、配套投资等方面享受优惠，会反复同中国政府进行谈判和协商，这一谈判和协商的过程就是博弈的过程。

联系跨国公司在中国流通产业的投资来考察这种博弈过程，在信息对称条件下，外资商业利用谈判来影响或改变政策环境以实现战略目标的效率就比较高；在信息不对称条件下，外资商业在谈判中就难以实现目标函数。因此，以政策环境作为路径依赖客观上存在着某种不确定性[①]。从市场环境来分析，外资商业通常选择市场比率较小甚至是空白的流通行业作为投资对象，或依赖于现有产业之于投资行业的上、下游配套路径，或利用消费潜力、偏好及其变动作为投资什么、怎样投资和投资多少的战略决策。同时，外资商业也要考虑地理位置、资源禀赋、基础设施条件、人文环境等因素。以基础设施条件而言，外资商业可能会利用政府迫切需要建立的流通产业项目作为筹码来影响或改变政策制定，会将基础设施的改善作为投资项目确定的先决或必要条件等等。因此，当我们把外资商业为改变投资环境的种种努力与其战略目标结合起来考察时，函数式③是与现实相吻合的。

投资环境涉及到外资商业的战略目标及其实现的各种问题，而跨国公司在中国流通产业的投资会不会出现自然垄断，则是这些问题中的一个较为隐性的问题。在笔者看来，倘若中国政府对外资商业实施"超国民待遇"的政策，即投资环境对外资商业极为宽松或有利，它们在中国流通产业实现局部垄断、从而产生自然垄断的威胁便是可预期的。另一方面，当我们将跨国公司投资形成自然垄断看成是中国流通产业局部垄断的重要组成，从而将这种自然垄断看成是一种隐性问题时，问题的分析将涉及到跨国公司如何减弱他国制度安排约束的行为研究。

7.4 跨国公司减弱制度约束的理论分析

在地域宽广的多民族国家中，不同区域的习俗、伦理、惯例以及与此相

[①] 这里所说的信息对称与不对称，系指出台政策的背景、潜在或可能配套的政策方案、政策实施的力度和实际操作性等在外资商业和中国政府之间的信息分布，它涉及到中央和地方两级政府。作为政策环境接受者的外资商业，其信息的拥有会受到中央和地方政策导向变化的影响。从这个意义上来讲，外资商业利用谈判来影响或改变政策环境并以之作为路径依赖，必须在信息搜寻方面支付一定的成本。

对应的私人规则通常具有不同的特征，这些特征一旦同政府政策和法律规章等交织在一起，就会以显性或隐性的制度安排形式对人的行为发生影响[①]。异国的制度安排以及由此形成的制度环境，对跨国公司的投资或多或少会发生影响，这种影响主要表现为异国的正式制度和非正式制度对跨国公司投资经营活动的约束。为有效占领流通市场，跨国公司通常要减弱异国的制度约束。这是一个同投资关联的理论问题。

现有的关于异国制度安排对跨国公司行为方式产生影响的分析和研究，往往偏重于对正式制度的实证分析，诚然，这种分析方法能够在一定程度和范围内对跨国公司的行为方式做出相应的定量分析，但由于实证分析是一种侧重于对已发生事实的数据处理的历史研究方法，其描述性或分析性结论难以对研究对象做出一般性理论概括[②]。事实上，跨国公司在华流通领域的投资和经营行为，也存在着约束其行为方式的特定的制度安排，这是由于在异国的投资经营具有极强的不确定性使然[③]。本章第三节的函数式①、②、③则是对这些不确定性的理论描述。

跨国公司作为一个特定的行为主体，其决策行为是在有限理性的约束下进行的。如果我们以"理性经济人"范式来审视这个主体，就会侧重于行为理性而忽略规则理性来评说跨国公司的行为，就会侧重于自利动机和效用

---

① 诺思曾将制度划分为正式和非正式两种形式，以说明制度对人的行为发生影响的广泛性，参阅诺思（North，1990）：《经济史中的结构与变迁》，上海三联书店、上海人民出版社，1994年中译本。哈耶克强调社会变迁和经济可持续发展，离不开宪法和法律颁布的制度以及社会自发形成的制度，参阅 Hayek，F.（1973），Law，Legislation and Liberty，Vol. I：Rules and Order，Chicago：University of Chicago Press. 齐默尔曼则主张应从制度的内在性和外在性来研究制度对行为和绩效的作用机理，参阅齐默尔曼（Zimmermann，2004）：《经济学前沿问题》，中国发展出版社，2004年中译本。经济学家从不同角度或层面对制度的分析和研究，表明制度影响人的行为的显性或隐性之功能的客观存在。

② 经济学说史上有关这一结论的明显例证，一是德国历史学派创始人李斯特的历史实证分析，一是以凡勃伦和康芒斯为代表的旧制度分析，由于这些研究成果被看成是非理论和描述性的，其学术地位受到了很大的损害。我们可以从国外学者有关新旧制度分析的比较中看到一般理论研究与描述性理论研究之间的区别，以及两者学理的层次性差异，参阅 Hodgson，G.（1998），*The Approach of Institutional Economics*，Journal of Economic Literature，36，pp. 166~92.

③ 经济学家从经验的陈述中提炼出这样一个认识：制度的出现在很大程度上可以解释为是由个人动机所产生的个人行为促成的。以经济行为为例，只要契约双方中的一方对另一方的策略不能形成预期就会出现不确定性，不确定性是指行为者不能预测事件可能出现的所有可能性、从而难以准确判断自己行为期望的一种状态，而制度的基本功能则在于限制行为的不确定性，参阅 Knight，J.（1992），Institutions and Social Conflict，Cambridge：Cambridge University Press. 同时，当经济学家将制度理解为规则及其执行手段时，他们又将作为规则的制度解说为一种理性，认为依据制度安排进行决策，可看成是"规则理性"，这种理性对人的行为方式具有指导作用，参阅 Heiner，R.（1983），*The Origin of Predictable Behavior*，American Economic Review，4/73，pp. 560~595. 我们可以将跨国公司在华投资经营的制度安排，理解为由不确定性引致的追求效用的规则理性。显然，这种理性在制度安排上的性质规定，是一个值得深入研究的问题。

最大化来对其制度安排做出一般性的理论概括。同个体选择行为一样，跨国公司的行为方式受有限理性制约的规定性，一方面表明该主体不可能对各种选择方案的未来结局了如指掌，另一方面也意味着该主体的行为决策会受到某种规则的导引。撇开现实中各种纷繁之规则的具体表现形式，我们可否从他们对异国的政策和法律规章的领悟而形成的某种潜规则来理解他们的行为呢？显然，对这个问题的思考，涉及了跨国公司在华投资经营中的显性或隐性的制度安排问题。

大量的经济学文献曾运用信息和博弈理论，或认为制度是博弈的规则，或认为制度是博弈的结果。博弈规则理论认为制度是人为设计的限制人们选择行为的规则；博弈结果理论强调制度是博弈的结果，它通过对博弈参与人之间的策略互动论证了制度是一种非人为设计且无须按具体机制而执行的规则[1]。如果我们将人为设计的限制人们选择行为的博弈规则看成是显性制度安排，将强调非人为设计的博弈结果看成是隐性制度安排，则我们对跨国公司制度安排的理解，或许会有新的认识[2]。跨国公司的投资经营行为受制度安排约束是系统性的，显性和隐性的制度安排都会对其发生作用；在特殊情况下，当显性制度安排对其行为方式难以发挥约束作用时，隐性制度安排就会在一定程度和范围内取代显性制度安排。我们对跨国公司行为的制度安排分析，要考虑到这两种制度安排形式的结构安排。

经济体制模式对以政策和法律规章为典型形式的显性制度安排具有十分明显的作用力，而对以习俗、文化、惯例等所形构的隐性制度安排却影响甚微。联系跨国公司的行为方式来看问题，如果我们侧重于显性制度安排的分析，就必须重视经济体制模式；如果我们关注隐性制度安排，则可以较少甚至可以不考虑经济体制模式的影响。基于上一节已分析过跨国公司投资受制度环境（显性制度）的约束，本节将注重于非正式制度安排和隐性制度安

---

[1] 诺思（North, 1990）：《经济史中的结构与变迁》，上海三联书店、上海人民出版社，1994年中译本。Schotter, A., 1981, *The Economic Theory of Social Institutions*, Cambridge, U. K. and N. Y.: Cambridge University Press. Yong. H. P., 1988, *Individual Strategy and Social Structure: An Evolutionary Theory of Institutions*, NJ: Princeton University Press. Bowles, S., 2000, Economic Institutions and Behavior: An Evolutionary Approach to Microeconomic Theory, book manuscript.

[2] 经济学关于制度是博弈规则和博弈结果的认识分歧，部分来源于对制度受有限理性约束的理解，部分来源于现实中的显性制度和隐性制度的融合。在对制度的认识上，哈耶克（Hayek）的观点倒是兼顾了以上两方面的情况，他在很多场合以"理性不及的无知状态"描述过人们受有限理性约束从而形成自发的制度问题，他将制度安排理解为"由有限理性或具有反思能力的个体所构成的社会长期经验的产物"的分析观点，实际上是在有限理性的认知框架内将制度看成是博弈均衡，参见哈耶克：《自由秩序原理》，三联书店1997年版；《法律、立法与自由》，中国大百科全书出版社2000年版；《哈耶克论文集》，首都经济贸易大学出版社2001年版。这种将制度理解为博弈均衡的思想，在一定程度上融合了"制度是博弈规则与制度是博弈结果"的认识分歧。

排的分析。

理论研究对某一概念或范畴之界定的困难，通常发生在概念或范畴处于"有和无"之间的状态，而对这种状态的描述或论证却往往会受到原有的相近概念或范畴的干扰，隐性制度安排就是如此。笔者认为，从概念的覆盖面来考察，隐性制度安排的范围超出了非正式制度安排，或者说非正式制度是涵盖于隐性制度之中的；从制度形成的时间序列来分析，非正式制度安排是长期历史积淀的产物，它通常是某一民族或某一地区的政治、经济和文化的历史积淀，而隐性制度安排在包括非正式制度安排的同时，还包括特定时空上的有可能成为历史积淀但也有可能消失的政治、经济和文化的行为综合。这两个概念在覆盖面和时间序列上的不同决定了它们在性质上的部分差异。

隐性制度与非正式制度的共同点，在于两者均不受政府政策和法律规章的保护，而维系它们的基础是社会的伦理、道德、惯例和习俗等。我们之所以认为隐性制度的范围超出非正式制度，是因为非正式制度的初始状态是以隐性制度的形式存在的，这些隐性制度有可能沉淀下来而成为贯穿于影响人们行为始终的非正式制度，但也有可能得不到沉淀而只是在一段时间内对人们的行为发生影响。另一方面，非正式制度通常具有地域影响的广泛性，局部区域的隐性制度会受到地域限制而难以成为影响整个国家的非正式制度，也就是说，非正式制度一定是隐性制度的产物，而隐性制度并不一定会成为非正式制度。这种情形在经济领域十分显著。

跨国公司在中国选择投资区域时，一般要对投资区域的人文环境、地理位置、资源禀赋等进行研究。从现象上来看，外资商业选择甲地区而不选择乙地区，是出于商业战略目标的考虑，但实际上，它是在相当大的程度和范围内受到了异国制度安排的约束。就跨国公司受非正式制度安排和隐性制度安排的约束而论，由于中国的体制转轨在各种制度安排之间出现了有可能让投资者利用制度摩擦所产生的罅隙，跨国公司会对中国流通产业的市场信息和环境等复杂性进行深入研究，其特有的敏感和认知会促使他们利用这些罅隙来减弱中国显性制度安排的约束，或是理性地对待制度约束以至于在其中寻找"活动空间"，或是利用群体力量诱导中国的中央政府和地方政府调整投资环境的制度安排，也就是说，跨国公司具有建构有利于自身发展的制度安排的能力。跨国公司这种减弱异国制度安排约束的主体对象性，是跨国公司群体而不是某一跨国公司个体。本章第三节函数式①、②、③的有关分析，则表明了这种主体的对象性。

从理论上来讲，隐性制度是以潜规则的形式对行为主体发生影响的，尽管这些潜规则得不到法律等的支持或保护,但其执行手段往往具有一定的效率[1]。我们分析跨国公司行为受隐性制度约束应关注以下两种情形:(1) 社会的伦理、道德、习俗、惯例等以非正式制度的方式对跨国公司行为的约束,这种约束的执行手段通常是以自我承诺、信息的社会性控制、行为者自我约束等隐性制度形式实现的;(2) 由商业实践的经验陈规所积淀的不受法律规章保护却具有一定效率的私人规则,这种规则的执行手段通常由诚信、默契、社会资本网络等维系,特殊情形下由私人组织执行。这两种隐性制度安排之间的关系,后一种情形是前一种情形的派生形式。我们应该关注跨国公司形构隐性制度过程中的后一种情形。

商人的基本活动是交换,而交换之市场制度的形式是契约。当契约的谈判、制定、修改发生纠纷而由法庭仲裁时,此类契约便属于正式制度安排范围;反之,则可以理解为是隐性制度安排[2]。依据法庭是否受理而将契约的属性划分为正式、非正式或隐性制度,对跨国公司行为之于制度安排约束的研究有着典型的意义。另一方面,以跨国公司在中国流通领域中的契约谈判、制定和执行的行为努力而言,节约交易费用可以理解为是他们投资经营活动的一种内在冲动,但如果契约不是建立于制度安排基础之上,便具有不确定条件下风险决策的性质[3]。或许正因为如此,跨国公司在华流通领域投资时十分重视如何减弱中国特定体制下的制度安排的约束,而在做出这种行为努力时,也就产生了其在中国投资经营时的不同于其母公司的制度安排。

较之于中国的流通产业,跨国公司在华流通领域的投资经营有着很多差异。以两者形构隐性制度而言,这种差异在一定程度上与行为主体的心智模

---

[1] 潜规则对人的行为的影响会远远超出制度安排的范围。"潜者隐也"的性质规定,通常会致使研究者对隐性事物的深入思考。在这方面,奥地利精神分析大师弗洛伊德曾通过将显(明)意识界定为符合社会伦理和道德规范,将隐(潜)意识界定为受社会伦理和道德规范抑制的分析,描绘了潜规则如何影响行为的意识形态及其表现。参阅弗洛伊德:《精神分析引论》,第82~92页,商务印书馆1986年版;或散见弗洛伊德:《梦的解析》,中国民间文艺出版社1986年版。这里有必要讨论的是,一旦出现了同潜规则相对应的执行手段,它就会以隐性制度安排的形式发挥效率。

[2] 这样的理解有着将隐性制度安排混同于非正式制度安排之嫌,但如果我们把前者看成是对后者的涵盖,这种混同至少在概念或范畴上能够得到解释。其实,现有的经济学文献中的非正式制度安排主要是针对社会的习俗、伦理、惯例、文化等而言的,严格来讲,它并不包括经济领域中的不受政府政策和法律规章等制约的制度性行为。齐默尔曼(Zimmermann,2004)曾在诺思有关制度安排的认知基础上将制度解说为内在制度和外在制度,或许是对隐性制度安排的一种理论敏感。当然,笔者的这种理解是否合理,尚有待于研究。

[3] 交易费用可划分为以获得、传送和处理信息为内容的协调费用,以及保障交易各方动机兼容的费用。参见 Milgrom, P. R., Roberts, J.: Economics, Organization and Management. Englewood Cliffs, NJ.: Prentice Hall 1992. 由于这两种费用贯穿于契约制定和执行的始终,跨国公司在华流通领域投资的成功必须降低这些交易费用,而寻觅降低交易费用的有效途径,则需要减弱中国的显性和隐性制度安排的约束。这是现实推论而不是逻辑推理。

式有关①。中国的体制转轨是在市场经济没有获得长足发展的基础上展开的，这种状况容易使跨国公司在华投资经营时产生不同于市场机制完善条件下的商人所具有的心智模式。具体地说，跨国公司在与中国商人订立合伙经营契约时，由于中国商人存在着以血缘、业缘或其他社会资本网络为纽带的建立在诚信、默契等基础之上的非正式或隐性制度的约束，而跨国公司与中国商人在这些约束下所订立的契约，会在一定程度和范围内偏离法律规章，这是跨国公司在华投资经营会约束于非正式或隐性制度安排的明显例证。跨国公司在华投资经营的实践会导致其心智模式的变化，并且随着心智模式的变化，其商业意识形态也会随之发生变化。

值得进一步在理论上探讨的问题有以下两点：（1）跨国公司受中国非正式或隐性制度约束而产生的心智模式，会促使他们重视中国历史和文化因素决定的习俗、伦理和惯例等非正式或隐性制度安排，而当跨国公司在与中国商人合伙经营时出现不遵从正式（显性）制度的商业行为时，便有可能演绎出隐性制度安排；（2）跨国公司在华投资经营中的心智模式及其行为方式的变化，会改变他们在母国依据成熟的市场治理模式所制定的制度安排。总之，利用心智模式来解释跨国公司行为之于非正式或隐性制度安排约束的抽象性，可以通过跨国公司对中国不成熟的市场治理模式的应对行为而得到一定程度的说明②。

7.5　几点理论感悟

跨国公司在华流通领域的投资经营问题，是一个直观性很强但却蕴涵着许多深邃内容的问题。其问题之一，是这些投资经营有可能会产生自然垄

---

①　西方经济学家曾将心智模式解释为"由个人认知体系的创造性来说明环境的内部表象"，并由此通过对心智模式之共享框架的说明来解说环境如何被构造，参见 Denzau, A., D. North (1994), *Shared Mental Models: Ideologies and Institutions*, Kyklos, 47, pp. 3~31. 显然，对环境的深入研究会涉及到制度安排，而对制度安排和环境的综合研究，会折射出影响人们行为的心智模式。

②　市场治理模式的定位在相当大的程度上是以契约形式为标志的。契约分为显性制度安排和非正式或隐性制度安排的规定性，对厂商交易费用的支付有着影响。社会经济发展的结果之一，是市场交易由独立厂商之间为主的契约形式部分转变为厂商内部的契约形式或内外部交易兼而有之的契约形式，市场治理模式的这些变化，会给以非正式或隐性制度为底蕴的契约形式提供广阔的空间。虽然，跨国公司在华投资经营要面临非正式或隐性制度的约束，但由于这些约束会节约交易费用，因而，跨国公司会在自己的制度安排中自觉或不自觉地建构非正式或隐性制度安排，以适应其在华投资经营中所形成的心智模式。不过，随着中国市场治理中的正式制度约束的加强，这些非正式或隐性制度还能不能给跨国公司带来福音，倒是一个需要认真审视的理论问题。

断；其问题之二，则是跨国公司如何受制于中国特定的制度约束。

针对外资商业在华投资逐步扩大的趋势，国内学者曾从零售市场、批发商业、餐饮服务业处于竞争劣势等角度，对这一趋势有可能形成的局部垄断展开过研究，并对外资商业大举进入的负面影响进行过实证分析。其实，这些分析所强调的核心问题，正是对跨国公司麾下的外资商业有可能在中国流通产业形成自然垄断的担忧。这种担忧的背后包含着主张对流通产业实施规制的理论观点。但问题在于，随着中国全面加入WTO，政府对外资商业实施全面或严厉的进入规制、价格规制等都是行不通的，并且流通产业的竞争性特点也不支持和不允许这样做。因此，我们不能采取直接规制政策而只能采取间接规制的政策。

关于间接规制，一种防止跨国公司在中国流通产业形成自然垄断的方法，可考虑通过鼓励或限制政策，不让一国的外资商业或同一跨国公司麾下的外资商业控制某一地区的流通产业。即便将来外资商业在中国某一地区的流通产业中占有明显的优势，这种局面也是在众多外资商业激烈竞争中形成的。从激烈竞争的动态过程来考虑问题，一方面，外资商业之间的竞争会有利于国内流通产业的生存和发展；另一方面，这种竞争会在很大程度和范围内延缓乃至于杜绝跨国公司在中国流通产业中自然垄断的形成。当然，这种"以夷制夷"的政策涉及到政策体系架构和具体实施的方方面面，需要我们深入研究。

制约外资商业在中国流通产业形成自然垄断的另一条不可忽视的路径，是从制度安排上重视对投资环境的重塑，以对应于流通产业的间接规制。事实上，由正式制度安排所决定的政策环境和市场环境，对流通产业中自然垄断的形成有着极强的约束作用。针对中国某地区外资商业投资规模膨胀，我们可以避开WTO的相关规定，通过土地使用政策、税收政策、基础设施配套政策等"谢绝"外资进入，或在市场环境的重塑方面交替运用不违背WTO的宏观调控手段以防止自然垄断的出现。同时，我们也要善于利用非正式或隐性制度所决定的地理环境、人文因素、资源禀赋等，以干扰外资商业有可能在某地区流通产业中形成的自然垄断。但这需要成熟的理论做指导。同时，作为对流通产业实行间接规制的一种思路的补充，我们应将产业经济学相对成熟的经济性规制和社会性规制的理论结合起来，以应用于防止外资商业在中国流通产业形成自然垄断的间接规制中。经济性规制和社会性规制的对象性十分适合于对投资环境的重塑，而投资环境的重塑在很大范围内有着不违背WTO的活动空间。

任何经济行为的发生、变化及其结局都同制度因素相关的事实，曾致使人们对制度安排的关注以至于出现具有普适性解释力的制度分析理论。将结构、行为和绩效一并纳入正式和非正式制度分析框架的新制度理论，能够在制度层面上把现实中的所有经济问题以直接或迂回的方式加以说明。但现有的关于制度的分析和研究，并没有终结我们对制度安排的形式、约束力或作用力的更深刻的理解。联系特定经济主体的行为方式来挖掘特定的制度安排形式，有助于我们在更宽广的界面上对发生在周围的事件展开深入的探讨。

  本章在一般理论分析层次上对涉及跨国公司行为方式的最主要的制度安排形式进行了梗概的研究，尽管这种研究属于抽象概括层面，尚不足以详细描述跨国公司行为所依据的各种制度安排细节，但这一研究给跨国公司行为的分析提供了以制度为框架的索引。分析非正式或隐性制度对跨国公司在华流通领域投资经营的约束，可以帮助我们认识跨国公司与中国商人的行为差别，尽管这一研究距一般性理论概括还存在着一定距离。如果我们能够将制度影响跨国公司在华投资经营的研究更加理论化和详细化，我们便有可能以实证资料来加固这些细化的理论观点。本章关于跨国公司在华流通领域投资与中国流通产业有可能出现自然垄断的分析，是从跨国公司投资经营的结果来考察的。显然，对这种结果还可以从另一角度进行考察。下面，我们从流通产业组织结构的变化来考察自然垄断产生的可能性。

第8章 产业组织结构、自然垄断与局部垄断

流通产业的组织结构应该成为产业组织理论关注的问题之一。在前几章的分析中，我们实际上已从不同侧面或角度对流通产业的组织结构问题展开过一定范围的考察。梳理前文的考察：1. 根据产业组织理论，从流通产业的市场关系对其进行了契约分析；2. 从流通产业公司治理结构，对其内部的资源配置展开过以制度安排为核心的分析；3. 在"结构、行为、绩效"框架下，对其做出了涉及局部垄断、自然垄断、投资运行和制度约束等的概要分析。流通产业的组织结构涉及的层面很复杂。不过，单纯从其组织结构的动态变化过程来研究，一个值得关注的问题，是流通产业的组织结构在优化的过程中，是否与垄断存在着必然的关联，这种关联对自然垄断会发生什么样的影响，对局部垄断的形成有什么样的推进作用，等等。显然，思考这些问题是对上一章研究的继续。如果我们能揭示出流通产业组织结构优化与自然垄断之间有着某些经过曲折解释而存在的关联，如果我们通过这种关联的论证，能够部分解释出流通产业出现垄断的根源，则我们便有可能对中国流通产业出现局部垄断现象展开理论层次的说明。

8.1 产业组织结构优化的特定内涵

流通产业的组织结构是企业决策和执行机构应对市场且关联于其内部性和外部性的一种制度安排。这种制度安排的特点主要体现在两个方面：1. 具有较强的不确定性，它的运行框架会随市场结构的变化而处于经常性的动态调整之中；2. 产业组织的结构功能由产业内部大中小企业的相互关系及其资源配置格局决定，在不出现产业垄断的情况下，几个大企业难以控制产业的组织结构。显然，详细解释这种制度安排，或多或少会与前几章的

内容存在某些分析画面上的重复①。当我们将流通产业组织结构优化的特定内涵界定为由以上制度安排规定时，并联系这些规定来分析中国流通产业的局部垄断时，我们仍然不能避开对自然垄断问题的解说。

产业组织结构优化与自然垄断的联系，是以某类产品的生产有可能形成资金或技术壁垒、进而出现规模经济的产业部门为中介的。经济学家针对这种联系所关注的，是贯穿这一中介过程的行为和绩效，而很少关注这一中介传递过程本身。于是，产业组织结构的变化对自然垄断有可能产生的影响或作用，很容易被理论研究所忽视。其实，从现实的层面来考察产业组织结构优化与自然垄断的联系，产品的特性以及规模经济效应会引致产业组织结构的优化，而这种优化会在一定程度上形成该产业的自然垄断。这是产业组织结构优化过程中出现的一个不易被察觉到的延伸性的市场问题。

产业自然垄断是经济学从规模技术报酬变化对特征性产业进行成本属性界定、进而对价格、进入以及市场结构发生影响而展开研究的一个分析性概念。这种特征性产业通常被认为具有成本递减的规模经济效应，能够在面对特定市场需求时比两个或两个以上企业低成本地提供一定数量的产品，其决策和执行机构具有应对市场变化的优化的组织结构②。但如果只将自然垄断的分析范围限定于第一、二次产业而不考虑流通产业，则我们便难以从流通产业组织结构优化的分析中发现其与自然垄断的关联。跨国公司在华流通产业中的投资会形成自然垄断较之于流通产业组织结构优化会形成自然垄断，应该说具有不同的机理及特征，而对这些不同机理及特征之共性的理解，是把握产业组织结构优化之特定内涵的匙孔。

其实，流通产业与其他产业部门一样，组织结构及其功能也是由其内部大中小企业的相互关系及其资源配置格局决定，同样统一于它的内部性和外

---

① 精明的作者通常将写作内容的某种程度的重复看成是败笔。但在笔者看来，一部贯穿于某一特定核心思想的理论性专著有时不得不使出这种"败笔"。组织结构的动态变化与市场结构之间关联的规定性，要求我们在分析组织结构时要不断联系竞争和垄断。中国流通产业运行中的局部垄断问题，是本书所要解析的核心问题，而结合局部垄断来分析流通产业的组织结构，则势必要在一定范围内重复先前所涉及的内容。

② 这里关于产业自然垄断的解释，要比上一章主要以产品的成本劣加性（Cost Subadditivity）所做出的理解更宽泛一些，这种宽泛性使我们的研究能够毗连产业组织结构，而不是仅仅局限于电力、通讯、自来水、交通等公共产业部门在规模经济上所显现的非产业组织结构的现象形态，关于这种宽泛性的解释能够在多大程度上毗连产业组织结构问题，可参阅鲍莫尔等经济学家的文献。W. J. Baumol, J. C. Panzar, and R. D. Willig, *Contestable Markets and the Theory of Industry Structure*, San Diego: Harcourt, Brace Javanovich, 1982, Chapter 3, 4, and 7. William W. Sharkey, 1982, *The Theory of Natural Monopoly*, Oxford: Basil Blackwell. 或许有学人认为以上经济学家在论述规制问题时也涉及了产业组织结构，但在笔者所接触的文献中尚未发现有对产业组织优化过程的自然垄断进行专门研究的文献。

部性。评价流通产业组织结构是否处于优化状态，一方面，要看其内部性的制度安排是否在充分兼顾了市场和企业制度，若流通产业实现了这种兼顾且运行状况良好，那么，可认为流通产业的组织结构达到了优化，反之则反是。另一方面，如果其外部性不引发交易过程中的第三方的成本支付，则可认为流通产业的组织结构优化，反之亦然。当然，这种纯粹的理论描述或许不能直接有助于我们理解流通产业组织结构优化与自然垄断的关联，但这种内部性和外部性涉及到流通产业组织结构优化与否的这一事实，会加深和拓宽我们对流通产业组织结构与自然垄断之关联的理解，从而为我们分析流通产业组织结构优化提供一种新的分析框架。也就是说，我们可以通过这一分析框架，在产业组织结构优化与自然垄断之间得出一些符合实际的逻辑推论。

注重对产业组织的绩效或政府产业政策目标的分析，会在侧重政策的选择和实施的同时，注重于企业制度运行的内部性。自然垄断的形成是企业内部性和外部性共同作用的结果。本书上一章曾指出，理解自然垄断的一种新的分析路径，是对其"自然性"做出符合经济分析意义上的解说[1]。显然，这一观点是基于外部性对自然垄断形成之作用的考虑。联系产业组织优化的特定内涵，可否将流通产业有可能出现的自然垄断看成是产业组织优化的一种结果呢？可否将流通产业组织结构优化与自然垄断的关联看成是这种特定内涵的重要内容呢？回答这些问题，要求我们对流通产业组织结构优化与自然垄断之间的关联做出考察。

8.2 产业组织结构优化与自然垄断的市场关联

依据美国经济学家席勒的"结构、行为、绩效"的分析模型（SCP），流通产业的组织结构的优化与否，可以通过厂商的行为和绩效来展开验证。这里所说的行为，主要是指流通产业中的商家投资规模和方向、经营管理方式、市场竞争手段等；这里所说的绩效，则包括微观和宏观两个层次的内

---

[1] 产业经济学将"成本劣加性"作为自然垄断的特征，是基于规模经济背景下市场机制之于产品成本规定性的考虑，这种规定性通常反映的是市场和规模经济的自然属性，而非人为因素所导致的社会属性。因此，拓宽产业经济学关于自然垄断之特征解释的分析边界，可以认为，凡是市场交易中非人为因素所引致的一切具有垄断特征的现象，均可以理解为自然垄断。这一理解给我们认识流通产业存在自然垄断提供了方便。因为，当流通产业形成垄断，尤其是跨国公司在他国流通产业的投资形成局部垄断时，我们认知自然垄断现象的范围就会拓宽。

容，微观绩效是指商家的成本和收益的比较，宏观绩效通常是指与产业结构平衡、经济增长速度、总供给和总需求动态、物价指数等相联系的政府宏观经济目标的实现状况。诚然，注重从微观或宏观两层次来研究流通产业的行为和绩效，的确能在一定程度上说明流通产业的组织结构是否优化；但由于这样的行为分析所主要涉及的，是流通企业的内部性问题，至于外部性问题，只是在宏观层面上的绩效分析中才会涉及。因此，如果我们完全局限于这样的研究框架，并不能将由外部性引起的自然垄断与流通产业组织结构的优化问题联系起来①。

　　从市场机制对产业运行的内部性和外部性的自然规定来看，自然垄断应解释为规模经济下的资金和技术壁垒、资产专用性、成本约束等的产品生产和经营。这一解释是在强调生产经营的市场自然性的基础上来解说形成垄断的集中度和进入门槛等问题的。探讨流通产业是否有可能出现自然垄断，也应该从以上几个方面来认知。概括而论，当经营特定产品和服务对象的流通产业的某些商家（如连锁超市、百货业、仓储业等）的经营规模扩大，以至于形成局部垄断时，进入这些产品和服务行业的资金壁垒和技术壁垒就会提高；资产专用性也或多或少会在流通产业的诸如建筑、设备等物质形态上反映出来；单个商家就有可能比两个或两个以上商家低成本地提供一定数量的产品或服务；所有这些就会形成有利于商家生产经营从而形成局部垄断的外部性。因此，即便我们完全依据现代经济学有关产业自然垄断的定义来理解，流通产业也照样存在着自然垄断的物质基础。

　　但是，流通产业存在着自然垄断的物质基础，并非意味自然垄断就必然会出现。笔者在此提出一个可供学术界讨论的观点：流通产业组织结构的优化有可能驱动流通产业中的自然垄断趋势②。很明显，这个问题的论证，需要对流通产业组织结构的优化有可能引致自然垄断的市场关联进行解说。联系流通产业的运行来进一步考察自然垄断，如果我们将流通领域的产品或服务有可能形成资金和技术壁垒、进而出现规模经济的这种现象，看成是流通

---

　　① 认为自然垄断由外部性引发，可能是一个会引起争议的一家之说。这个观点的立论依据在于强调外部性之自然性质的非人为所致。以垄断而言，人为垄断或是由制度所导致的行政性垄断，或是由大厂商之间的勾结、串谋、协议等所导致的托拉斯、卡特尔式的垄断。显然，当我们将外部性严格限定于非人为因素，并注重于它会引致交易双方之外的第三方支付成本的规定时，这个观点或许是成立的。产业经济学有关规模经济引起单个厂商比两个或两个以上厂商能低成本地提供某种产品的自然垄断定义，也是强调市场机制之于价格的自然性。

　　② 这个新颖观点也许难以得到现实的实证，尤其是难以得到发展中国家的流通产业之实践的支持。作为一种学术探讨，应当肯定，暂时难以得到现实的实证并非意味着它不可能出现。依据自然垄断产生的物质基础，我们可以通过对反映流通厂商的那些具有自然特征的内部性和外部性的分析，说明这种物质基础在流通产业的组织结构优化的情况下转变成现实的可能性。

产业组织结构达到优化的一种结果，那么，我们便不会从"规模经济和产品多样化或完全从生产技术特征"来理解自然垄断，对自然垄断的理解就不会完全囿于"产品和技术决定的并由成本集中反映的企业内部性"。也就是说，理解流通产业有可能存在的自然垄断现象，可以考虑由企业内部性延伸到不直接反映交易过程但却会引发第三方支付成本的外部性。

撇开产业组织结构及其功能在市场经济中的具体运作过程，新制度经济理论对于我们认识产业组织如何被优化，无疑提供了某些帮助。按照新制度经济学的观点，企业与市场、价格之间的关联表现为以边际交易成本等价和契约均衡的一种制度安排[①]。这一观点的分析对象性在很大程度和范围内适用于流通产业。较之于其他产业，流通产业内部大中小企业与市场、价格之间的关联要更加直接，其无论是与厂商还是与消费者之间的契约关系，都是在价格形成的同时表现为边际交易成本等价的实现。流通领域中交易成本等价的实现，是商家之间激烈竞争的结果，这种竞争是通过价格、融资渠道、管理模式、经营理念和手段、服务质量、广告宣传等来实现的。在竞争的过程中，实力雄厚的大商家往往会击败竞争对手，有可能占领局部市场从而形成局部垄断。

以中国流通产业的行业实际而论，大商家无论是经营百货业、连锁超市还是经营仓储业等，这种局部垄断的结果都会在商业经营上产生可以观察到的规模经济，而规模经济在价格上的优势，则是大商家可以低成本地提供商品和服务。若从市场竞争会优化流通产业之组织结构的观点看问题，所有这些都可以在宏观层面上解释为是流通产业组织结构优化的结果。因此，套用产业经济学有关自然垄断的定义，我们有理由在理论上认为，流通产业组织结构的优化与自然垄断之间存在着市场关联。

结合中国全面加入WTO的实际来分析流通产业的组织结构，在政府放松对流通产业规制的情况下，"市场永远是正确"的经济意识形态，使得人们倾向于认为流通产业组织结构的优化是在市场机制的作用下形成的。具体地说，竞争导致流通产业中的大中小企业的优胜劣汰，产业内部不同行业的数量及其比例，跨国公司在华流通产业中的投资有可能形成的局部垄断，经营模式所规定的流通产业的运行格局等，均可以解释为是市场制度安排决定

[①] 参见罗纳德·科斯：《论生产的制度结构》，上海三联书店，1994年中译本，第358～362页，第352～353页。该观点通过交易成本这一特定的价格形态在将企业和市场合而为一来看待的同时，也使人们在一定程度上将市场竞争和垄断的分析融入了企业运行的内部性，并使人们对产业组织结构的分析和研究开始关注企业和市场的关联，即开始关注产业组织运行的内部性和外部性的关联。

流通产业组织结构的过程。关于在什么样的背景下出现流通产业组织结构的优化问题，涉及到流通产业要不要实行政府规制的问题。流通产业的低经济性进入壁垒的天然属性，以及WTO商业贸易原则的具体规定，在政策导向上支持着政府对流通产业进入和价格管制的全面放松。政府加强或放松管制取决于经济事件或市场失灵对政策目标和行为的感应。以中国的情况而言，政府对流通产业或多或少存在着一定程度的干预，这种情况表明中国流通产业组织结构的形成和变化并不完全由市场决定。因此，对中国流通产业组织结构优化与自然垄断之市场关联的讨论，涉及到政府干预对流通产业组织结构的影响等问题。

一般来讲，政府加强经济规制，产业组织结构受制于市场机制的程度就低、范围就小；政府放松经济规制，产业组织结构受制于市场机制的程度就高、范围就大。其实，经济学家是从经济运行结果来评判产业组织结构优化的。以流通产业的组织结构而言，其能否达到优化状态，关键在于能否实现物畅其流，能否最小化交易各方的交易成本；至于流通领域会不会或有没有可能出现自然垄断，则并不对这种评判施加严格的规定性。如果我们缩小流通产业组织结构优化与自然垄断之市场关联的分析范围，将分析范围限定于流通产业不发达或经济体制转轨国家，那么，问题的分析又回到本书前文所论述的跨国公司的投资是否会引致自然垄断现象的问题。

中国自加入WTO以来，跨国公司的进入在导致投资规模逐渐膨胀的同时，也在很大程度和范围内改变着中国流通产业的组织结构。这种情况可从以下几个方面来认识：跨国公司与国有控股公司共同形构中国流通产业中的局部垄断，这种局部垄断由自然垄断和行政性垄断两大部分构成；就局部垄断的两大主体而言，跨国公司主要是自然垄断的形构者，国有控股公司主要是行政性垄断的形构者；理论分析的预测是，随着中国体制转轨的完成和各项制度安排的完善，局部垄断中的自然垄断的比例会增加，行政性垄断的比例会逐步减少，但这个过程艰巨而漫长；同时，行政性垄断减少的过程就是中国流通厂商形构自然垄断能力的加强过程，而这一过程是同流通产业的组织结构优化联系在一起的。

我们不能否定跨国公司在华投资会在某一时期内优化中国流通产业的组织结构，但这种认识必须考虑到流通产业组织结构优化与自然垄断的关联。事实上，大量文献有关跨国公司在华投资有积极作用的分析和研究，就已经包含着对跨国公司具有优化中国流通产业组织结构之作用的肯定，但对流通产业组织结构优化中的自然垄断趋势的分析，还必须研究这种趋势的作用过程，而对这种作用过程的分析，则需要对流通产业运行过程中的外部性问题展开解说。

8.3 产业组织结构优化的外部性与局部垄断

在以上的分析中，我们是在理论上将流通产业组织结构优化的内部性扩张至市场层面来理解的，这种理解暗含着把流通产业的组织结构当成是大中小企业之集合的分析性假定，它是基于从宏观层次来分析流通产业组织结构及其优化的考虑。当我们分析流通产业组织结构优化与其外部性的关联时，并以此来考察中国流通产业的局部垄断的外部性时，我们仍然可以运用这样的分析假定。

中国流通产业的局部垄断并不是以其独立的形式表现出来的，它往往是同制造业、政府行政管理系统等交织在一起，是夹杂或蕴涵于行政型垄断之中的。中国的行政型垄断，实际上是体制转轨力图要逐步消除但却始终难以消除的一种行政垄断权利再分配的产物，行政型垄断的特点是不依赖于产业规模的集中度。笔者以为，这种现象是中国局部垄断之外部性的复杂反映，描述这种外部性，既要注重于对垄断主体的行为分析，也要关注于对市场结构和产业组织结构之形成的自然过程的研究[①]。

的确，从中国流通产业的运行实际来观察，我们很难直接发现产业组织结构变化与自然垄断的外部性关联。这是因为，中国流通产业局部垄断的耀眼形式是行政型垄断，而作为局部垄断重要组成部分的自然垄断，同样可以在很大程度和范围内通过解说行政型垄断而得到部分说明。自然垄断的特征集中反映在成本以及与此相对应的规模经济方面，它通常是针对第一、二次产业而言的。因此，我们分析流通产业组织结构优化的自然垄断趋势的外部性关联，必须采取迂回的路径，通过分析流通产业与第一、二次产业之间的交易过程来说明。这可以理解为是流通产业运行之于自然垄断趋势的间接外部性，这种外部性所导致的成本规定是我们理解问题的基点。

大量的经济学文献是从结果而不是从过程来评判流通产业组织结构优化

[①] 国内一些学者认为中国产业规模的集中度较低，不具有引发产业组织理论所界定的形成垄断的物质基础，而中国的行政型垄断之所以广泛存在，则源自体制摩擦以及由此决定的制度安排不合理等一系列弊端，对这些弊端的行为展开分析，便可以洞见中国行政型垄断的表现形式及其产生的根源。参见宋则：《商品市场反垄断研究》，载《中国商业理论前言Ⅱ》，社会科学文献出版社2001年版。宋先生关于中国行政型垄断的分析观点，在一定程度上比较吻合于中国的实际，但他的观点实际上是不承认中国现阶段的市场竞争和垄断、市场结构和产业组织结构的变化等市场经济的内生性因素的自然过程。就此而论，这个观点值得商榷。

的。这种评判的背景既可以产生于市场机制对流通产业运行的纯粹调节过程，也可以出现于宏观政策和市场机制对流通产业运行的混合调控过程。从结果来评判流通产业组织结构的优化，往往注重于对绩效的分析，并不一定要考虑流通产业运行之于自然垄断的间接外部性。但从过程来评判流通产业组织结构是否优化时，我们就必须对这种外部性做出解析。本书第7章曾指出工业化文明所引起的空气、水污染以及自然资源枯竭等外部性与流通产业的运行存在着关联，这种关联是流通产业与一、二次产业之间的交易引起的，这种交易关系对产品的技术、规格、款式以至于对规模经济的成本等的要求，是流通产业为满足市场需求而对一、二次产业发出的市场信号。联系产业组织结构优化来看，流通产业所经营的产品和服务适应于市场，是其组织结构优化得以实现的前提，尤其是在流通产业出现规模经济的格局时，它对一、二次产业的生产经营就会产生强烈的诱导。显然，这里的分析仍然遵从流通产业的组织结构变化是由其大中小企业之集合的分析假设为前提的。

  在现实中，如果政府不对以上的外部性问题予以重视，不采取相应的规制措施，易言之，如果流通产业组织结构的优化是在以上外部性极其严重的情况下产生，那么，这种状况就有可能推进流通产业中的自然垄断，从而加固流通产业中的局部垄断。较之于行政型垄断，由于产业组织结构优化导致局部垄断的情形是必须分析其外部性方可揭示，并且这种揭示有时是通过对自然垄断的分析路径来完成的，因此，流通产业组织结构优化的外部性导致局部垄断的事实，不易被人们所察觉。另外，国有控股公司和外资商业在中国流通产业的投资经营，同制造业和政府行政部门存在着较多的联系，尤其国有控股公司在产品和服务的经营中，这种联系更加密切和错综复杂，其所显现的外部性并不直接反映在国有控股公司对产业组织结构有可能产生优化的作用方面，而是更多地由行政型垄断来解释。至于外资商业对产业组织结构有可能产生的优化作用，则往往被理解为解决资金短缺、引进先进管理、扩大市场竞争面等。于是，这两大主体在流通产业中的局部垄断所客观存在的外部性问题，很容易在经济学者的视线中掠过。

  模拟一个流通产业组织结构优化的外部性的例子，或许对问题的说明有所帮助。假设政府对流通产业的某项宏观调控政策正确，能够在一定程度上有助于宏观经济目标的实现，那么，当国有控股的流通厂商在执行这项政策的过程中进一步加固了局部垄断，则这个过程之于产业组织结构优化所产生的外部性问题，便可以从以下几个方面来认识：1. 对政府宏观经济目标的实现会产生正外部性；2. 若流通产业的局部垄断由此加强，则从竞争角度来看，会对流通产业的中小厂商产生负外部性，即让这些中小厂商（第三方) 支付因政策导向而引起的交易成本; 3. 从宏观绩效来评判, 流通产业结构得到了部分优化, 但从公平竞争来评判, 局部垄断加强会对市场结构产生负外部性。这个模拟例子的拓宽分析, 可以在宏观层次上结合制造业来进一步展开外部性探讨。

如第7章所述, 当流通产业青睐对环境有污染的产品时, 它会诱导第一、二次产业生产具有负外部性的产品。讨论这个问题的有趣性在于, 流通产业之所以青睐对环境有污染的产品, 乃是因为经营这类产品有效益, 而效益的存在意味着流通产业的组织结构得到了由绩效支撑的优化, 但由于流通产业不直接造成对空气、水及其他自然资源的危害, 因而, 由这种经营绩效反映的产业组织结构优化的外部性便被隐匿起来。无怪乎, 经济学家或政府决策机构通常只是从流通产业的内部性来解说其成本问题。针对这种外部性, 当政府责成企业治理这些外部性时, 这种外部性成本的直接承担者通常是第一、二次产业, 这是问题的一方面。另一方面, 由于流通产业组织结构优化的行为和绩效是以低成本地提供产品和服务、从而产生规模经济为条件的, 很明显, 这些条件不仅是导致流通产业局部垄断的条件, 也是产生自然垄断的条件, 只不过这些条件在流通产业运行中是以隐匿的形式存在罢了。因此, 依据外部性是指"交易过程中没有充分考虑而由第三方支付成本"的宽泛含义, 流通产业存在着迂回的外部性, 这种外部性与其产业组织结构优化之间存在着可以通过理论论证的关联。

值得指出的是, 政府针对空气、环境污染以及自然资源枯竭等进行的规制, 通常被经济学家认定为是制造业的产业组织不合理而引起的外部性, 对这种外部性的规制属于政府的社会性规制; 规制的这种属性界定, 不仅使流通产业规避了其引致间接外部性的责任, 也使学人忽视了流通产业的外部性与其产业组织结构优化之间的关联。于是, 经济理论有关流通产业的分析和研究主要集中于结构、行为、绩效等方面。笔者以为, 淡化流通产业引致的间接外部性问题, 便会忽视流通产业在运行过程中有可能出现的自然垄断, 就难以对流通产业中的局部垄断有充分的认识。

谈及自然垄断问题, 虽然我们很难通过实证分析来揭示中国流通产业有可能出现的自然垄断现象, 也很难运用实际数据来说明中国流通产业的自然垄断在局部垄断中所占的比例, 但是, 从国有控股公司和外资商业能够比中小商家低成本地提供一定数量的产品和服务来看, 国有控股公司和外资商业逐步形成的规模经济特征会伴随着流通产业的组织结构优化, 中国流通产业的运行在局部垄断业已存在的情况下会出现自然垄断的可能性。这种景况可以在一定范围内通过中国现阶段流通产业的实际而得到部分说明。

中国进入WTO所受到的国际经济一体化约束，客观上使得政府对流通产业的管制逐步减弱以至于几乎失去了对国内外投资者的控制。目前，经济实力强的一些跨国公司纷纷进入中国的流通产业，国内一些大商家或采取连锁经营或采取合资经营等模式，流通产业在现象形态上有着一派繁荣的景象。针对这种情形而联系流通产业的组织结构是否优化来看问题，主张流通产业应由市场机制调节而无须政府管制的学者，实际上是倾向于认为市场机制会致使中国流通产业组织结构的优化；反之，则倾向于认为要对流通产业实施必要的政府规制[①]。由于流通产业中组织结构优化的制度安排通常是市场机制与宏观政策的结合，且自然垄断现象只是隐性地存在，于是，关于这些问题的研究没有取得太大的理论建树。

流通产业出现自然垄断的前提是必须产生规模经济。就跨国公司在中国投资规模的进展而论，如果跨国公司在中国流通产业中的投资规模不大，一般不会在该产业中形成规模经济以及与此相对应的垄断；如果跨国公司的投资规模扩大以至于形成一定的规模经济水平、进而出现局部的垄断时，中国的流通产业就有可能产生自然垄断。然则，自然垄断现象往往是与局部垄断、产业组织结构优化等交织在一起的，因此，流通产业组织结构的优化导致自然垄断之可能性的条件，是流通产业中存在着局部垄断。因此，如果中国流通产业中的国有控股公司和跨国公司的投资膨胀，以至于特定产品和服务的经营出现进入壁垒，国有控股公司和跨国公司产生定价权时，那么，这种状况就会对消费者产生以增加成本支出为特征的福利影响（负外部性）。据此，我们有理由认为，在现阶段中国流通产业的交易中，存在着交易过程中未充分考虑而由第三方支付成本的外部性，而这种外部性在一定程度和范围内与流通产业组织结构的优化有关。

8.4 关于产业组织结构优化问题的进一步讨论

一国经济运行和经济发展中的产业组织结构的变动，是由其市场结构中

[①] 关于这两种观点的理论和实证分析的文献很多，参见以《财贸经济》为代表的专业性杂志。虽然这些文献不曾明确论及流通产业的自然垄断和组织结构问题，但这些文献在自己立论基础上所提出的政策主张却包含着作者对流通产业的组织结构如何才能达到优化的见解。

第8章 产业组织结构、自然垄断与局部垄断

的竞争和垄断的基本格局决定的。经济学从资源配置的有效性出发,主流观点认为竞争有利于资源的有效配置,而垄断不利于资源的有效配置。这个观点在经济学世界中的"有效性"已令广大经济学者深信不疑。但从绩效的宽泛经济含义来理解,资源配置的"有效"并不仅仅体现在 GDP 的增长速度等方面,而是应该兼顾经济系统中的各种结构的平衡和协调;这不仅是因为各种结构的平衡和协调是经济增长的充分必要条件,更重要的是各种经济结构的平衡和协调与否,会对社会生活的方方面面产生影响[①]。讨论产业组织结构的优化,至少要碰到两个不可回避的问题:一是优化的产业组织结构是不是不允许垄断的存在,另一是如何分层面来考察制造业的产业组织结构和流通产业组织结构。

针对第一个问题,首先要讨论的是,对于客观存在的垄断,究竟是不是能通过政府规制将其限制在最小范围,经济实践使经济学家和政府官员认识到这是一项极其艰巨的工作,完成这项工作尚需要理论和实践的摸索。其次要讨论的是,如果允许垄断在一定程度和范围内存在,其理论和实际的依据是什么,而探索这种依据的可能途径,是不是可以考虑以特定国度的体制模式、市场发育状况、国民思想意识等非正式制度作为分析背景。再其次要讨论的是,建立或导引出优化的产业组织结构,在理论上要研究什么,在操作中要如何做,等等。本章对流通产业组织结构优化的分析,主要是在理论上部分地研究了流通产业中的自然垄断发生的可能性,并根据中国的实际,在理论上研究了流通产业组织结构优化的外部性与局部垄断之间的关联。从分析框架来看,通过分析流通产业有可能出现的自然垄断来对局部垄断展开论证,实际上是在一个重要侧面解释了中国流通产业的垄断的客观性,而不是回答"允许和不允许垄断存在"这个问题。关于这个问题,本书在以后的章节中,还会从中国体制转轨对流通产业运行的规定来讨论。

产业自然垄断是产品特性和市场机制共同作用的一种现象,这种垄断区别于行政型垄断或其他制度安排型垄断的特点,决定了政府即便对其采取严

[①] 系统的经济理论开端于市场经济秩序的研究,市场秩序最基本的理念是强调结构的协调或均衡,无论经济学家研究市场秩序的规范问题,还是探索与此相对应的行为选择问题,其实质都是试图通过协调或均衡的分析为建立一个和谐的经济环境提供理论依据。福利经济学曾从竞争均衡角度对帕累托最优展开过论证,这一论证的理论化和系统化催生了以资源配置为核心的福利经济分析,新制度经济学侧重于制度安排对经济运行及其秩序的研究,认为高效率的制度会使各种经济结构协调、从而营造出有序的经济和政治环境,另一大批影响社会制度和经济学世界的经济理论,则通过市场机制、要素使用、利益分配、宏观调控等的分析,从数量均衡、利益均衡、宏观调控等方面对经济运行的各种结构开展过研究。这些分析和研究充分表明各种经济结构的平衡和协调的重要性。

厉的经济性规制也难以实现政府预期的目标。在本章的分析中,产业自然垄断之于产业组织结构优化的作用,被笔者给予了一种中性的评价,这同其他涉及自然垄断的经济分析文献有所不同。所谓中性的评价,是认为自然垄断对于产业组织结构的优化,既有可能起推进作用也有可能起阻碍作用。结合中国流通产业的局部垄断来看,这种中性的评价是以体制转轨对产业组织结构的外部性规定为立论依据的。如果我们扩大分析范围,考虑成熟市场体制下的自然垄断对产业组织结构优化的影响,则这种定性的评价也许就不是中性的了。可见,单就这种评价,还有许多值得我们研究的内容。

依据产业经济学对自然垄断的理解,流通产业有可能出现的自然垄断现象,是可以依据实际而做出理论解说的。笔者在第7、8两章中的分析观点,实际上是不赞成仅仅将自然垄断现象局限于对第一、二次产业所做出的解释。当这种观点延伸于流通产业的局部垄断研究时,这一研究的网络构成开始复杂起来。流通产业组织结构的优化与局部垄断的外部性问题,则是这一网络构成的重要组成部分。沿着这样的思路进行追踪思考,对于流通产业的自然垄断,可不可以做出一些不同于第一、二次产业的解说呢?能不能够依据对自然垄断的新思考在更深层次和更宽广的范围对流通产业的局部垄断展开以产业组织结构优化为中心内容的讨论呢?对于体制转轨的国度来讲,能不能够在理论分析上对中国流通产业的自然垄断和局部垄断现象展开一般性解说呢?不言而喻,这些问题的讨论是建构流通产业一般理论时所必须认真对待的。

关于第二个问题,即如何分层面地考察制造业的产业组织结构和流通产业的组织结构。现有的关于产业组织结构的分析和研究,是将制造业与流通业合而为一的。在这样的分析背景下,人们针对流通产业组织结构的研究通常依附于制造业的组织结构分析;流通产业缺乏相对独立理论的情况,曾致使经济学家有关流通产业的研究太局限于对现实问题的描述、进而通过这种描述对政府的政策主张提出一些建议[①]。我经常对朋友和学生说:经济学家的任务不是要准确地解决实际问题,而是为解决实际问题提供理念。其实,制造业的产业组织结构同流通产业存在着许多不同的地方,这种不同根源于

---

① 这一理论动态在我国的经济学界尤为显著。近十年来,我国关于流通产业的论著可谓不少,但试图以试错法来展开对流通产业运行的一般性理论研究则极其罕见。像郭冬乐、宋则编著的那套《中国商业理论前沿》丛书,金永生的专著《中国流通产业组织创新研究》,冉净斐的专著《流通和谐论》等等,倘若这些著作能够针对中国的实际问题在一般理论分析层面上展开研究,则这些学者将有可能取得更大的理论成就。新的理论观点和分析方法,即便出现了错误,也是应该大力提倡的。

它们在竞争和垄断的手段、途径和过程等的差别。联系流通产业组织结构的优化来考察，我们能不能在分析出这些差别的基础上对这一优化过程做出不同于制造业的理论说明呢？可不可以通过这种理论说明对竞争和垄断做出符合流通产业实际的概括呢？如果理论研究能够达到这样的境界，则我们关于流通产业的理论建构一定会向前迈进一大步。

SCP 模型在总体上给我们的理论启示是：产业组织结构能否优化是行为的结果，产业组织结构的优化程度可用绩效来衡量。针对哈佛学派偏好于以 SCP 模型来研究产业组织的理论思维倾向，我们研究流通产业组织结构的优化问题时，有必要在肯定产业组织的内部性作用的基础上重视其外部性的研究。不过，将这种研究局限于流通产业组织结构优化与自然垄断、局部垄断之间的外部性，或许在揭示它们之间的市场关联方面显得狭窄，但这一研究可以帮助我们依据此路径拓宽对流通产业组织结构的认识视阈。中国的经济体制转轨和全面加入 WTO，起码面临着以下几个问题：对国有控股公司和跨国公司的局部垄断要不要以及怎样遏制？要不要对流通产业实行必要的规制？如何面对流通产业在组织结构优化的过程中出现的自然垄断？显然，所有这些问题的理解、认识和解决，都会在一定程度和一定范围内涉及到流通产业组织结构的优化与自然垄断、局部垄断的关联，它是经济理论分析和研究不可回避的一个值得重视的问题。

当然，理论分析中的问题提出是一回事，在理论上有效解决这些问题则是另一回事。基于中国流通产业运行中的地方政府与国有控股公司之间存在着形成局部垄断的行为关系，而这种行为关系又是在契约形式下运作的，因此，我们在提出问题后还是要回到与产业组织结构优化问题有关的某些重大现实问题上来。下面，我们讨论地方政府与国有控股公司之间的参与约束与激励约束等问题，以进一步说明流通产业组织结构优化的外部性与局部垄断的市场关联。

第9章　中国地方政府与国有流通厂商的委托代理

笔者在前两章的讨论中曾力图论述以下的观点：中国流通产业中有可能出现的自然垄断，是跨国公司在华投资和产业组织结构优化等过程的产物，自然垄断现象并非第一、二次产业所独有。中国体制转轨的摩擦，引发了经济学家对行政型垄断的关注，行政型垄断在流通领域的行为主体主要是国有控股公司，但它或多或少会经过某些迂回而发生在跨国公司身上；流通产业中的局部垄断由行政型垄断和自然垄断两部分构成，前者十分明显而后者却以隐匿的形式存在。中国经济问题的复杂性，在大体上解决了政企不分后取得了举世瞩目的成就，但经济运行中的行政管理与市场调节的不分，则仍然在相当大的程度和范围内继续导致经济问题的复杂性，流通产业的局部垄断就是这种复杂格局中的情形之一。

将行政型垄断理解为流通产业的局部垄断的一个组成部分，在外延上可能会由于这两个概念运用的模糊不清而产生误会。其实，我们考察行政型垄断在中国发散性的覆盖面时，可以将其凝聚于某一具体问题上进行考察。以流通产业中的国有控股公司的行为方式及其与政府行政系统的关系而言，中国的行政垄断在流通领域的表现形式，可以在很大程度和范围内理解为是地方政府与国有流通厂商之间的行政管理与市场调节的关联。从流通产业运行的通盘局势来看，尽管这种关联的涉及面十分宽泛，但它对流通产业形成局部垄断的影响，则主要反映在中国地方政府与国有流通厂商的委托代理方面。在笔者看来，这种委托代理是流通产业形成产品和服务经营之行政型垄断的最主要的制度安排基础。如果从这个意义上将行政型垄断理解为流通产业中局部垄断的一个组成部分，这种概念运用的模糊不清便得到了解决。本章将运用委托代理学说有关参与约束和激励约束的相关基础理论，对中国地方政府与国有流通厂商的委托代理问题展开研究，以论证中国流通产业的局部垄断的存在。

9.1 引言

地方政府与流通厂商之间的委托代理,发生于体制转轨国家中的部分流通产业的产权由地方政府控制的实际。地方政府以委托代理手段对流通厂商进行这种以参与约束和激励约束为核心内容的契约式规制,通常反映在委托代理契约的制定、谈判、修订和执行等过程中。契约双方在效用最大化原则的驱动下会出现讨价还价的纷争,这些纷争可以看成是双方行为决策的博弈,它会影响地方政府与流通厂商之间的参与约束和激励约束的相容效率。这是问题的一方面。另一方面,由于契约双方为自身利益,地方政府和流通厂商之间有可能会出现共谋、联手、歧视等正式或非正式的协议性安排,以至于在产品和服务经营的定价权和投资进入等方面形成排斥第三方的景况。分析和研究中国流通产业的资产归地方政府控制下的厂商的参与约束和激励约束之相容,是解析中国流通产业局部垄断问题的一个重要视角。

激励规制理论关于厂商委托代理及其对应的参与约束和激励约束相容的分析,通常集中在以公用事业的委托代理为主要研究对象的产业和部门,而对流通产业有可能存在的相关问题并没有引起足够的关注。从中国的实际来看,地方政府与流通厂商的委托代理关系,同样存在着政府与厂商的参与约束和激励约束的是否相容问题。结合流通产业的局部垄断来讨论这种相容,一个值得讨论的有趣问题是:相容的参与约束和激励约束,在意味着地方政府与流通厂商高效率的委托代理的同时,也潜伏着形成局部垄断的机理。因此,我们对实现厂商满足于参与约束和激励约束之较好结果所展开的符合中国流通产业实际的理论考察,在一定意义上也是对流通产业局部垄断之形成机理的理论考察。

厂商在委托代理活动中的参与约束和激励约束,是现代企业制度运行过程中的一种与市场混合治理结构相对应的现象[1]。它包括两个层次的内容:

---

[1] 市场混合治理结构是指在市场的交易类型中,传统的交易方式逐步让位于等级、水平或垂直的混合型交易方式,这种治理结构的最大特点,是将一些原属于产权转移的市场交易转变为公司内部化的不发生产权变更的交易,从而使市场与公司、公司与公司、法庭与公司等的制度设计出现重塑。就地方政府与流通厂商的参与约束和激励约束而论,其委托代理契约的签订、执行及纠纷裁决等都会受到这一混合治理结构的影响,并且这种混合治理结构对竞争和垄断之基本格局的形成也起着制度约束作用。

一是发生在微观层面上的股东规制代理人行为时的参与约束和激励约束的相容，一是出现在宏观层次上的政府规制特定产业行为时的厂商的参与约束和激励约束的相容。关于前一种情况，许多委托代理理论曾从信息不对称角度对其展开过深入的研究；至于后一种情况，经济理论界则主要在宏观层次上对公用产业的委托代理行为进行了研究[①]。在笔者看来，委托代理问题之研究区域的如此划定，忽视了中观层次上的地方政府与产权归其所有的厂商之间的委托代理关系的研究，而中国的流通产业就明显存在着这种情景。

从理论上来说，厂商在规制条件下的参与约束和激励约束，来源于委托代理契约对所有权与经营权分离之规制的性质要求。地方政府委托厂商经营产权归政府所有的资产，对厂商来说，必须承诺和遵守政府在收益、资产增值、经营模式等方面的限制性规定，这可以理解为厂商的参与约束；而政府给予厂商的剩余索取权、剩余控制权、收益分享权、无形资产受益权等，则可以理解为是对厂商的激励约束。但由于这种委托代理较之于纯粹市场性的委托代理夹杂着很多行政性的成分，尤其是当地方政府与流通厂商在共同利益上形成默契时会在一定程度上促发垄断行为的产生，因此，流通厂商的参与约束和激励约束的相容问题，至少在间接层面上同局部垄断存在着关联。在理论分析上将厂商的参与约束和激励约束划归于委托代理的界面上来进行研究，可以揭示出地方政府对流通厂商的限制性和激励性规制的具体条款在执行时有可能产生的摩擦或碰撞。这种摩擦或碰撞给委托代理带来的低效会引致委托代理合同的经常性重塑，而正是在这种重塑中，有可能出现流通厂商的参与约束和激励约束之于局部垄断的间接关联。

地方政府与产权归其所有的厂商之间所存在的委托代理，要求政府对其进行规制，这种规制同样属于信息不对称背景下的政府对厂商的一般规制范畴。新规制经济学强调信息约束以及与此相对应的委托代理博弈，该理论在具体展开对这种博弈的分析时，注重分析了规制者如何设计能够激励被规制者实现最大化利润，从而实现社会福利最大化的适合规制政策实施的学理；在关注激励规制机制的同时，该理论涉及了厂商在委托代理中的参与约束和

[①] 公用产业通常被产业经济学解说为自然垄断产业，对这一产业实施规制构成了规制经济学的核心内容。国内学者曾依据规制理论和自然垄断理论对中国公用产业展开过研究，并据此对中国的产业规制问题提出过许多有价值的建议。参见于立：《规制经济学的学科定位与理论应用》，第167～300页。但迄今为止，我们很少发现有关政府、尤其是地方政府之于流通厂商委托代理的规制分析。这个问题缺乏研究，很可能同经济学者的分析视角有关。

激励约束相容的问题①。考察地方政府与产权归其所有的厂商之间的委托代理关系，地方政府制定激励性规制方案，同样也会面临以下问题：1. 规制者与被规制者在了解成本、市场需求、收益、技术等方面存在着信息不对称；2. 激励性规制下的委托代理合同，有利于被规制者实现最大化利润，但存在着诸如产品质量、交叉补贴、规制俘虏等问题；3. 激励性规制合同在利用厂商信息优势和利润动机的同时，难以在合同的激励强度和厂商的超额利润之间权衡；4. 厂商面临激励性规制时存在着参与约束和激励约束。因此，讨论地方政府与产权归其所有的流通产业之间的委托代理，厂商的参与约束和激励约束是一个需要讨论的重要问题。

本章力图从中国的实际出发，依据地方政府与流通产业之间的委托代理关系，通过对激励规制理论与实际的糅合观察和理解，着重分析地方政府规制流通产业所客观存在的一些机理，研究激励规制理论中的哪些规制方式适合于流通产业；并根据中国流通产业的实际情况，对如何改变激励规制机制的某些方式以适应中国流通产业的委托代理实践提出了一些看法，进而对流通厂商满足于参与约束和激励约束之相容的较好结果展开描述。

9.2 地方政府对流通产业实施规制的机理分析

流通产业的进入门槛低、竞争充分且不容易形成垄断的事实，并不能构成政府无须对流通产业进行规制的立论依据。因为，垄断的形成是以充分竞争为前提的，竞争发展到一定的阶段就会出现垄断，这是一个已被现实证明、且在学理上得到阐述的分析性结论②。随着市场治理模式的日益复杂，垄断形成的具体形式也随之复杂起来。任何同市场治理模式变化相关的宏微观经济活动都会在一定程度和范围内与垄断存在着联系，而这种联系的存在

---

① 激励性规制机制有贝叶斯规制机制和非贝叶斯规制机制两种，通常认为贝叶斯激励规制方案有利于规制者在不掌握被规制厂商成本信息或厂商采取逆选择的情况下实行最优规制，但它不能对成本进行事前观察；而非贝叶斯激励规制方案适用性虽广，但它只是适应于可观察的数据而对某些外界情况变化滞后。参阅 Baron, D. P., and R. Myerson, *Regulating a Monopolist with Unknown Cost*, Econometrica, 1982, 50: pp. 911 - 930. 及 Laffont, J. -J. Tirole, *Using Cost Observation to Regulating Firms*, Journal of Political Economy, 1986, 94: pp. 614 - 641.

② 产业组织理论关于市场制度安排如何才能有效配置资源的分析，在相当大的范围内是通过竞争和垄断的研究来展开的。虽然各种理论之间存在着见解的分歧，但大都趋向于认为现实中竞争和垄断的并存性。肇始于张伯伦、罗宾逊而至今仍然有深刻影响的不完全竞争、垄断竞争等理论，以及与之有关联的各种涉及竞争和垄断的理论，在研究垄断问题时，实际上都在很大程度上将垄断看成是竞争的延续。

决定着其形成机理的存在。在行政型垄断充分的国家中，政府行为染指其间的经济活动，通常都有着垄断发生的可能性。这就是说，垄断行为会经常发生于同政府有联系的经济关系中。因此，政府对流通产业实施规制，不应单纯反映为对价格、进入、资金和技术等方面的限制，而是应在政策导向上体现出政府与厂商的委托代理关系，以反映厂商的参与约束和激励约束。易言之，我们可通过委托代理来分析地方政府对流通产业的规制问题。

从理论上来说，由于地方政府与厂商之间存在着信息不对称，地方政府在实施规制时，通常会设计激励性的合同以弥补在处理规制最优化问题参数中对信息缺乏所产生的由主观概率判断带来的失误。具体地说，地方政府在实行激励性规制时会授予厂商一定的定价权，厂商获取了定价权实际上就是获取了信息租金（超额利润）的索取权，而这种索取权会在很大程度和范围内使得地方政府对流通厂商规制的失控。从规制效率的角度来考察，地方政府在处理这种委托代理关系时必须考虑激励强度与厂商信息租金之间的平衡问题。严格来讲，这是一个贯穿于地方政府与流通厂商委托代理关系之始终的问题，它决定着地方政府在设计和制定激励规制合同时必须要解决厂商的参与约束和激励约束相容的"度"的问题。结合地方政府与流通产业的委托代理关系来理解，我们可以认为这是地方政府对产权归其所有的流通厂商进行规制时的一种机理性现象。

地方政府与产权归其所有的流通产业的委托代理关系，并不是出现在所有国家和地区，它主要发生在经济体制转轨的国度。经济体制转轨的中继形态，往往伴随着所有权与经营权相分离的"鸵鸟式"改革，这是体制转轨国家的地方政府与产权归其所有的流通产业产生不到位的委托代理关系的体制性基础。由于公有制背景下的产权不能简单等同于现代企业制度下的股东所拥有的产权，因而这两种不同背景下的产权关系所决定的委托代理存在着很大的差异。这种差异主要表现在如下几个方面：1. 产权的国有性质决定着董事会的核心人选由上级主管部门选派，即便某厂商有其他非国有股东介入，但只要国有产权占大头，它便不可能像现代企业制度那样真正受股东大会的监督；2. 流通产业的市场变化快、竞争性强、决策迅速、投资周期短、资金和进入门槛低等特点，容易导致经理决策层快速做出决策或频繁改变决策的情况，使得国有产权占统治地位的流通厂商不具有现代企业制度所具有的强约束力的委托代理关系；3. 在地方政府与经理人员的委托代理合同中，虽然也明文规定着激励和惩罚条款，但由于经理人员通常不是真正市场意义上的代理者，他们与地方政府的主管部门或多或少有着一定的政治或经济的裙带关系，即便代理者是从投标中产生的，但随着时间的推移，他们也会逐步区别于现代企业制度意义上的代理者。

体制转轨中的地方政府对产权归其所有的流通产业实施规制，从而在制度、主体和行为等方面所出现的上述情景，通常会使地方政府与厂商间的委托代理发生由产权性质决定的不同于现代企业制度意义上的委托代理属性。这种属性的具体表现是：契约的签订和执行在一定程度上会体现地方官员的意志，而不是完全受市场信号调节；契约条款多激励少惩罚，且在执行过程中具有相当大的弹性；股权集中容易致使代理人与地方政府结成促发局部垄断的潜在的战略同盟等等。然则，由于这种委托代理被贴有市场标签的契约或合同所遮掩，这便会使人产生"地方政府能够通过委托代理来有效规制产权归其所有的流通产业"的认识。撇开具体的操作过程而仅以体制决定的这种委托代理属性而论，我们可以将这些属性看成是地方政府规制流通产业时的一种机理现象。

从形式上来看，一旦地方政府与流通厂商签订了委托代理合同，合同中有关代理人的权责利等规制性条款，的确是以契约的形式完成了对代理人参与约束和激励约束的相关规制。但是，对于产权国有的流通产业来说，厂商（代理人）的参与约束与激励约束之间只是有着形式上的相容。这一结论的依据是：厂商同意签署并承诺执行委托代理合同而参与约束，是在不断的讨价还价中进行的，这种讨价还价实际上是厂商与地方政府之间的一种博弈行为；由于产权的国有性不可能产生"理性经济人"意义上的现实主体，博弈的结果往往是地方政府做出放松某些规制的让步而出现一种妥协的委托代理合同；这种妥协通常体现在利、权上的激励性条款的宽松，而体现在责方面的限制性条款的狭窄，其结果是，厂商能够部分甚或全部实现他们在决定参与约束时所拟定的目标函数。因此，在经济体制转轨的国家中，地方政府以委托代理合同为载体对产权归其所有的流通产业所实施的规制，存在着以下一种机理性现象：厂商在委托代理合同中的参与约束与激励约束只会出现形式上的相容。这种机理现象在现实中的反映，则表现为委托代理合同在激励性方面是硬约束而在限制性方面是软约束，或者说地方政府对流通厂商的规制所产生的效应，是厂商的参与约束与激励约束并不具有现代企业制度之严格意义上的相容性。

对上述机理展开进一步的追踪考察，我们还可以得出以下几点类似于机理性现象的认识：1. 地方政府通过委托代理合同对厂商进行规制、进而出现与厂商之间的信息不对称时，一般不会支付以消除这种不对称为目的的信息成本，这便使得委托代理合同中的规制条款部分失去了对厂商参与约束时所应有的约束力；2. 相对于规制性的约束条款，委托代理合同中的激励性条款则往往会致使大量的商业利润落入了代理者的腰包；3. 地方政府以委托代理合同作为规制厂商行为的方法，通常具有多次性动态的特征，即不能有效保证合同在一个相对稳定的时期内不需进行调整而实施，也就是说，地方政府与厂商之间的委托代理合同不具有一次性的动态特征①。不言而喻，如果以上的机理性现象是经常性的存在，那么，厂商在接受地方政府规制的参与约束和接受奖励条款的激励约束的过程中，其有悖于现代企业制度的特征就明显反映出来了。关于这些机理的现实依据，中国地方政府对产权归其所有的流通产业实施规制的实际，无疑有助于我们对问题的理解。

9.3 委托代理之实践的理论考察

中国的经济体制改革在中观层面上出现的经济运行特征之一，是大量的国有资产经由地方政府委托给代理人经营。流通产业也存在着这种情况。地方政府将产业交给代理人经营，主要是采取委托代理或类似于委托代理的形式实施的。客观地说，这种形式或是直接或是间接地受到了20世纪80年代发展起来的新规制经济学的激励规制理论的影响。不过，如果我们从实际来考察激励规制理论，将会发现该理论的一些规制方式并不适合于中国现阶段产权国有的流通产业。也就是说，如果我们继续以委托代理的方式来规制代理人的行为，则需要对激励规制理论所阐述的某些机制和方式做出适合于中国国情的修正，以使地方政府的规制效应达到厂商的参与约束和激励约束的相容状态。

在激励规制理论的大量文献中，有关政府对厂商实施激励规制合同的分析，主要是以公用事业部门为考察对象的。但从激励规制理论的核心思想来看，地方政府运用委托代理合同对流通产业进行规制，在很大程度上反映了激励规制合同的意旨。地方政府设计委托代理合同给厂商以激励，是建立在地方政府对成本、收益、市场需求等信息不了解的基础之上的，它是地方政府在对规制最优化参数（如经营成本、利润分割、奖惩比例等）缺乏充分信息的情况下所采取的一种约束厂商的带有主观概率性的行为方式②。由于

---

① 关于委托代理合同在实践中的一次性动态的研究，胡祖光在其提出的"联合基数确定法"之概念中倒是阐述了一个值得经济理论界关注的命题。参阅胡祖光：《联合确定基数合约：对魏茨曼模型的一个改进》，载《经济研究》，2007年第3期。

② 激励规制理论中的贝叶斯机制，曾对这种行为展开过描述。参阅 Baron, D. P., and R. Myerson, *Regulating a Monopolist with Unknown Cost*, Econometrica, 1982.

这种行为方式在相当大的程度上体现了地方政府对未知参数之评估的依赖，因而，当这些未知参数得不到必要的信息支持时，地方政府规制厂商的委托代理合同便容易被人为操纵[1]。结合中国现阶段的情况来分析，地方政府以委托代理合同来规制厂商，大都是在缺乏充分信息的背景下来对最优化参数进行主观评估、从而拟定委托代理合同的。委托代理合同容易被人为操纵的这一事实，说明在中国完全依据激励规制理论来设计委托代理合同是一件需要慎重考虑的事。

在英、美等发达国家采取激励规制机制刺激厂商降低成本和提高收益的历史上，曾针对公用事业部门运用过价格上限规制。这种激励规制方法是确定一个价格增长率来比较基期价格，从而通过设定价格上限来规制厂商行为以跳过规制者对信息的不了解[2]。英、美等国运用价格上限规制这一激励机制的范围，虽然局限于诸如电信、电力、铁路等公用事业部门，但它或多或少对政府规制其他产业发生着影响，因为价格上限规制在本质上是一种剩余索取权合同。地方政府与产权归其所有的流通厂商之间的委托代理合同，实际上也是一种剩余索取权合同。地方政府规定流通厂商在合同期内所必须完成的利润额，实质上就是一种价格上限规制的延伸。这种规制既体现了地方政府对流通厂商优化经营结构、降低成本和提高效率的强要求，也反映了对流通厂商在剩余索取权上的激励。但在中国地方政府与流通厂商的委托代理合同中，这种以价格上限所表现出来的规制和激励，并没有真正使代理者实现参与约束和激励约束的相容。这个问题的讨论，就是前面所说的地方政府对规制最优化参数的主观概率行为依赖于对未知参数的评估问题。从理论上来说，在未知参数的信息不充分的情况下，委托代理合同便很难兼顾代理者的参与约束和激励约束。

流通厂商的参与约束和激励约束的相容过程，是政府引入竞争机制以规制厂商行为的过程。在中国的现实中，地方政府与流通厂商代理人签订委托代理合同，通常是以厂商在代理期限内向地方政府上交一定数额的利润为主要约束，至于资产的增值、厂商向消费者提供的服务价格和质量、社会福利

---

[1] 这种操纵行为可以用产业经济学中的规制俘房理论予以部分解释。斯蒂格勒等人曾将政治支持因素作为内生变量来解说政府官员如何被产业集团所说服和俘房。以地方政府与流通厂商的相互关系来说，尽管政治支持因素不像中央层面上那样显著，但由政治因素所形构的规制俘房现象在地方政府与流通厂商的委托代理中或多或少存在。乔治·斯蒂格勒：《产业组织与政府管制》，上海三联书店，1989年版。

[2] 关于较早的价格上限规制的理论阐述，可参阅 Littlechild, S. C., Regulation of British Telecommunications' Profitability, Report to the Secretary of State, Department of Industry, London: Her Majesty's Stationery Office, 1983.

效应等，往往在合同中体现为次约束。这种情况反映了委托代理合同在很大程度上类似于西方国家规制厂商的特许投标制度①。在委托代理合同中将特许投标作为一种激励性手段，能够解决代理人直接由地方政府选派所引发的诸种弊端，但由于这种制度太注重标的，而将资产增值、服务价格和质量、社会福利放置于次要地位，它有利于在位优势厂商利用信息不对称开出具有参与约束竞争力的价格后，在服务质量等非价格因素方面违背激励约束，以获取超额利润。以这种景况来比较跨国公司在中国流通产业的激励规制的情形，便暴露出用这样的激励来规制厂商的委托代理合同并不具有高效率的问题。因此，中国地方政府运用类似于西方特许投标制度的激励规制方法，值得推敲。运用这种方法，至少要在委托代理合同中注重某些可能会诱发代理人将部分应上缴利润进行转移的因素。

关于如何消除厂商在执行委托代理合同时所产生的转移利润、进而影响到资产增值、服务质量及福利效应的讨论，涉及到地方政府与厂商之间的有关机会主义行为等问题②。中国一些地区在处理这类问题时，曾在委托代理合同中对厂商保留利润设置了一个上下限范围，这种方法取得了一些成效。但由于这种限制收益率从而防止厂商转移利润的规制方法成本很高，地方政府难以监督。不过，作为对投标激励规制方法的一种补充，倒是可以考虑在实践中尝试。

较之于第一、二次产业，流通产业资产专用性不强以及由资产决定的沉淀成本不大的特点，通常在资产转让方面不太会导致合同在执行期限的重新谈判、修改或其他道德风险问题。从这个角度来说，流通产业资产专用性不强、进入门槛较低、技术和服务相对稳定等特性，比较适合于地方政府采用以特许投标为激励手段来规划委托代理合同。另一方面，如果把中国流通产业的产权性质与流通产业的各种物质规定及其运行特点结合起来，地方政府在制定和执行旨在保证国有资产增值、进而有效规制厂商的机会主义行为的委托代理合同时，可以考虑将西方曾经实施过的或正在实施的规制手段糅合

---

① 特许投标制度是政府将一段时期内生产某种产品或经营某种服务的权利通过投标交给厂商经营的一种激励性规制方式。政府采用这种规制方法的目的，是提高垄断性市场的可竞争性，减轻政府在规制中的信息负担。这一激励性规制首先是 Chadwick 在 1859 年提出的；嗣后，Demsetz 在 1968 年从自然垄断规制层面对其展开过深入的分析。Chadwick, E., Results Different Principles of Legislation and Administration in Europe; Of Competition for the Field, as Compared with Competition within the Field of Services, Journal of Royal Statistical Society, 1859, 22: pp. 381 - 420. Demsetz, H., *Why Regulate Utilities*? Journal of Law and Economics, 1968, 11: pp. 55 - 65.

② 关于政府产业规制中的机会主义的行为分析，参见何大安：《论政府产业规制的机会主义行为》，载《学术月刊》，2007 年第 5 期。

起来运用。当然，这种糅合运用必须以一种方式为主导，兼顾其他规制方式。

针对中国的实际情况，笔者认为地方政府规制产权归其所有的流通产业的一条可供选择的途径，是用特许投标为激励手段来规制厂商的参与约束，以体现价格上限规制和限制收益率规制的某些方法来实现激励约束。并且，可以考虑在委托代理合同中赋予厂商在各种具体的规制条款中有一定的选择权，以实现在利润共享原则下贯彻和实现厂商的参与约束和激励约束，从而使两者达到相容状态。显然，这是一种典型的将几种规制方法糅合并用的思路，它在体现新规制经济学有关政府对厂商实施管制之思想的同时，显露了比较明显的折中主义的思维痕迹；但中国的实际需要这种折中主义。作为对地方政府规制产权归其所有的流通产业的一种理论考察，如果我们能够在具体设计方面符合实际地制定出有效规制厂商行为的委托代理合同，则这种折中的分析思路或许能对规范厂商的参与约束与激励约束起到一定的作用。

9.4 参与约束和激励约束之相容状态下的局部垄断

以上关于地方政府与流通厂商的委托代理分析，暗含着一个同以上分析结论大体一致但在现实中却存在反例的理论推断：如果厂商的参与约束和激励约束处于相容状态，则政府规制流通厂商活动的一个重要的微观领域——地方政府与流通厂商的委托代理——便处于良好运行态势，但在中国体制转轨的现阶段，现实表明这种相容状态会在一定程度上导致局部垄断。从严格的意义上来说，流通产业中的局部垄断在西方发达国家也不是绝对不存在，只是这个"局部"的范围较小。相对而言，中国流通产业中的局部垄断范围要大得多。对这种情形产生的体制根源的分析，是问题研究的一个重要方面；另一方面，研究这种相容状态对形成局部垄断的作用过程，则是对中国特定体制背景下的地方政府与流通厂商之互动效应的机理考察。

流通产业中的局部垄断的表现形式是错综复杂的。本书先前的研究只是概括性地解说了作为这种局部垄断的两大主体的国有控股公司和跨国公司在部分产品和服务的投资进入、定价权等方面的情况，并从跨国公司在华投资增加和流通产业组织结构优化两种情形有可能形成自然垄断的角度对这种局部垄断展开了说明，但先前的讨论没有对流通产业中的局部垄断的具体表现形式进行分析。现在针对地方政府与流通厂商之委托代理中的参与约束和激励约束的相容来讨论这个问题，应该说是在一个具体的层面上涉及了局部垄断问题。这个有关局部垄断的具体层面有着一定的典型性，对它的分析和研究能够在很大程度和范围内旁及或宣示出其他具体层面上的局部垄断问题。

在当今中国的流通领域，厂商的参与约束和激励约束的相容状态，既可以理解为是地方政府与流通厂商之间的委托代理关系符合市场内在要求而处理得协调，也可以理解成是在不考虑市场内在约束情形下的地方政府与流通厂商之委托代理的行政型默契。显然，如果我们不是偷换论题而是从现实与逻辑相一致的角度来论证，针对后一种理解，我们必须对厂商的参与约束和激励约束的相容有一个不同于前文的解答。事实上，对地方政府与流通厂商的参与约束和激励约束是否处于相容状态的认识，应该有两种不同的判断依据或标准。

当我们从市场或现代企业制度等标准来认识，或从宏观层次上的资源配置效率来理解时，地方政府与流通厂商的委托代理中的厂商参与约束和激励约束的相容状态，正是前文所描述的状态。这种被学术界所共识的真正市场意义上的相容状态，通常被认为是市场的充分竞争在委托代理契约上的反映，这种相容状态不会直接促发垄断的。当我们以地方政府与流通厂商的委托代理不发生冲突或以两者在契约的签订、执行中能够形成利益共同体来作为这种相容状态的判断依据或标准时，这种相容状态便具有完全不同于前一种相容状态的含义①。中国流通产业中的局部垄断部分产生于这种相容状态。

某一类型的垄断在契约安排上的微观基础不是纯粹产生于市场行为，则其逻辑推论之一，便是这一背景下的垄断不是完全来自竞争累积而成的生产的集中度。国内学者关于中国行政型垄断主要发生于"行为"而不是产生于生产集中度的论断是符合实际的。中国流通产业的规模一般不大，现实中不存在明显的产品和服务的经营集中度②。因此，以地方政府与流通厂商

---

① 据我们所掌握的文献资料，经济理论界尚没有对这种特定含义的相容状态进行过讨论。经济学者的思维之所以没有"游离"于这个现实中存在但却容易被忽略的且带有一定抽象性理解意味的区域，很可能是因为他们认为对委托代理及与此相关的厂商参与约束和激励约束之相容问题的分析，不能背离市场机制、现代企业制度、资源配置等的分析判断。其实，现实中的很多问题一旦离开讲坛来讨论，与主流经济观点是有距离的，但它又可以通过一些迂回解释同主流观点存在着理论和实践的衔接关系，例如，交易成本概念起初完全是按经济理论范式来解说的，但后来经济学家涉及对政客的政治博弈行为的研究时，就发展出了政治交易成本概念。当然，这只是我个人的看法。

② 产业经济学关于自然垄断的研究通常是以建立在规模经济基础之上的生产集中度的分析为依据的。系统阅读本书的读者可能会发现笔者有关流通产业有可能会出现自然垄断的观点是与这一主流观点不一致。有必要指出的是，按照规模经济及其生产经营集中度的主流观点来判别，笔者同样认为流通领域不存在自然垄断；但在给出自然垄断新的理解时，流通产业有可能出现自然垄断的情形是值得探讨的。参阅本书第7章。恩格斯曾说"世界上没有任何事情是绝对的，只有这句话本身是绝对的"。这个注释与其说是对主流观点和笔者观点之区别的一个说明，不如说是对学术探讨的一种慰藉性申明。

的委托代理有可能促发局部垄断而言,这种垄断只可能发生在行为方面。由于产业运行的行政调控权始终掌握在政府手中,地方政府的行政主管部门经常在批发零售业、贸易和金融保险业等设置市场进入的限制性政策,以阻止非国有厂商或非嫡系厂商进入它们所控制的经营领地。在这种情形下,那些与地方政府有委托代理关系的流通厂商就处于非常有利的地位。因为,地方政府作为资产经营的委托者与流通厂商(代理者)存在着"一荣俱荣,一损俱损"的利益关系,即便他们在委托代理契约的制定和执行过程中仍然存在着讨价还价的博弈,但利益关系会使博弈行为成为合作性的。这是我们理解被地方政府规制的流通厂商在委托代理中的参与约束和激励约束会产生相容状态、从而会促发流通产业出现局部垄断的一个注重现实而不是遵从经典理论的分析基点。

两个经济主体之间的合作性博弈极有可能产生的结果之一,是导致彼此间的让步或妥协成为博弈双方的"政治经济学"。就地方政府与流通厂商之间的委托代理而论,最经常见的情况是,地方政府通常要求厂商多上缴利润或在财政支出方面多为政府行政机构排忧解难,而厂商会依据于市场的不确定性同地方政府讨价还价以力图压低利润数;倘若地方政府不具有化解这种博弈局面的手段和途径,则它们之间的委托代理契约的制定和执行就市场化了;此时所出现的厂商的参与约束和激励约束的相容,就不会造成局部垄断。但在中国体制转轨的现阶段,问题的复杂性包含着解决问题的手段和途径。面对厂商在利润上交基数上的讨价还价,地方政府会给厂商以"妙药"使得博弈转变为合作性质。具体地说,地方政府会根据流通厂商提出的困难,或在土地使用、股票发行、各种许可证签发、贷款指标等方面给予优先照顾,或在利润预期可观的投资项目上小范围招标甚至拒绝公开招标来予以支持,或通过维持内部审批制甚至以行政分配等手段来给厂商提供优质资源。如此等等,不一而足。显然,地方政府的上述行为在很大程度和范围内化解了它与厂商之间的矛盾,使双方因利润上交而产生的博弈成为合作性博弈。

在经济生活中,可以认为行为主体双方的合作性博弈是相容状态的另一种表述。中国流通领域中地方政府利用行政权力对流通厂商所提供的与自身利益息息相关的支持,使得地方政府与流通厂商之间的委托代理之制度安排成为一种"超市场"的具有"经济利益共同体"性质的制度安排。联系经济体制转轨及其他规定性来考察,我们可以将这种制度安排理解为是地方政府与流通厂商之间委托代理契约签订和执行在体制转轨中的一种必然现象,这种现象的趋势性结果,是导致中国流通领域特有的厂商的参与约束和激励约束出现相容状态。但问题在于，一旦流通厂商得到地方政府的大力支持而处于这种独特的地位，其投资和业务经营等活动就有可能"东方不败"。流通厂商维系这种局面的手段和途径是与其实际的行为方式相关联的，一方面，他们在产品和服务经营方面拥有因地方政府支持而产生的部分定价权，另一方面，他们会利用优势地位阻止其他厂商进入自己领地，尽管流通厂商的这些行为有时是在垄断意识不明确的状态下不自觉地进行的。因此，现阶段产权国有的流通厂商的参与约束和激励约束处于相容状态，会形成中国流通领域的由行政型垄断为底蕴而导致的本书所界定的特定含义的局部垄断。

9.5 分析性结语

激励规制理论是政府规制厂商行为的一种带有规范分析之特征的理论，该理论或是通过产业政策，或是运用委托代理合同得到具体实施的。本章基于中国地方政府与产权归其所有的流通厂商之间存在着委托代理关系，而现有的经济理论分析对这种委托代理所产生的中观层面上的政府规制没有引起高度重视的事实，在理论上围绕中国现阶段的实际，概括性地对地方政府规制厂商行为进行了考察。这种考察的侧重点或试图达到的理论分析目标，不是企图设计出地方政府对厂商如何进行规制的具体方案，而是希望通过对委托代理合同中的反映厂商参与约束和激励约束的某些症结性问题的分析，揭示地方政府运用委托代理合同以规制产权归其所有的流通产业的厂商行为时所存在的某些机理，并结合这些机理对中国现阶段地方政府应如何规制厂商行为提出了一些可供政府决策机构思考的认知。

厂商的参与约束和激励约束相容呈现出何种格局，取决于政府与厂商签订的委托代理合同的各种规定。诚然，这个问题的分析面较广，它涉及到体制形式、宏观调控政策、市场机制等因素，本章将其纳入委托代理这样的分析框架，完全是出于对厂商的参与约束和激励约束之是否相容对委托代理效率的考虑。本章的前部分内容注重讨论了地方政府以委托代理合同对厂商行为的规制，认为如果委托代理契约不能致使厂商的参与约束和激励约束处于市场要求的相容状态，就不能出现令规制者满意的情形，委托代理契约就必定存在着这样或那样的问题，而这些问题的存在便意味着流通产业需要针对委托代理进行改革。基于这样的考虑，本章结合中国地方政府对流通产业规制的概况，讨论了几种激励性机制在委托代理契约中对实现厂商的参与约束和激励约束相容的可行性。正是在这个意义上，可以将本章的分析看成是对中国地方政府与流通厂商有关委托代理之现实问题的一种理论解读。

本章对流通厂商在委托代理契约之签订和执行中的参与约束和激励约束的相容状态展开了两种不同认识的讨论。第一种认识是认为，从市场内在要求或从资源配置角度来解说地方政府与流通厂商之间的委托代理关系时，中国现阶段产权国有的流通厂商没有实现参与约束和激励约束的相容状态，这种不相容状态是宏观经济运行中的微观基础阙如的一个重要表现，应成为流通领域体制改革和加强调控的一项重要内容。第二种认识是认为，当我们不考虑市场约束因素来理解地方政府与流通厂商之委托代理的利益相关性时，认为中国地方政府与流通厂商之间存在着一种合作性博弈，这种合作性博弈会形成地方政府与流通厂商在委托代理中的厂商参与约束和激励约束的相容状态，而这种以行政型垄断为底蕴的相容状态是导致中国流通产业之局部垄断的基础。在笔者看来，后一种认识的讨论不仅适应于流通领域，而且也适合于第一、二次产业，这是由中国体制转轨中的广泛存在的行政型垄断所决定的，它具有问题讨论的一般性。当然，对中国所有产业部门中的国有控股公司与政府之间的委托代理关系的研究会涉及到一些本章所没有讨论的问题，对这些问题的深入分析和研究，也不仅仅局限于厂商的参与约束和激励约束。

沿着本章的分析思路来进一步探讨中国流通产业的运行，一个同地方政府与流通厂商委托代理有着较强关联的问题，是市场治理结构变动对流通产业运行所产生的影响。本书在前几章的分析中曾在产业组织、公司治理结构、投资运行机理、自然垄断等方面涉及过对市场治理结构变动的讨论，但那些讨论是针对某一具体问题以零散的分析方式展开的，并没有对流通产业运行与市场治理结构变动做出一种带有基础理论性质的探讨。市场治理结构变动究竟会对流通产业运行发生何种作用？公司治理的内外部的制衡和约束在哪些方面同市场治理结构的变动存在着联系？制度不既定下的市场治理对政府规制流通厂商会提出哪些市场性的要求等等。显然，对这些问题展开讨论，有助于我们进一步深化对中国流通产业运行问题的理解和认识。

第10章 市场治理变动中的流通产业重塑

本书第2章曾从制度安排的角度对流通产业的运行问题展开过讨论，在那里，笔者分析了流通产业的制度安排，并着重对制度既定和不既定两种情形下的流通产业运行进行了一般性理论考察。对现实问题展开一般性理论考察所留下的继续研究的空间，是有必要对实际问题做出同理论相关的接近现实的解释或补充。德国古典哲学"从抽象到具体"的分析方法，曾致使数代学者摆脱丝乱如麻的现象干扰而找到了一条解析问题的有效途径。这种分析方法在本书分析结构安排中的运用，还反映在第3章与第11章的关联之中：第3章在对流通产业运行做出理论分析的基础上提出了对该理论框架的建构思路，但对于流通产业理论的具体框架的建构，仍被安排在第11章中来完成。以本章的分析内容而言，研究市场治理变动与流通产业重塑，较之于第2章"制度分析理论与流通产业运行"的研究内容，则可以看成是"从抽象到具体"这种分析方法的典型运用。

从理论和现实的逻辑来推断和观察，可以认为，制度既定意味着流通产业有可能不发生重塑或较少发生重塑现象，而制度不既定则会引致流通产业出现重塑现象。就中国的情形来考察，体制转轨中的制度不既定通常存在着什么样的机理？这种机理能够在多大程度上以制度分析理论予以说明？市场治理作为一种制度安排，通常具有什么样的性质规定和表现形式？市场治理结构的变化对流通产业运行会产生什么样的实际影响？流通产业结构以及与此相对应的产业组织会在市场治理变动下怎样重塑等。本章力图说明这些问题。

10.1 体制转轨之于市场治理的概说

经济学家探索以经济增长为主要目标的市场治理或公司治理结构，是与设计、实施以制度安排为基本架构的经济体制模式相联系的，不同的市场治理或公司治理结构对应于不同体制模式的事实，使经济学家看到了制度的重要性。现代经济中的市场和公司相混合的特征，使经济学家越来越趋向于将市场治理结构作为一种长期契约关系来研究。考察作为宏观经济运行之微观制度基础的市场治理结构，应主要以制度不既定作为分析前提。基于体制转轨中的制度安排及其创新是在制度不既定下实现的，我们研究现阶段中国流通产业的市场治理不能离开体制转轨这个背景[1]。

中国的经济体制转轨在加速制度变动速率的同时，也在扩大着制度变动的范围；这些变动既显示了体制转轨对市场治理的影响，也反映了市场治理对体制转轨及其制度安排的内在要求。关于这方面的问题，国内许多学者曾对中国的政策环境及其与此相关的一些正式和非正式制度进行过评论性的研究[2]。这些研究基本上都认为，结合西方理论和中国实际来设计制度或制定政策，与直接将西方理论运用于中国的实际，并不是一回事；联系体制转轨之于市场治理或公司治理来看，这些研究也在一定层次上结合了体制转轨的现实对不完全契约理论（市场治理或交易的主要形式）如何运用于中国市场制度的建设进行了讨论；但这些讨论尚不构成对中国体制转轨中市场治理或公司治理问题的一般研究，要完成这项研究，必须通盘考虑中国现行的制度构成并充分重视对市场的研究。

改革开放三十年来，中国的经济增长出现过一些波动，但总体运行态势是良好的。一般来说，体制转轨中的经济增长及其方式的转变有可能在两种背景下实现：一是在基本完成市场规则建设的前提上，能够在制度、政策体系等主要方面设计出大体上以法律规章为支撑的市场治理结构；一是改革前的体制和经济运行格局与市场经济体制有着很多相融之处，而体制转轨中的制度和政策设计能够与市场经济体制实现较好较快的对接。中国属于前一种

---

[1] 这个自然段中的内容有两点需要说明：一是依据新制度经济学的市场治理等同于公司治理的观点，本章在很多场合是将以长期契约关系为核心的公司治理看成是市场治理；另一是根据制度安排变化在相当大的程度和范围内是由体制转轨引起的事实，本章在很多场合是将制度不既定等同于体制转轨来看待的。第一点内容的说明是基于对复杂市场交易与现代企业制度交融之分析简化的考虑，第二点内容的说明是基于中国实际的考虑。关于这两部分内容的概要理论描述，参阅本书第一章。

[2] 林毅夫等：《现代企业制度的内涵与国有企业的改革方向》，载《经济研究》，1997年第3期；周其仁：《公有制企业的性质》，载《经济研究》，2000年第11期；黄少安：《制度变迁主体角色转换假说及其对中国制度变革的解释》，载《经济研究》，1999年第1期；樊纲：《论体制转轨的动态过程》，载《经济研究》，2000年第1期。以体制和制度变动对市场治理影响及如何运用西方理论解释中国的情况而言，以上这些着眼于中国实际的研究文献都或多或少触及和隐含着以下的观点：西方的经济理论并不完全适合于体制转轨中的中国，对中国市场治理的研究，必须联系体制转轨的特殊性来进行。

情况。不过，前一种背景下的经济增长方式在制度的质量、耦合、创新等方面通常会出现一系列的问题。

　　这些问题至少涉及如下几个方面：1. 有关私有化的制度安排是否能在产权明晰的基础上解决企业的经营行为；2. 复制或移植西方的法律规章的成效性如何，怎样结合本国的实际情况来判别这一成效性；3. 建立新的市场治理结构，要不要考虑和在多大程度上考虑本国的伦理、习俗等文化背景；4. 各种政治利益集团会在哪些方面会采取不合作，从而影响制度的质量、创新和耦合。显然，对中国体制转轨中市场治理结构的研究，应关注这些问题。体制转轨国家中的制度质量问题尤为重要，它会在很大程度和范围内影响到市场治理，因此，可以将体制转轨中的市场治理状况看成是制度质量优劣的反映。

　　20世纪90年代东欧等国（包括俄罗斯）以资产私有化为主要目标的体制改革，给经济学家提供了针对企业和市场等的运行应如何设计具有法律规则和执行手段的研究对象。从计划经济转变为市场经济要求制度发生深刻的变革。一些东欧国家引入西方相关制度所出现的经济波动，说明同样的制度在不同国家会产生不同的经济绩效[①]。或许是因为这些国家只采取制度移植而没有重视制度的创新，因而没有实现经济的可持续发展。20世纪中国的情况在有些方面同东欧等国有类似之处，直到2000年以后，才开始关注制度建设对经济增长的重要性。例如，中国体制转轨中私有化的进程及其扩张，直到资产由国有部门向私人部门大量转移、中小私人企业出现相当规模时，才引起政府和理论界对市场交易规则及其执行手段的重视。重视市场交易规则及其执行手段，就是重视市场治理模式及其选择。

　　在新制度经济学看来，制度安排滞后于市场是要支付成本的，在一定意义上，可以认为体制转轨中的市场治理模式的选择过程，是政府和厂商的交易成本的支付过程。符合国情的制度安排（包括市场治理）的创新，要受到一国体制转轨中的政治、经济、文化、思想意识形态等的制约，并且要涉

---

　　① 关于东欧国家出现经济波动的研究，起初经济学家只是将制度视为体制转轨的前提而不是作为任务来研究的，他们争论的是改革的速度和顺序，而不是如何设计市场导向型治理结构的制度安排，参阅 Funke, N. (1993), Timing and Sequencing of Reforms: Competing Views and the Role of Credibility, Kyklos, 3/46, pp. 262–337. 面对东欧各国出现的几种不同的经济转型模式，一些经济学家研究了这些国家体制转型的起点，并依据集权程度和稳定性进行了模式分类，从而分析了东欧各国体制转轨之经济绩效不理想的原因，参阅 Fischer, St., A. Gelb (1991), *The Process of Socialist Economic Transformation*, The Journal of Economic Perspectives, 5/4, pp. 91–105. 直到20世纪90年代末期，经济学家才开始关注制度因素对经济绩效的重要性。

及制度网络本身的多层次性和复杂性的协调问题。在这些问题中，市场或公司治理——这个由厂商自由选择所产生的制度安排——对于这种多层次性和复杂性的制度网络则具有重新洗牌的作用。这是因为，经济体制转轨使得市场治理结构中的一些制度安排具有"不确定性"的特征，中国的情况就是如此。我们从中国的实际所得出的客观评价是：尽管中国以法律规章为依托的市场契约体系以及相对应的经济框架已初步建立，但涉及制度建立和执行的规则、网络及其机制还会经常受到政治因素的影响；也就是说，市场治理与政治改革之间存在着较强的关联。当然，这种关联涉及很多非经济层面的问题，但如果我们能对这种关联有所了解，则会有助于我们拓宽和加深对中国现阶段市场治理结构的理解和认识。

当我们考察流通产业运行及其基本格局的变化时，必须关注市场治理模式的变化对其所产生的影响。从制度分析理论来看，这种关注的理论分析背景是制度不既定。制度不既定会影响到市场治理模式，市场治理模式变动有可能蕴涵着制度创新，而制度创新在有可能产生绩效的同时，也有可能导致损失发生的可能性[①]。制度不既定下的市场治理创新是一个值得讨论的问题。

10.2 制度不既定下的市场治理创新的理论评说

在新古典经济学的精美的理论大厦中，存在着一个经常受到非主流经济学攻击的软肋，那就是新古典经济学在研究经济增长时没有将制度因素引入分析框架，这种将制度视为外生变量的处理方法使新古典经济学难以从讲台走向现实。在新制度经济学看来，新古典经济学有关公司、市场和价格关联的理论，是一个单纯以技术因素来分析公司行为和生产边界而没有考虑制度因素的生产函数，它忽略了公司的组织形式和市场治理结构。产业组织理论（尤其是交易成本经济学）关于公司行为既取决于生产技术又制约于契约成本的分析，是比较符合实际的一种将公司和市场

---

① 经济学把创新理解成等同于绩效的倾向性见解，起源于熊彼特有关创新的解说，但这种见解在一定程度上损害了对创新的理解。以经济活动中的制度安排或模式创新来说，新的制度或模式能否产生绩效取决于其质量，而非只要是创新就一定会出现绩效。在体制和制度发生经常性变动的国度中，创新活动是层出不穷的，在这种背景下，如果我们忽视经济绩效的获取是以制度或模式的质量为前提的这一事实规定，制度创新或模式创新便很有可能会成为一种经济意识形态。理论研究必须注意这一经济意识形态对实际选择行为的危害性。

视为内生配置的研究。这是很多学者所熟悉的。联系经济的可持续发展来看,作为微观经济基础的市场治理结构,会在相当大的程度上影响社会的经济运行和经济增长。显然,流通产业运行也会受到市场治理结构的影响。

经济体制转轨背景下的市场治理是一种制度不既定条件下的制度安排。不过,就流通产业运行格局及其重塑而论,中国体制转轨时期的制度设计理念,难以实现由"市场和公司二分法"向"市场和公司合而为一"的转变①。制度的设计理念不能实现这一转变,便意味着将市场和公司看成是没有完全融合的彼此有独立边界的区域,于是,现实中有关市场治理和公司治理的制度安排就会出现相互掣肘,即便这些制度设计富有创新性。以中国流通产业为例来追溯这种情形产生的原因,正是前文反复描述和强调指出的流通产业存在着两种不同的股权性质和委托代理模式的公司类型,一类是大体上依据市场机制或原则运行的公司,另一类是部分依据市场、部分受政府意志约束而运行的公司,后一类公司会由于体制转轨的行政垄断而引致流通产业的局部垄断。中国流通产业中公司运行的如此格局是以"市场和公司二分"为基础的,同时这种格局又强化了经济学家有关市场和公司二分的理念。

按照西方学者以公司性质界定为基本内容而对市场治理的创新式解说②,我们可以将公司和市场相混合的治理结构理解为:否定新古典经济学有关公司(企业)同质性假设,强调公司内部组织结构与市场的关联,认为公司和市场是两种可以互相替代的治理方式,其活动不仅取决于生产技术也取决于契约成本,生产技术、契约成本与市场关联的配置是内生决

---

① 这个问题的解说涉及公司治理结构问题。现有的关于公司治理结构的分析,在理论上主要是以两种研究路径来展开的:一是在特定的制度假定下对公司治理结构的不同选择展开以私人部门为分析对象的研究,这一研究关注交易费用在何种市场情形下最小化,公司的内部交易在什么样的条件下出现,是"公司和市场相混合"的理念,参阅 Coase, R. (1937), *The Nature of the Firm*, Economica, 4, pp. 386 – 405. 这种研究路径通过长期契约对公司治理结构进行细化选择。另一是在制度不既定的条件下,分析制度安排变化对公司治理结构的影响,它强调时间变化导致制度环境变化,在一定程度上将市场或公司治理中的制度安排理解为制度环境的函数,可以理解为是"公司和市场二分法"理念,当这一研究完全局限于企业范围时,对公司治理结构的研究会形成以委托代理、契约等制度安排为核心的企业理论 (Klein, 1999),参阅 Klien, P. (1999), *New Institutional Economics*; Bouckeart, B., G. de Geest (eds.), *Encyclopedia of Law and Economics*; Cheltenham: Edward Elgar.

② 这些理论探索肇始于科斯 (Coase, 1937) 的名著《公司的性质》一书。嗣后,有诸如契约联结理论、委托代理理论、交易成本理论、资产专用理论、剩余控制权理论、权利理论、资源理论等;围绕市场治理结构的创新,这些理论联系公司与市场的实际关联,先后对完全契约和不完全契约进行了分析和研究。关于从公司性质角度对以上理论的评述,参见聂辉华:《企业的本质:一个前沿综述》,载《现代产业经济学前沿问题研究》,经济科学出版社,2006 年版。

第10章 市场治理变动中的流通产业重塑

定的。由于市场治理实质上是一种制度安排，因而市场治理创新也就是制度安排创新。以市场治理创新所涉及的公司内部组织和市场规则而言，理论分析的侧重点不同，其分析结论就会有所不同。不过，无论是侧重于公司内部组织的诸如等级交易结构、混合契约交易结构的分析，还是侧重于市场规则的不连续市场交易结构的研究，如果将这些研究成果放置于体制转轨的背景下来考察，市场治理创新则可以看成是制度不既定条件下的制度创新。

或许是因为不完全契约在新制度经济学家的视野中等同于制度不既定，因而侧重于从交易成本和契约来对市场治理进行研究的经济学家，实际上是将制度不既定作为研究对象的；由于以不完全契约所反映的制度不既定通常是与公司内部制衡和外部约束等联系在一起的，因此，任何针对不完全契约的研究都是力图改变市场治理的研究。易言之，实践中任何涉及规范公司交易行为的规则及其执行手段的改变，在表明市场治理得到创新的同时，也反映出制度设计的理念对市场和公司相融合这一事实的重视。联系中国的情况来看，流通产业中的由不完全契约所规定的制度不既定情景，应该说是一种广泛的存在；因此，在中国，如果流通领域中的规则及其执行手段发生重视公司行为和市场机制的改变，则可以认为政府和经济学家对市场和公司之相容性认识的理念在加强，而这些变化的规则及其执行手段则是对市场治理的创新。

完善市场治理这一目标下的制度创新，主要包括制度的规则及其执行手段这两方面的内容。新制度经济学强调交易成本的具体特征、性质和规模对制度安排的影响以及制度决定交易成本的方式[1]。这些研究被经济学家们认为是一项系统工程。如上所述，契约的不完全会滋生机会主义行为，如果能通过限制交易主体的决策行为来减少不确定性，契约就有可能具有长期性并

---

[1] 参阅 Masten, S. E.: About Oliver E. Williamson. In: Carroll, G. R., Teece, D. J. (eds.): Firms, Markets, and Hierarchies: The Transation Cost Economics Perspective. New York: Oxford University Press 1999. 然则，不断创新的制度并不像经济学家所预期的那样能高效率地解决市场治理所存在的问题。诺思（North）在研究欠发达国家的低经济绩效和不同国家的财富差异的形成时，曾认为制度质量是导致这种局面产生的主要原因（这个问题前文曾提及）。参阅诺思（North, 1990）：《经济史中的结构与变迁》上海三联书店，上海人民出版社，1994 中译本。围绕制度质量的分析和研究，也有经济学家通过将制度划分为不同类型来解说如何对市场治理进行创新。参阅齐默尔曼（Zimmermann, 2004）：《经济学前沿问题》，中国发展出版社，2004 年中译本。但由于市场治理的制度创新通常会在一定程度和范围内涉及政治制度安排，而要解决政治制度与市场治理的协调，需要支付政治交易成本，政治交易成本是改变制度所必须支付的成本（这个问题前文也曾提及），政治交易成本不仅会限制政治改革也会对市场治理的创新发生影响，参阅 Williamson, O. E.: The Mechanisms of Governance. New York: Oxford University Press 1996. Dixit, A. K.: The Marking of Economic Policy: A Transaction-Cost Politics Perspective. Cambridge, Mass.: MIT Press 1996.

在一定程度上减弱机会主义行为，而限制交易主体的决策行为必须靠制度①。与其他产业一样，中国现阶段流通产业中的以契约制定和执行为核心内容的市场治理，已在一定范围内体现出等级交易和混合交易的特征，这两种交易类型的出现是对新古典经济学将公司（厂商）视为由技术决定的生产函数而不涉及组织等理论见解的否定。因此，我们在理论上究竟是将市场治理这一制度安排理解成是博弈的规则，还是理解为是博弈的结果，不是最主要的，最主要的问题，是应将市场治理理解为契约制定和执行中的行为互动的规则，以及维护这些规则的执行机制和对违反这些规则的惩罚机制。

10.3 中国流通产业有可能出现重塑的一般图景

市场治理变动与流通产业重塑之间存在着相关性。一般来讲，以契约的制定和执行为中心内容的市场治理变动，会致使流通产业运行中竞争和垄断的手段或方法的变化，这种体现在厂商行为方式上的具有实质性的而不是形式上的变化，通常会经历一段时间影响到后续期的流通产业的运行格局，这在理论上可以解释为市场治理变动导致流通产业的重塑；或者说，流通产业现行的运行格局是由其前期的市场治理变动所塑造的。另则，流通产业运行格局的变化也会在一定程度和范围内通过信息的反馈，或强化业已形成的市场治理模式，或对现行的市场治理模式提出修正的要求，这在理论上可以解说为流通产业的重塑对市场治理变动的反作用。理解和认识到这种相关性很重要，它是我们描绘中国流通产业有可能出现重塑景象的理论基础。

中国现阶段流通产业中以竞争性的契约制定和执行所形成的交易形式，是两个或两个以上具有独立法人资格的厂商之间的市场交易。在这样的市场

---

① 市场治理在契约制定和执行方面的创新，可以理解为是对机会主义行为的防范。这是一个涉及契约类型的较难理解的问题，为了弥补读者有可能出现的思维间断，有必要将前文已叙述过的内容再解说一遍。混合契约型的市场交易是介于市场交易和等级交易之间的一种市场治理方式。相对于市场交易和等级交易，它的创新在于减弱了这两种交易为代理人提供相当大的自主权和灵活性所形成的机会主义。例如，市场交易之于资产专用性投资所产生的不连续契约，容易导致具有战略性优势的一方提取由战略性劣势一方在履行资产专用性投资契约时的信息租金或占有其准租金；而混合契约交易可以通过复杂的长期契约、特许权经营、联营安排等防范在资产专用性投资中出现的勒索现象。再例如，在产权和控制权集中的一体化公司中，尽管以合并为特征的等级交易对保护资产专用性投资提供了某些有效机制，但由于它舍弃了市场交易的激励因素，因而它不能约束高级管理人员占有业绩租金等机会主义行为；而混合交易契约则有可能实现等级交易优势、避免其劣势的激励方式，从而防范契约实施中的机会主义行为。但是，混合契约交易与其他形式的契约一样，它只能限制并不能消除机会主义行为。因而所有发达国家的市场治理仍然处于不断调整的创新过程中。

治理模式中，如果政府不对这种制约于《公司法》和市场交易规则、且由法庭仲裁其纠纷的市场治理方式进行行政干预，即如果行政型垄断行为不染指这类市场治理，则本书重点论述的局部垄断现象只存在于少数国有控股公司的特定产品和服务的经营中。此时，流通产业运行的一般图景是竞争充分而局部垄断被限定在较小范围。但是，行政干预所引致的局部垄断受到限制，并非意味着流通产业中的自然垄断也会受到限制。倘若跨国公司在华投资形成以低成本扩张的经营态势，以至于它们拥有对流通领域某类产品和服务的部分定价权，倘若流通产业的组织结构优化会形成以低成本经营为支撑的进入门槛，那么，这种由本书所赋予的特定含义的自然垄断，会与由行政干预所引致的垄断一起，共同构成流通产业中的局部垄断。局部垄断的覆盖面，一方面取决于以竞争为实质性内容的市场治理的覆盖面，另一方面取决于行政型垄断和自然垄断的覆盖面。很明显，以竞争为实质性内容的市场治理的覆盖面越大，局部垄断的覆盖面便越小。在这样的情形下，以竞争为主、局部垄断为辅的流通产业的重塑，只是在不易察觉的范围内出现。

市场经济的发展会催生出新的竞争和垄断的途径和手段。同其他产业部门一样，流通产业的充分竞争在步入垄断的过程中，同样会形成以资产并购和资产重组为内容的交易形式。具体地说，由于国内大的流通厂商在资金、品牌和管理等方面具有较高的市场占有率，他们会以兼并的形式将经营同类产品和服务的中小厂商纳入自己的麾下；同时，跨国公司在华站稳脚跟后，也会通过兼并来扩大市场。兼并和重组的市场结果是改变市场的交易秩序和规则，而秩序和规则的改变会形成新的市场治理模式。就大公司兼并或重组中小公司从而使原属于公司之间的传统市场交易转变为公司内部的交易而论，流通产业的等级交易和混合交易便普遍出现。这两种交易形式在使市场治理模式发生变化的同时，将会导致流通产业的竞争和垄断的基本格局的变化。

现阶段，中国流通产业已明显出现等级交易和混合交易的市场迹象。如前所述，这两种交易形式可以在一定程度和范围内消弭厂商在长期契约签订和执行中的机会主义行为。从市场运行来考察机会主义，机会主义行为的发生是依赖于契约及其市场治理模式的，不完全契约为机会主义的产生提供了温床，完全契约的学理逻辑是推论不出机会主义的，这是问题的一方面。另一方面，在市场治理方面，机会主义与市场垄断之间并不存在必然的联系。垄断的产生依赖于市场治理模式。中国流通产业的兼并和重组现象的出现，意味着市场治理模式已悄然从传统的市场交易向等级交易和混合交易的转变。以流通产业中的局部垄断而言，无论是等级交易形式的市场治理，还是混合交易形式的市场治理，它们都给局部垄断覆盖面的扩大提供手段和途径。因此，笔者的分析结论是：随着中国流通产业的等级交易和混合交易的出现，契约的制定、执行和仲裁等形式会发生变化，这些变化将不可避免地促使流通产业运行格局的变化，即这些变化会导致中国流通产业运行的格局发生重塑，而这种重塑将改变流通产业的竞争和垄断的一般图景。

目前，中国流通产业运行的一般图景可描述为：大面积的零售业处于政府规制的范围外，部分批发业和仓储业的经营权掌握在国有控股公司手中，部分连锁超市被跨国公司染指，零售业竞争充分，批发业和仓储业存在着由行政干预而引起的局部垄断，而连锁超市则蕴涵着产生自然垄断的可能性。当市场治理仍然以传统的市场交易为主要形式时，可认为流通产业运行的一般图景是充分竞争占主导地位，或者说，不完全契约在引致机会主义行为的同时并不必然会导致垄断。当市场治理出现一定比例的等级交易和混合交易时，流通产业运行的一般图景将会发生变化，这种变化的理论表述是充分竞争的范围相对缩小，局部垄断的范围将有逐步扩大的趋势，此时，不完全契约不仅给机会主义也给局部垄断提供了市场治理的制度载体。事实上，随着流通领域中的公司兼并和重组的广泛出现以及跨国公司在华投资经营的扩张，不完全契约的制定和执行已由市场渗透于公司内部，大公司以这类契约展开的等级交易和混合交易正在以市场治理的主流形式对流通产业运行的一般图景发生着影响。这是我们理解和认识中国流通产业运行的动态格局时所必须重视的。

单纯以"垄断不利于经济运行"的观点来看待中国流通产业有可能出现的重塑景象，主张政府对流通产业实施必要规制的官员和学者也许会情绪振奋。设想一下，对流通产业实施必要的规制，势必要用政策规章、法律手段等来抑制或阻止等级交易和混合交易这两种市场治理形式，并尽可能让不完全契约转化为完全契约。显然，这种经济思想意识忽视了两个具有经济机理性质的问题。1. 等级交易和混合交易是市场机制配置资源的产物，这两种市场治理方式是经济运行和经济发展到一定阶段的必然结果；2. 市场不确定性决定厂商的有限理性约束，而有限理性约束会使契约的不完全存在于市场交易的尽头。因此，中国流通产业运行的一般图景必然是竞争和垄断的双重存在。不过，对于流通领域中的不正当竞争所引发的垄断，政府应当予以规制。从较为宽泛的层面上来考察，中国流通产业的局部垄断与制度环境存在着关联，我们可以在一定意义上认为，市场治理变动中的流通产业有可能出现的重塑景象与特定制度环境存在着密切的关系。

10.4 市场治理结构与制度安排创新的理论考察

如果不考虑其他尚未明显出现的市场交易形式,即仅仅考虑以上所分析的三种交易形式,那么我们有以下的理解:市场治理结构是指传统的市场交易、等级交易和混合交易这三种交易形式在总交易中的各自数量及其比例。对市场治理结构变化之原因的认识,可以在理论上归结为以下两个方面:1. 市场治理结构变化主要取决于产业组织运行中的竞争和垄断的基本格局;2. 制度安排创新会在一定程度和范围内对市场治理结构的变化发生影响。关于竞争和垄断对市场治理结构变化的作用,前面的章节已从各个不同角度展开过论述;关于制度安排创新对市场治理结构的影响,则有必要对制度环境进一步展开讨论。

在现实中,对经济运行和经济发展缺乏效率的制度安排有可能被创新,但也有可能被继续保留下去。探讨制度不既定条件下市场治理结构的变化,一是要考虑到对厂商经济活动发生影响的基本政治、法律和社会游戏规则的制度环境,制度环境影响着市场治理结构的选择及其比较效率;一是要能够建构一些识别准则对制度安排创新做出实证性评价,以解释制度安排创新对市场治理结构从而对契约制定、调整和执行的作用力。就中国的情况而论,这里的讨论至少会碰到以下几个方面的问题:1. 即便我们不讨论具体形式的制度安排,但也有必要对缺乏效率的制度被继续保留下去的原因予以说明;2. 通过对中国现阶段制度环境的理解,对基本的政治、法律和社会游戏规则进行分析;3. 在概要说明不同类型制度安排的相互关系的基础上,对制度安排的主要类型做出区分,并通过评说制度网络的多层次性和复杂性及其协调,以说明其对市场治理结构的影响;4. 分析中国目前的制度安排创新之于市场治理结构还存在着哪些值得关注的疏漏。

中国的经济体制改革给制度安排创新所框定的路径依赖,是在保存一定比例的政府干预基础上的市场化;也就是说,体制转轨决定着有效率的制度安排创新会受到一定的限制。当政府干预与市场调节发生碰撞、从而使人们认识到某些制度安排缺乏效率时,由于现阶段一些被视为缺乏效率的制度安排很可能是前期的制度创新,因而它们或多或少还存在着一定的价值,会得到一些利益集团、政府机构以及其他社会组织等的支持,这就容易使制度安排的进一步创新受到阻碍。从经济分析的理论层面上来理解,体制转轨和技术进步所引致的现有要素的重新组合,会不断对制度安排创新必须适应制度环境施加压力，而制度环境在相当长的时期内具有稳定性特征，因而行政和市场摩擦所产生的缺乏效率的制度安排就会变得更加刚性和更加不灵活。国内学者关于这些问题的分析和研究，曾从不同角度和层面进行过讨论。从思想的理论渊源来看，这些讨论可以追溯到诺思（North，1990）有关以路径依赖解释制度变迁的论述。然则，诺思的分析是以西方经济为背景的，他所阐述的理论并不能完全适合中国的制度环境。因此，分析中国市场治理结构与制度安排创新的现实，必须对中国的制度环境展开讨论。

从制度环境之于市场治理结构的制度安排创新来说，中国现阶段的制度环境明显具有受体制转轨影响的特征。概括而言，保持公有制在社会经济中占有一定比重的基本政治约束，要求法律和规章在划定市场治理结构的制度安排的边界时，必须保护公有产权尽可能免遭市场竞争的侵犯；但由于私营、中外合资等非公有制企业数量的不断上升，对市场治理结构的设计便越来越要求其适应市场机制的需要，即规范契约的制定、调整、执行及违约惩罚的制度安排，必须保障非公有制厂商的产权和契约权利，以减少交易或贸易中的不确定性。很明显，中国体制转轨中法律和规章的这种二元结构指向，决定了以法律和规章为核心的市场治理结构及其制度安排创新会出现二元格局。同时，体制转轨尚未实现让社会的惯例、习俗、伦理规则等非正式制度安排向市场秩序所要求的理念的转变，因而非正式制度安排会在一定程度上不支持以契约为中心的市场治理结构及其创新。这种概括性地理解，在解说市场治理结构对社会经济绩效的影响或决定时，再次涉及对制度质量的评价，而对制度质量的评价则涉及影响或决定市场治理结构的不同制度安排之间的相互关系的分析。

诺思（North）关于正式制度和非正式制度的划分，对于解说制度变迁无疑是有帮助的；但当我们对影响或决定市场治理结构的制度质量做出评价时，仅仅局限于这样的划分则难以对影响或决定市场治理结构的制度质量进行深入的分析。按照诺思的划分，正式制度安排的范围包括法令、规章和私人组织执行规则等，非正式制度安排则通常是指社会的惯例、习俗、伦理规则等。从制度环境来看问题，如果我们将政府的法令、规章等理解为制度安排Ⅰ，将私人组织执行规则等理解为制度安排Ⅱ，将惯例、习俗、伦理规则等理解为制度安排Ⅲ，那么，制度安排Ⅰ、Ⅱ、Ⅲ对市场治理结构的制度创新的作用强度是不同的。同时，制度安排Ⅰ、Ⅱ、Ⅲ之间的相互关系也在很大程度上影响着市场治理结构及其制度创新。

在成熟的市场经济体制中，一般认为制度安排Ⅱ、Ⅲ要比制度安排Ⅰ具有稳定性,但制度安排Ⅰ的可执行能力取决于其对制度安排Ⅱ、Ⅲ的兼容性[1]。以中国的情况来说,Ⅰ、Ⅱ、Ⅲ构成的制度网络的多层次性和复杂性存在着体制转轨所要求的协调问题。关于这一协调问题,经济理论通常是偏好于运用交易成本范畴进行研究的。像其他国家一样,中国有关制度安排Ⅰ的设计和执行,实际上是将制度理解为博弈的规则;但以这种规则来设计制度安排不能局限于法令规章等在设计上的易操作性,它需要考虑制度Ⅰ对公司市场交易行为的影响(如各种商品贸易、多种支付方式等),要考虑到制度Ⅰ与制度Ⅱ、Ⅲ的网络构成及其机制作用[2]。事实上,交易主体之间的互动行为是导致市场治理结构及其创新的现实依据,因此,制度Ⅰ的设计必须考虑到现实中的制度安排在很大程度上也是博弈的结果这一事实。虽然,这一涉及现实的理论问题很复杂,但我们可以通过对中国市场治理结构及其创新受制度安排影响的某些情况予以说明。

中国经济界偏重于制度安排是体制转轨先决条件的研究,而没有真正将制度的建立当成任务来看待。或许是受这种理论研究倾向的影响,政府在设计制度Ⅰ时往往存在着让法律体系超越社会所能接受的法律框架的情况。这种情况的现实反映是,当制度Ⅰ的实施碰到困难(如执行成本过高或仲裁机构无法获取执行信息)时,私人组织执行规则和惯例、习俗、伦理规则等就会在一定程度和范围内代替法令规章,即制度Ⅱ和制度Ⅲ就会补充或替代制度Ⅰ。也就是说,制度Ⅰ与制度Ⅱ、Ⅲ的网络构成及其机制就会发生作用,从而会引致制度缺乏效率和质量低下。例如,中国制度Ⅰ中的有关私营企业经营及产权界定的法令规章,部分国有企业私有化交易的法令规章,《公司法》对企业之间契约的法令,对公司契约制定和市场交易行为的规定及仲裁规章等都涉及到制度Ⅰ、Ⅱ、Ⅲ之间的网络构成及其机制作用的不协调问题。这些不协调问题值得我们进一步探讨。

制度Ⅱ、Ⅲ是市场治理结构形成和变化的微观制度基础,而制度Ⅰ则是市场治理结构形成和变化的宏观制度基础。创新的制度是不是缺乏效率和质量低下,取决于制度Ⅰ、Ⅱ、Ⅲ之间的网络构成及其机制作用。具体地说,要取决于制度Ⅰ、Ⅱ、Ⅲ是处于互补状态还是处于冲突状态。当它

---

[1] Denzau, A., D. North (1994), *Shared Mental Models: Ideologies and Institutions*, Kyklos, 47, pp. 3–31.

[2] 以制度是博弈之规则的理念来设计制度Ⅰ,实际上暗含着制度是既定的分析设定;它有利于在理论上分析制度Ⅰ以何种方式影响市场治理结构,以解说公司应按什么样的规则进行重复交易,威廉姆森(Williamson)曾对这个问题进行过深入的研究,Williamson, O. (1985), The Economic Institutions of Capitalism, New York: Free Press. 不过,以暗含着制度是既定的假定前提来设计并展开对制度Ⅰ的研究,容易忽视制度Ⅰ与制度Ⅱ、Ⅲ的网络构成及其机制作用。

们处于互补状态时，制度Ⅰ、Ⅱ、Ⅲ会以同样或相似的方式限制或规范公司的交易行为，如是，市场治理结构的高质量和高效率的制度创新便存在着可能；反之，当它们处于冲突状态时，即制度Ⅰ、Ⅱ、Ⅲ以完全不同的方式限制或规范公司的交易行为时，遵守制度Ⅰ则意味着破坏制度Ⅱ和制度Ⅲ，反之亦然。于是，市场治理结构的高质量和高效率的制度创新便不可能了。从交易成本的思想来概括以上情景，就是当它们处于互补状态时，政府制度执行的协调成本就会减少；当它们处于冲突状态时，政府制度执行的协调成本就会增加。对这些问题所涉及的市场治理结构的制度安排创新的理论探讨，还需要对体现公司交易行为的契约进行一般性讨论。

大部分经济学家都赞成对制度创新的衡量应以高效率和高质量的经济绩效为标准。对于转轨经济中的市场治理结构是否出现优化的解释，除了以上不同类别的制度关联外，还涉及到对影响市场治理绩效的某些制度指标的测量和评价。在这方面，西方经济学家曾对私有化指标和制度Ⅰ中的法律指标进行过研究[①]。以转轨经济中的私有化对市场治理的影响和法律规章的执行而言，由于法律规章尚不足以明晰私有化产权和保障公司交易的契约权利，交易双方在契约中的具体原则、义务责任、执行条款等，除了由策略的不确定性所引致的契约的不完全特征外，还会因产权界定模糊而导致契约的不完全性。

例如，中国在经济转轨中的大量国有资产的拍卖以及大量中小私营企业的出现，曾致使相应的法律规章跟不上这种广义的私有化进程，于是，中国市场治理中便经常出现私人组织执行规则的创新以弥补现实契约的不足。这种情况在东南沿海地区的公司交易或契约的签订中经常出现。但是，由于制度Ⅰ和制度Ⅱ之间的关联容易产生间断点，法庭或其他仲裁机构难以在能够接受的交易成本的范围内实施判决，因而，由诸如三角债引发的赖账、拒不付款甚至毁约等现象便经常出现。这说明制度Ⅱ范围内的创新必须获得制度Ⅰ的支持，当不能满足这一条件时，制度创新并不一定

[①] 关于私有化指标，普遍认为它是减少国家干预企业和改变所有制结构的一种手段，但如果仅仅考虑企业私有化的数量及其形式，这一指标并不能衡量公司的经营行为，只有将激烈的市场竞争和硬预算约束纳入私有化的进程和程序来考虑，才能对私有化了的企业的交易和经营行为做出是否优化的评价，参阅 Pinto, B.; M. Belka, S. Krajewski (1993), *Transforming State Enterprises in Poland: Evidence on Adjustment by Manufacturing Firms*, Brooking Papers on Economic Activity, No.1, pp. 213-270. 关于法律指标，研究转轨经济的经济学家普遍认为，无论是以公司法还是以破产法等作为衡量制度成效的指标，虽然，不同的法律指标能判别出哪些问题已解决哪些问题依然存在，但对法律指标的衡量难以在整体上说明法律制度的创新如何影响市场治理结构的变化。显然，追溯这些问题产生的原因，可以认为是在确定制度设计时没有很好地考虑到制度Ⅰ和制度Ⅱ之间的关联。

能产生高效率的和高质量的经济绩效。这种景况的背后究竟还存不存在制度体系的其他规定性呢？它涉及了制度Ⅲ对制度Ⅰ、Ⅱ的影响。

具有意识形态感染力的经济理论分析，注重于将惯例、伦理规则、习俗等置于制度变迁领域进行研究。不过，这种研究的理论凝聚点在重视宏观制度分析的同时容易淡化制度的微观分析。在微观层级上，制度Ⅲ对市场治理结构的影响，通常表现为制度Ⅲ对制度Ⅱ形成或创新的间接影响。一般来讲，惯例和伦理是通过自我约束和自我承诺来实现其对行为人非强制性的制度约束的；而习俗则是通过社会自发控制的方法（如使违规者名誉受损等）来执行制度约束的[1]。联系市场治理结构及其创新来看，由于体制转轨不仅需要建立新的经济框架而且会在一定程度和范围内改变政治游戏规则，政治不稳定通常会导致制度Ⅰ的不稳定，因而经济主体的交易行为和契约关系的实施，就会经常性地利用或创新制度Ⅱ、Ⅲ以改变制度Ⅰ中的不适当的法律规章。这种情况在中国明显存在。

与西方国家相比，中国的制度Ⅱ体系中并不存在独立的私人组织执行机构及其规则。具体地说，就是既不存在规模相当的受到政府承认的私人仲裁机构，也没有公开合法的具有法律执行效率和功能的行会组织；中国私人组织执行机构并不是绝对的不存在，如沿海经济发达地区的具有扩展趋势的地下钱庄，或初步具有私人仲裁功能的类似于行会性质的经济组织等。不过，中国的制度Ⅱ对市场治理结构形成和创新的作用，要明显小于制度Ⅰ，尽管这种作用随着转轨的加速和完成有进一步加大的趋势。

制度Ⅲ对市场治理结构形成和创新的影响，主要是通过经济主体重视由自我承诺所控制的信任、名誉等来实现的。就制度Ⅲ对契约的执行而论，中国市场尚不发达和体制转轨及其特点，决定着市场所能提供的有关交易对象的信息是有限的，或者说，交易者针对交易伙伴的选择要受到一定的局限。于是，自我约束的惯例、自我承诺的伦理以及社会控制的习俗，就会对契约的形成及其执行机制发挥作用[2]。例如，在得不到法律有

---

[1] 一些经济学家曾运用博弈分析来说明惯例、伦理、习俗等的制度约束形式，认为在合作型博弈中，只要两人参与的博弈不存在任何一人偏好任何形式的纳什均衡，惯例就会发生"即便单方参与者破坏规则也不会出现使任何参与方处境变得更好"的制度约束；而伦理和习俗则是博弈参与者采取内在化策略时的制度约束，这些约束会使违反规则的收益大大减少或合作收益大大地增加。

[2] 经济学的最近发展，曾以"社会资本"概念来解说制度Ⅲ对契约或市场治理结构的影响。但从惯例、伦理和习俗对契约的规定性来考察，体制转轨国家中的受制度Ⅲ影响的交易关系在很大程度上可以被界定为是一种"关系契约"。这种"关系契约"是体制转轨国家中契约执行的主要机制，参阅 Hendley, K. (1998), *Temporal and Regional Patterns of Commercial Litigation in Post-Soviet Russia*, Post-Soviet Geography and Economics, 39/7, pp. 379–398.

效保护的情况下，中国的很多公司为了防范违约或拒付款，交易往往依靠伙伴之间的相互信任，这种以自我承诺、遵循惯例为底蕴的制度安排，可以理解为是一种针对制度Ⅰ难以提供有效保护的制度创新。从理论层面来看待中国的这一实际，现实中存在的以信誉作为执行机制的诸如交货前付款、停止交易威胁等手段，实际上是制度Ⅲ对市场治理中的契约制定、调整、执行的不完全性的一种应对。

总之，市场治理结构的发展和变化是同制度Ⅰ、Ⅱ、Ⅲ的网络构成及其机制发挥过程联系在一起的，这一网络构成及其机制的发挥，决定着市场治理结构的质量和创新程度。分析和研究中国市场治理结构及其创新的质量，要在体制转轨特征的基础上注重制度Ⅰ、Ⅱ、Ⅲ的内在关联。也就是说，无论是从私有化的制度创新所涉及的产权方面来分析市场治理结构，还是从移植西方法律制度所涉及的成效性来分析市场治理结构，只有考虑到制度Ⅰ、Ⅱ、Ⅲ网络构成及其机制，才能系统地对市场治理结构及其创新做出深入的研究。

分析和研究流通产业的市场治理结构和制度安排创新，从而探讨以契约制定、调整和执行等为核心内容的市场治理结构应如何创新的困难，来源于体制转轨制约下的各种层级制度的不既定（制度Ⅰ、Ⅱ、Ⅲ），而研究制度不既定背景下流通产业的市场治理结构，则需要通盘考虑不同层级制度对契约制定和执行的影响。局限于经济领域来探讨市场治理结构的创新，不能摆脱制度不既定条件的约束，而将社会惯例、伦理和习俗等非正式制度安排纳入分析框架，也只是部分跳出了制度的不既定约束。因此，考察体制转轨经济中的市场治理结构及其创新，必须分析制度环境尤其要分析政治制度的某些规定性[①]。

到目前为止，本书从产业组织及制度的角度对中国流通产业运行问题所进行的理论考察，有了一个大体上能切合中国实际的描述。这些考察在揭示出流通产业运行中某些症结问题的同时，也反映了解决这些问题的困难。不过，我们在解决实际困难之前，有必要首先解决理论建构的困难。中国流通产业运行的理论框架究竟如何设计，是摆在我们面前的亟须解决的课题。

---

① 新制度经济学有关交易成本的理论建树，为我们研究制度不既定条件下的市场治理结构提供了一种有可能解决问题的方法。运用交易成本范畴究竟能不能说明制度的网络层次性、复杂性及其协调等问题？能不能通过对政治交易成本的研究来说明不同政治和经济利益集团在制度安排创新上采取不合作的原因？能不能以交易成本概念作为主要分析工具来解说制度的质量及不同层级制度之间的耦合问题？显然，这些问题与体制转轨中的"制度不既定"和"制度是博弈结果"两个基本事实分不开的。

第11章　中国流通产业基础理论建构的若干设想

流通产业运行是产业运行的一个重要组成部分。经典经济理论对流通产业的基础理论处理，是将其放置在产业组织理论这个大框架内来考虑的。以制造业为主而兼顾流通业的考察方法，使我们在运用产业组织理论来分析流通产业运行的实际问题时显得非常的勉强；认为流通业依附于制造业、从而认为产业组织理论具有一般涵盖性，是流通产业基础理论至今得不到充分和独立发展的认识根源。其实，从产业组织运行的一般理论架构来认识或解说流通产业，与直接依据流通领域的实际来认识或解说流通产业，并不是一回事，这两种认识或解说之间所存在的偏差，要求我们重视流通产业基础理论的建构。

本书第3章曾对流通产业运行的基础理论框架进行过讨论，在那里，笔者依据新制度分析理论在对流通产业的制度安排做出若干理解的基础上，并根据中国体制转轨与公司制度安排的实际，对如何建构流通产业组织的基础理论提出过一些思路。在这里，笔者试图将思路整理成一种设想型的理论建构。显然，建构某一基础理论，从思路到具体设计尚有很多内容需要填充。因此，本章的研究可看成是本书的第3章的分析延伸。

11.1　流通产业运行之制度分析框架的设想

对流通产业运行的宏观层面的把握，是其产业组织问题。在先前的分析中，我们曾反复对竞争和垄断这一产业组织的核心问题展开过讨论。事实上，流通产业的竞争和垄断的基本格局及其变化，通常是在特定的制度安排下形成的，对流通产业组织运行的基础理论考察，要关注其制度分析的框架。从一般理论分析来考察，我们要以制度的不同类型划分来探索流通产业的竞争和垄断的制度根源，在讨论流通业与制造业不同运行机制的基础上来建构有关流通产业的竞争和垄断的制度分析框架。这一框架的建构涉及到很多问题。

首先，需要对流通业的竞争和垄断做出不同于制造业的定性分析，这种定性分析的目的是建构出充分反映流通产业运行特点的产业组织理论①；其次，定性分析要有一些特征性假说，要以实证分析来证伪特征性假说，而证伪的研究要运用必要的模型；再其次，要针对流通产业的实际展开规范分析，从而为政府是否需要对流通产业实施必要的规制提供政策主张。

围绕以上的框架设计，流通产业组织理论建构的途径之一，是可考虑用制度作为一条分析主线。具体地说，针对流通产业中的特定竞争和垄断，我们在基础理论的研究上要突破新古典经济学的分析方法和范式，将一切影响或决定竞争和垄断的因素尽可能地纳入制度分析框架；也就是说，建构流通产业的基础理论，必须对其竞争和垄断的格局有一个系统的理论解说。竞争和垄断决定于制度安排的事实，要求流通产业组织理论能够以制度来解析竞争和垄断的形成和变化。从一般分析层次来看，对流通产业的竞争和垄断做出制度解释，可以延伸到对制度设计、制度运行、制度质量等问题的深入讨论，而这些讨论可以在拓宽流通产业运行分析范围的同时，使流通产业的基础理论的建构进一步具体化。另则，沿着制度分析主线来架构流通产业的组织理论，无论是在逻辑方面还是在现实方面，该理论都可以实现同厂商行为方式之研究的理论对接。这一理论研究的对接很重要，它是对以制度分析为主线来建构流通产业基础理论的层次规定。

扩大流通产业基础理论建构之分析范围的一个值得重视的研究对象，是关联于竞争和垄断的制度环境。较之于具体的制度安排，制度环境对流通产业运行的影响更加广泛，流通产业的厂商行为方式在一定程度上是制度环境的产物，现实中的具体制度安排无不具有特定制度环境的烙印。为此，建构流通产业的基础理论应该以特定的制度环境为分析背景，这个背景可以帮助我们建构以制度为主线来研究流通产业运行的系统理论。这就是说，以制度来解说流通产业的竞争和垄断以及与此相对应的产业组织，其框架的设计或分析思路的展开，要考虑到制度制定和实施的外部约束（制度环境）问题。将外部约束作为解释性变量置于流通产业运行的分析之中，对竞争和垄断及其产业组织的研究是至关重要的，它会拓宽我们建构流通产业基础理论的分析视野。

从纯粹的经济意义上来理解，流通厂商的行为方式同其他产业中的厂商

---

① 探寻流通产业的产业组织理论，并不意味着对西方产业组织理论的完全排斥，恰恰相反，流通业的产业组织理论的建构在很大程度和范围内要借鉴以制造业为底蕴的西方产业组织理论。客观地说，创建某一新理论的难点不在于借鉴，而是在于对原有理论的发展。流通产业运行之基础理论框架的建构，明显体现出这方面的要求。

一样，同样是实行成本收益支配下的利润最大化原则。新古典经济学的经典教义，容易致使经济学者在探索或建构某一新的学说时难以摆脱效用函数的束缚①。但如果联系制度环境和具体制度安排来考察人的行为，我们对厂商行为方式的认识或许会系统化。流通产业运行中的制度安排包括公司治理结构的内部制衡、外部约束以及以契约为核心内容的市场层面上的各种制度。从制度环境来分析流通厂商的行为方式，可以将公司内部制衡和外部约束对厂商行为方式的各种规定放置于一个统一的框架来研究，这样的研究有可能摆脱经典经济学理论的影响。当然，以制度分析为主线、并在某些必要的场合以制度环境为背景来建构流通产业理论，也许存在着很多困难，但作为对建构流通产业基础理论的一种设想，我们能否考虑以制度环境为背景来展开对流通产业运行的基础理论建构呢？这个问题值得讨论。

　　对流通产业运行的微观层面的制度分析，主要发生在公司治理结构的委托代理以及市场契约联结等制度安排方面，这两种制度安排能够集中解释公司内部制衡和外部约束的运行轨迹。基于这种理解性的论断，我们以制度为分析主线来建构流通产业的基础理论时，应归纳出不完全等同于制造业的有关流通厂商的各种微观层面上的制度安排，并以这些制度安排作为解说其产业组织理论的基础。将流通领域微观层次上的制度安排与宏观层次上的制度安排作为一个整体的分析框架，可能会碰到的最主要的困难之一，是区分这两种制度安排的内外在联系和区别，而对这些联系和区别的说明，要尽可能以委托代理和契约联结的实际制度运行来阐述。委托代理涉及到产权、交易费用、道德风险等问题，契约联结则涉及到由市场运营所形构的竞争和垄断的基本格局问题。如果我们能大体上完成对这两种制度安排的理论分析的衔接，那么，我们以制度分析为主线来架构流通产业运行之基础理论框架的希望火花便开始闪烁了。

　　不过，当我们以制度来分析、从而架构流通产业的基础理论时，不能离开对流通产业运行产生重要作用的经济体制的研究。经济体制模式的既定格局及其变化，是贯穿于制度分析之始终的一个至关重要的方面。从理论分析框架的逻辑顺序来看，若要从制度入手来完成对流通产业基础理论的架构，

---

① 这个观点是以新古典经济学的效用函数为底蕴的。效用函数关于利润最大化和消费最大化的描述，支撑着"理性经济人"范式在经济学世界对行为方式解说的广泛运用。但如果经济学深入研究厂商行为中的非经济因素的影响，或者说从制度环境而不是单纯从经济性制度安排来研究厂商的行为，经济理论对厂商行为方式的描述则会在很大程度上得到修正。在这种分析视角下，"理性经济人"概念理应被"理性行为人"或"行为经济人"等概念所取代。参阅何大安：《选择行为的理性与非理性融合》，上海三联书店，上海人民出版社，2006年版；何大安：《行为经济人的有限理性实现程度》，载《中国社会科学》，2004年第4期。

必须对经济体制模式这一最高层次的制度安排之于流通产业运行的作用机理展开研究。以中国的情况而言，提炼或概括出流通产业的基础理论，必须联系体制转轨中的制度不确定性来分析流通产业的特定制度安排。例如，我们只有对决定中国流通产业运行的经济体制模式做出关联于其实际运行的制度解释，才有可能概括出大体符合中国国情的产业组织理论，才有可能围绕委托代理和契约联结来说明流通产业中公司的内部制衡和外部约束的各种制度安排。很明显，从委托代理角度来展开对体制转轨时期的中国流通产业运行的分析，可以展现出公司治理结构及其变动的制度规定，从契约联结角度来展开对体制转轨时期的中国流通产业运行的研究，则可以反映出流通厂商的市场行为的制度约束。

如上所述，制度不既定对契约联结所产生的影响，主要表现为政策、法律、规章等正式制度安排对市场交易规则和秩序等的约束。当我们以制度为主线来架构流通产业的基础理论时，体制模式、产业组织、公司治理、委托代理、契约联结等的变动，均可以理解为是制度的不既定。因此，综合宏观和微观的制度变化来设想流通产业之基础理论的架构，我们可以制度环境来包括体制模式，以体制模式来包括流通产业的特定制度，以政策、法律、规章等正式制度来解说流通产业中的委托代理和契约联结等具体的制度安排，以具体的制度安排来解说流通产业的运行实际。凡此种种，均显露出制度作为分析主线的思想痕迹。

11.2　从投资和消费来建构流通产业基础理论的设想

新古典经济学、凯恩斯主义经济学以及其他主流经济学流派的宏观经济分析，通常是以投资函数和消费函数为分析工具的。经典经济理论在借助于这一分析工具使宏观经济问题得到理论论证的同时，也使经济学在一定程度和范围内淡化了对流通产业基础理论的专门研究[1]。诚然，流通产业投资和消费的一般情形可以被主流宏观经济分析所涵盖，但这种涵盖却显露了流通产业投资和消费的特征没有充分被揭示的不足。如果我们能够结合流通领域实际在主流经济理论的基础上对投资函数和消费函数予以某种新的解释，并

---

[1]　在宏观层面上以投资函数和消费函数来解析经济总量问题，其分析框架或研究对象通常不会细分到一、二、三次产业，同时，由于投资函数和消费函数具有解析一、二、三次产业运行的一般性分析工具的功能，因而，主流经济理论总是倾向于以投资函数和消费函数作为宏观经济分析而不将其作为一、二、三次产业运行的分析工具。

且将制造业以及非流通领域的经济运行及其制度安排暂看成是外生变量时，那么，我们从投资和消费来建构流通产业基础理论的设想，或许存在着有价值的理论探讨空间。

凯恩斯主义经济学运用投资函数及其相应的宏观经济理论描述，是结合储蓄函数来展开的。以一国宏观层次上的投资总量的决定而言，该理论的基本观点是认为厂商的现期投资决定于公司的现期财务（利润状况），宏观经济平衡取决于投资与储蓄是否相等。这一经典的宏观经济平衡式对政府调控经济的影响，主要发生在财政政策和货币政策等方面。新古典经济学的宏观经济分析理论不同意凯恩斯主义有关投资函数的理论描述，认为厂商的现期投资不依赖于他们的以利润率和现金流为代表的现期财务，即厂商的现期利润水平与投资支出无关[1]。凯恩斯主义经济学与新古典经济学在厂商投资决策如何决定上的理论分歧，给我们以投资函数为分析工具来建构流通产业运行之基础理论的启迪是：建构流通产业基础理论框架的有可能获得成功的理论分析途径之一，是有必要结合流通领域的实际探寻出适合于解释流通产业运行的投资函数。

其实，无论是凯恩斯主义经济学还是新古典经济学，它们有关宏观经济学意义上的投资函数的理解和研究，都是在效用最大化假设上将投资者看成是"理性经济人"。这种经济理念排除了投资者在决策过程中的其他非利润化的行为动机或行为准则[2]，其理论结果之一便是使投资函数所含括的内容

---

[1] 公司的投资决策与其流动性状况完全无关，是莫迪利亚尼（Modigliani）和米勒（Miller）提出的思想，被称之为莫迪利亚尼—米勒定理，参见 Modigliani, Franco and Miller, Merton H., "The Cost of Capital, Corporation Finance and the Theory of Investent," American Economic Review, 1958, 48 (3), pp. 261 – 297. 客观地说，这个定理是以决策者的效用最大化为假设前提的，对投资问题的研究，一旦以效用最大化为假设前提就会围绕利润最大化来讨论问题，但如此定义决策者的效用函数会显得过于狭隘，因为这时的效用仅仅取决于决策的真实结果，在莫迪利亚尼—米勒模型中，效用只是依赖于股东贴现的真实收益。公司的投资决策与其流动性状况究竟存在着何种关联，是经济理论解说决策行为的基础理论问题之一，它也是我们建构流通产业基础理论时所必须讨论的问题。

[2] 现代非主流经济学与主流经济学的基本理论分歧，在相当大的程度上根源于它们对效用函数之决定的分歧。现代非主流经济学认为现实中存在着很多被经典理论视而不见的影响或决定效用的非利润因素，这些因素会影响决策者的投资、消费、储蓄等行为。以投资问题的研究而言，他们实际上是主张添加这些因素以修正投资函数和效用函数。例如，针对新古典效用函数的利润最大化和消费最大化的影响，2001年诺贝尔经济学奖得主、美国经济学会会长乔志·阿克劳夫在2007年1月美国经济学年会第190次会议主席讲演"宏观经济学的缺失动机"一文中，曾通过对宏观经济理论的五个中性结论的批评（消费不依赖于现期收入，投资不依赖于现期财务状况，通货膨胀在维持自然失业率条件下趋于稳定，理性预期导致政府宏观稳定政策失效，李嘉图等价使转移支付对现期消费不发生影响），认为新古典经济学没有将行为准则放置于效用函数之中，这大大损害了人们对真实经济世界的理解。参阅 George A. Akerlof, "The Missing Motivation in Macroeconomics," American Economic Review, 2007, Vol. 97, Issue 1, pp. 5 – 36. 阿克劳夫的这些批评在很多场合涉及了对效用函数的评说，这些评说对我们研究厂商的行为方式有一定的启迪作用。

显得过于狭窄。为此，我们能否在建构流通产业基础理论时拓宽投资函数的分析内容呢？在笔者看来，以现实而不是以折中的观点来考察，流通产业与其他产业部门一样，厂商的投资决策既依赖与企业的财务状况但也不完全依赖于企业的财务状况，如果我们能够在理论上论证出这一观点的正确性，则我们就可以在现有理论的基础上对投资函数做出某些接近于实际的修正，如将人的行为准则以及形成或决定这些准则的诸如名誉、地位、爱心、伦理道德等非正式制度因素纳入投资函数等。

作为对建构流通产业基础理论之设想的一种有把握的预期是：只要我们能探寻出逼近流通产业运行实际的投资函数，我们便有可能在理论上解说流通业与制造业的关联，而放大这种关联，则可以在研究中逐步放弃那些将制造业和其他非流通领域经济运行及其制度安排看成是外生变量的假设。这一理论建构的中心点是基于厂商投资决策决定于企业的财务状况和非财务状况。如果我们直接借助主流经济学的投资函数模型，那么，我们对企业非财务状况的分析和研究则是这一理论建构的关键所在，它要求我们在理论上必须对企业的本质问题做出有别于现有理论的说明。随着投资函数分析边界的扩大，究竟能不能找到适合于解说流通产业运行的投资函数，是理论研究的重大难点；同时，随着投资函数有可能在理论上的重塑，对流通产业运行的消费函数的解说，也应做出相应的变化，并且储蓄函数的界定也应随之发生调整。显然，针对流通产业运行而修正这三大函数是极其困难的工作，笔者在这里以理论设想的形式提出来，与其说是一种较成熟的思维，倒不如说是一种思想火花。

凯恩斯主义经济学关于消费函数及其相应的宏观经济理论描述，在一定范围内也是结合储蓄函数来展开的。就一国宏观层次上的消费总量及其决定而论，该理论的基本观点是认为消费支出取决于人们的现期收入，宏观经济平衡在一定程度上取决于既定收入约束下的消费与储蓄之间的比例。但标准的宏观经济理论则认为消费依赖于财富，而财富是现期财产价值与未来收入贴现价值的总和[①]。凯恩斯主义经济学与标准宏观经济学在有关消费如何决定方面的认识分歧，在很大程度上反映了流通领域中的消费支出的扑朔迷离的景象。客观地说，人们的消费支出或消费函数的决定，应部分取决于财富水平，部分决定于现期收入，即消费函数由财富水平和现期收入共同决定。

---

① 这个观点是试图以财富取代现期收入来说明消费函数的决定，它的逻辑结论是：在财富给定的情况下人们不具有根据其现期收入来决定其消费支出的倾向。参见 Friedman, Milton, *A Theory of the Consumption Function*, NJ: Princeton University Press, 1957.

假若我们据此来建构消费函数,并将其与投资函数一起作为建构流通产业运行基础理论的分析工具,我们对流通产业运行基础理论的建构,或许会产生一些新的思路。

当然,运用投资函数和消费函数来建构流通产业运行的基础理论,至少要在理论上回答以下几个问题:1. 研究流通产业运行能不能运用宏观经济分析方法;2. 怎样处理流通产业与其他产业之间的变量关系;3. 如何构造投资函数和消费函数。很明显,第一个问题是后两个问题的基础。从宏观经济分析方法对研究对象的要求来看,对某一经济现象能不能采用宏观分析方法,取决于它能否在总量上得到统计说明;现代宏观经济分析方法的运用,通常是以国民经济统计账户意义上的目标数据为对象的,至于某一部门或行业的总量研究则被排斥于宏观经济分析意义上的总量分析的范围之外。作为对问题研究的一种学术探讨,如果我们将宏观经济分析方法广义地理解为是对某一经济总量的分析及其模型处理,而不是局限于国民经济统计账户意义上的总量分析,那么,我们在这种意义上以投资函数和消费函数来建构流通产业的基础理论,或多或少存在着广义的宏观经济分析意味。

事实上,某一特定时期的流通领域的投资总量是客观存在的,它在理论上理应等于该时期的整个社会投资总量减去第一、二次产业的投资总量;与此相对应,某一特定时期流通领域的消费总量也是客观存在的,它大体上可以理解为由流通产业的产品销售所对应的该时期社会最终消费的产品[①]。因此,在撇开对外贸易的情形下,某时期流通产业的国民生产总值 = 投资 + 消费;投资和消费的变动会影响或决定流通产业运行的基本格局。依据这样的宏观分析模式来理解,如何在理论上刻画或描述流通产业运行,关键在于对投资函数和消费函数的建构。在现实中,由于第一、二、三次产业的生产经营和产品销售,在很多场合往往是交织在一起的,因而,我们建构流通产业的投资函数和消费函数应该考虑引入新的变量,以努力让研究视野逾出现有的分析框架。

以投资函数和消费函数作为基本分析工具、从而在宏观分析层次上来研究流通产业运行的一种可考虑采用的途径,是将行为动机或行为准则作为投资和消费的解释性变量。人的行为动机或准则是由制度安排引致或决定的,

---

① 赞成将消费划分为生产性消费和最终性消费的学人,很可能不同意这样的理解。其实,生产性消费和最终性消费的划分是以社会所有产业部门为分析框架和研究对象的,如果我们硬要在流通领域划分出生产性消费,则这种生产性消费属于流通产业的投资。在这里,我们看到分析框架和研究对象的不同会导致概念及其运用之范围的理解的不同。

而被宏观经济学模型所忽视的行为动机或准则在很大程度上是由非正式制度所决定的。决策中的动机或准则往往表现为人们选择时的依据或标准，它反映人们决策时应该怎样做和不应该怎样做的问题。从效用函数的角度来解析，在厂商或个人的契约制定和执行中，如果契约的制定和执行不符合某一方的行为动机或准则，则这一方将意味着效用的损失[1]。投资函数和消费函数能否体现决策者行为的真实世界，取决于这两个函数如何安排作为动机或准则的变量。

联系流通产业运行来考察，我们建构流通产业的基础理论可以投资函数和消费函数作为最基本的分析工具，具体的做法是：在探索出能够解说流通产业投资和消费之一般规律的基础上，可考虑对西方经济理论有关投资函数和消费函数的决定变量进行相关的适当的处理，对流通产业运行中的产业组织、竞争和垄断、厂商行为方式等做出理论说明。这是一项难度很大的研究工作，它要求对宏观经济学基础做出某些改造。按照本节的设想来建构这一理论框架，就是在投资函数和消费函数中引入行为动机和准则，并以之来描述和推论流通厂商在产品和服务经营中的行为决策，从而建构出流通产业运行的基础理论。建构某一新理论的设想，在很大程度上要依赖于其分析基础是否成立，而寻觅出一种逻辑论证切合于实际的分析基础，无疑会面临众多的困难，这需要我们共同努力。

以上关于流通产业运行之基础理论建构的设想，实际上是企图创建一种具有"行为经济学"色彩的流通产业理论。客观地说，流通领域中的厂商投资行为和消费者消费行为的理论分析基础，是不确定条件下的风险决策，决策的风险性质决定着我们在描述投资函数和消费函数时必须重视对行为主体决策的不确定性的研究。这里所说的行为主体不仅包括厂商和个人，也包括政府及其机构。因此，如果我们以行为为底蕴所描述的投资函数和消费函数能够支撑起流通产业基础理论的框架，这一理论框架便有可能对中国流通产业中的竞争和垄断现象做出理论说明。

---

[1] 可以认为，现代非主流经济学在效用问题上出现的许多背离主流经济学的见地但却缺乏系统归纳的理解，实际上是没有将动机或准则作为影响或决定人们决策的重要内生变量来看待，于是，经济学世界中的效用函数具有不可动摇的地位。乔志·阿克劳夫（George A. Akerlof）主张将动机或准则纳入宏观经济分析，是一种试图"颠覆"标准宏观经济分析从而试图修正效用函数的理论性行为努力。参阅 George A. Akerlof, "*The Missing Motivation in Macroeconomics,*" American Economic Review, 2007, Vol. 97, Issue 1, pp. 5 – 36.

11.3 中国流通产业局部垄断研究的基本框架

在第3、4、6、9各章中，本书曾从不同的角度对中国流通产业运行中的局部垄断问题展开过分析。在那里，我们研究了局部垄断形成的制度性根源，研究了局部垄断的表现形式及其特征，并结合中国流通产业有可能出现的自然垄断将这种局部垄断界定为两大构成：由制度引发的行政型垄断和市场机制、产品服务经营引致的自然垄断（本书特有的理解）。现在，当我们从建构流通产业基础理论的视角来进一步考察这种局部垄断时，分析的逻辑要求我们结合前文的设想对这种局部垄断问题展开讨论。显然，这一讨论的主题或主画面，不再是追溯中国流通产业运行中局部垄断的具体形式和过程，而是描述或论证如何利用前文的设想来建立起研究中国流通产业局部垄断的基本框架。考察中国具体的经济问题，要求以特定体制为分析背景，要求以现实为研究对象，这是无可非议的；但要将这些分析和研究上升到一定的理论高度，必须要有基本的理论框架与之相对应。

新制度经济学有关制度的研究是以西方成熟的经济体制为分析背景的，我们之所以有必要再三指出这个由体制属性所规定的理论事实，不仅是因为理论移植很可能会支付包括交易费用在内的巨额成本，更重要的，则在于强调对中国具体经济问题的研究要建立起符合实际的特定制度框架。中国流通产业的局部垄断是经济体制转轨中的行政仍然在一定程度上干预着市场的一个极其复杂的过程。在理论上将这一过程描述为制度的产物，应该说是新制度分析理论给中国学者的启示。但基于新制度经济学理论分析框架的一般性，我们运用它来建构流通产业的基础理论时，至少需要对新制度分析理论做以下两个方面的处理：1. 依据新制度分析的基本观点，对流通产业的运行特征进行理论描述，从而概括出流通产业运行的一般制度分析框架；2. 在流通产业之制度分析一般的基础上，根据中国流通领域的实际来展开具体的制度分析。倘若我们能从新制度经济学的启迪中实现以上两个层次的框架整理，我们对流通产业基础理论的研究或许会做得更好。

对流通产业运行做出一般性的制度分析或分层次的理论概括，是对中国流通产业局部垄断展开制度分析的基础。总的来说，西方制度分析理论关于制度的设计、功能、摩擦、质量、实施等的模型分析，是针对经济运行一般来展开的，支撑其模型设置的主要变量并不完全适合于对流通产业制度安排的解释。因此，建构流通产业的制度分析的一般性理论，首先要正确选择对流通产业运行发生影响的关键性变量，并选择性地用这些变量来构造流通产业运行的诸如制度功能函数、制度质量或效应函数等。有了流通产业运行的一般性制度分析理论，有了关于制度作用机理的各种函数模型，也就建立了流通产业运行的基础理论。

研究特定经济体制背景下的某一经济领域的制度、主体和行为，必须依靠基础理论的支持。如果我们能建立符合中国现阶段实际的流通产业的基础理论，我们研究中国流通产业局部垄断的基本框架就有了眉目：以新建构的流通产业基础理论为纲，以制度分析为主线，张开两翼对主体和行为进行贴近实际的分析，如分析中国现阶段流通产业的制度安排格局，分析政府和厂商、个人在这种特定制度网络中的行为；通过制度分析，探索局部垄断形成的原因及其作用过程，并将这些上升到基础理论的高度来认识和解说；分析各种制度之间的不合理设置，以说明局部垄断产生的制度安排基础；沿着制度结构决定主体行为、主体行为决定绩效的分析轨迹，将中国现阶段流通产业局部垄断现象的研究放置于一个统一的框架内来进行考察。在笔者看来，这个统一的分析框架必须包括：1. 对流通产业制度安排的特定理解；2. 理清流通产业各种制度安排的层次性；3. 界定出政府、厂商和个人的不同的行为动机和各自的目标函数；4. 运用适当的分析工具来揭示局部垄断形成的机理等等。当然，这个粗线条的分析框架或许存在着某些遗漏，但如果遵循这个框架来进行深入研究，相信遗漏的内容会进入分析者的视线。

谈及分析工具，我们再次感到运用投资函数和消费函数作为研究中国现阶段流通产业局部垄断之基本分析工具的适用性。我们在研究流通产业局部垄断时，可以分别构造出政府、厂商和个人的投资函数和消费函数，解说这些由不同动机和目标所形构的函数对局部垄断产生的作用过程和机理，并通过数理分析将这些函数与制度安排的研究联系起来，以论证出局部垄断形成的现实依据。如上所述，投资函数和消费函数是宏观经济分析的基本分析工具，但对它们的谨慎使用会限制人们的分析视阈；特定时期流通产业的投资和消费总量之客观存在的事实，投资行为和消费行为在很大程度上受制度安排影响的事实，无疑给我们运用这两个函数提供了依据。

不过，投资函数、消费函数与流通产业的局部垄断并不存在直接的关联，这需要我们寻找适当的分析中介，以便将它们置于一个统一的分析框架。经济学者周知，投资函数主要取决于投资主体的利润率、现金流、收益预期以及资产未来价值贴现等变量，消费函数主要取决于收入、价格预期、现期财富水平等变量，但这些变量受制度规则及执行这些规则手段的制约却是明显的事实，当制度安排发生变化时，人们的投资和消费行为必然会随之变化，即便是政府的投资和消费行为也不例外。因此，我们以投资函数和消费函数作为解析中国流通产业局部垄断的基本分析工具时，可以考虑以行为分析作为中介。在这方面，行为经济学给我们提供了许多可供借鉴的理论养料。也就是说，以行为分析来架构投资函数、消费函数与制度安排的关联，是研究中国流通产业局部垄断之基本分析框架的一种值得探索的路径。

11.4 结论式结语

　　流通产业运行基础理论的建构是一项有待于经济学家深入研究的工作。利用西方经济理论尤其是利用新制度经济学来建构这一基础理论，尚存在着很多值得推敲的地方。首先，新制度经济学在多大程度和范围内能够给这一基础理论的建构提供有效的理论支持；其次，如何将一般的制度分析转化为流通产业的一般制度分析；再其次，如何选择分析工具来展开这种基础理论的架构；最后，是不是融合多种经济理论比运用单一理论更能系统地搭建这一基础理论的平台。凡此种种，都在历练着经济学家理论研究的"筋骨"。

　　中国流通产业的局部垄断现象是十分明显的，但指出这种现象同依据于基础理论来论证这一现象并不是一回事。本章分析实际上是认为，局部垄断产生于由体制转轨摩擦所导致的制度质量低下和制度安排的不合理，因而提出以制度作为分析主线来架构流通产业的基础理论。这种理论见解也许存在着争议，但在笔者看来，对某一问题之争议的冰释，要遵从"学习理论"的教诲，即先着手建构理论然后再评论是否有必要争论。同样，本章提出以投资函数和消费函数作为基本分析工具的观点也存在着类似的情况。

　　对某一基础理论建构的设想，与具体建构某一基础理论还存在着很大一段距离。"科学从设想开始"在安慰着设想者的同时，也在激励着设想者努力地实现着向建构者角色的转化，但我们不能将那些罗列经济现实并以此给政府政策开药方的学人当成是某一基础理论的建构者。流通产业理论在经济学丛林中的苍白无力，显示了建构流通产业基础理论的重要性，笔者很想知道经济学界的同人是不是和笔者一样有这样的思想感受。

参 考 文 献

一、中文部分

[1] 丹尼尔·史普博：《管制与市场》，上海三联书店，上海人民出版社，1999年中译本，第4~7页。

[2] 豆建民：《中国公司制思想研究》，上海财经大学出版社，1999年版，第187页。

[3] 樊纲：《论体制转轨的动态过程》，载《经济研究》，2000年第1期。

[4] 弗洛伊德：《精神分析引论》，商务印书馆，1986年版，第82~92页。

[5] 弗洛伊德：《梦的解析》，中国民间文艺出版社，1986年版。

[6] 郭冬乐等：《中国流通产业组织结构优化与政策选择》，载《财贸经济》，2002年3期。

[7] 郭冬乐、宋则主编：《中国商业理论前沿Ⅱ》社会科学文献出版社，2001年版，第426~445页。

[8] 哈耶克：《自由秩序原理》，三联书店，1997年版。

[9] 哈耶克：《法律、立法与自由》，中国大百科全书出版社，2000年版。

[10] 《哈耶克论文集》，首都经济贸易大学出版社，2001年版。

[11] 赫伯特·西蒙：《从实质理性到过程理性》，载《西蒙选集》，首都经济贸易大学出版社，2002年版，第245~270页。

[12] 赫伯特·西蒙：《现代决策理论的基石》，北京经济学院出版社，1989年中译本。

[13] 赫伯特·西蒙（1973）：《从实质理性到过程理性》，载《西蒙选集》，首都经济贸易大学出版社2002年版，第245~269页。

[14] 何大安：《投资运行机理分析引论》，上海三联书店，上海人民出版社，2005年版。

[15] 何大安：《选择行为的理性与非理性融合》，上海三联书店，上海人民出版社，2006年版。

[16] 何大安：《市场体制下的投资传导循环及其机理特征》，载《中国社会科学》，2002年第3期。

[17] 何大安：《行为经济人有限理性的实现程度》，载《中国社会科学》，2004 年第 4 期。

[18] 何大安：《理性选择向非理性选择转化的行为分析》，载《经济研究》，2005 年第 8 期。

[19] 何大安：《投资选择的交易成本》，载《经济研究》，2003 年第 12 期。

[20] 何大安：《厂商参与约束和激励约束之相容》，载《财贸经济》，2007 年第 11 期。

[21] 何大安：《跨国公司投资与流通产业管制》，载《财贸经济》，2006 年第 8 期。

[22] 何大安：《经济学世界中的理性和非理性投资模型》，载《学术月刊》，2005 年第 1 期。

[23] 何大安：《政府产业规制的理性和非理性》，载《学术月刊》，2006 年第 5 期。

[24] 何大安：《论政府产业规制的机会主义行为》，载《学术月刊》，2007 年第 5 期。

[25] 何大安：《流通产业组织结构优化中的自然垄断趋势》，载《经济学家》，2007 年第 4 期。

[26] 何大安：《金融市场化与个体非理性选择》，载《经济学家》，2005 年第 3 期。

[27] 何大安：《经济学世界中理性选择与非理性选择之融合》，载《浙江学刊》，2007 年第 2 期。

[28] 何大安：《个体和群体的理性和非理性选择》，载《浙江社会科学》，2007 年第 2 期。

[29] 何大安：《行为经济学的理论贡献及其评述》，载《商业经济与管理》，2005 年第 12 期。

[30] 何玉长：《国有公司产权结构与治理结构》，上海财经大学出版社，1997 年版，第 4 页。

[31] 胡祖光：《联合确定基数合约：对魏茨曼模型的一个改进》，载《经济研究》，2007 年第 3 期。

[32] 黄少安：《制度变迁主体角色转换假说及其对中国制度变革的解释》，载《经济研究》，1999 年第 1 期。

[33] 卡尼曼：《有限理性的图谱：迈向行为经济学的心理学》，载《比较》第 13 辑，中信出版社 2004 年版。

[34] 林毅夫：《充分信息与国有企业改革》，上海三联书店，上海人民

出版社，1997 年版。

［35］林毅夫：《论经济学方法》，北京大学出版社，2005 年版。

［36］林毅夫等：《现代企业制度的内涵与国有企业的改革方向》，载《经济研究》，1997 年第 3 期。

［37］蒋自强、张旭昆、曹旭华等：《经济思想通史》，浙江大学出版社，2007 年版。

［38］齐默尔曼（Zimmermann）：《经济学前沿问题》，中国发展出版社，2004 年中译本。

［39］乔治·施蒂格勒：《产业组织与政府管制》，上海三联书店，1989 年版。

［40］秦晓：《组织控制、市场控制：公司治理结构的模式选择和制度安排》，载《管理世界》，2003 年第 4 期。

［41］荆林波：《关于外资进入中国流通业引发的三个问题》，载《国际经济评论》，2005 年 5 期。

［42］金永生：《中国流通产业组织的创新研究》，首都经济贸易大学出版社，2004 年版。

［43］罗纳德·科斯：《论生产的制度结构》，上海三联书店，1994 年中译本，第 358～362 页，第 352～353 页。

［44］马歇尔：《经济学原理》中译本，商务印书馆，1996 年版。

［45］聂辉华：《企业的本质：一个前沿综述》，载《现代产业经济学前沿问题研究》，经济科学出版社，2006 年版。

［46］诺思（North）：《经济史中的结构与变迁》，上海三联书店，上海人民出版社，1994 年中译本。

［47］史达等：《外资商业进入对中国商业流通领域的影响分析》，载《商业经济文荟》，1998 年第 4 期。

［48］宋则：《商品市场反垄断研究》，载《中国商业理论前言Ⅱ》，社会科学文献出版社，2001 年版。

［49］徐滇文、文贯中主编：《我国国有企业改革》，中国经济出版社，1996 年版。

［50］魏杰：《国有投资公司治理结构的特点研究》，载《管理世界》，2001 年第 1 期。

［51］威廉姆森：《治理机制》，中国社会科学出版社，1999 年版。

［52］罗斯·哈里森：《新帕尔格雷夫经济学大辞典》，经济科学出版社，1996 年版。

[53] 商务部统计报告：《中国利用外资的状况》，2004 年 10 月。

[54] 亚当·斯密：《国民财富的性质及其原因的研究》，商务印书馆，1974 年版。

[55] 杨春学：《"经济人"的三次大争论及其反思》，《经济学动态》，1997 年第 5 期。

[56] 杨瑞龙：《应扬弃"股东至上主义"的逻辑》，载《中国经济时报》，1999 年 9 月 10 日。

[57] 于立等主编：《规制经济学的学科定位与理论应用》，东北财经大学出版社，2002 年版，第 167~300 页。

[58] 张维迎：《所有权、治理结构与委托—代理关系》，载《经济研究》，1996 年第 9 期。

[59] 郑红亮、王凤彬：《中国公司治理结构改革研究：一个理论综述》，载《管理世界》，2000 年第 3 期。

[60] 植草益：《日本的产业组织》，经济管理出版社，2000 年版。

[61] 中国商业联合会、中华全国商业信息中心：《2004 年中国零售业白皮书》，2004 年 10 月。

[62] 周其仁：《公有制企业的性质》，载《经济研究》，2000 年第 11 期。

二、英文部分

[63] Alchian, Armen and Demsetz, Harold. *Production, Information Costs and Economic Organization* [J]. American Economic Review, 1972, 62 (50): pp. 777 – 795.

[64] Arrow, K. and G. Debreu. *Existence of equilibrium for a competitive economy* [J]. Econometrica, 1954, 22: pp. 265 – 290.

[65] Bain, J. S. *The profit rate as a measure of monopoly power* [J]. Quarterly Journal of Economics 55, 1941, February: pp. 271 – 293.

[66] Bain, J. S., 1959: Industrial Organization, New York, Harvard University Press. Stigler, C. J., The Theory of Economic Regulation, . Bell Journal of Economics, 1971, 2 (Spring).

[67] Bain, J. S. 1959. Industruial Organization. New York: John Wiley. 2nd edn, 1968. Scherer, F. M. 1980. Industruial Market Structure and Economics. Performance. 2nd edn, Chicago: Rand-McNally: 1st edn, 1970.

[68] Baron, D. P., and R. Myerson. *Regulating a Monopolist with Unknown Cost* [J]. Econometrica, 1982, 50: pp. 911 – 930.

[69] Baumol W. J., Panzar J. C, and Willig R. D. *Contestable Markets and*

the Theory of Industry Structure [M]. San Diego: Harcourt, Brace Javanovich, 1982, Chapter3, 4, and 7.

[70] Bowles, S. Economic Institutions and Behavior: An Evolutionary Approach to Microeconomic Theory [C]. Book Manuscript, 2000.

[71] Buchanan, J. *Social Choice, Democracy, and Free Markets* [J]. Journal of Political Economy, 1954, 62: pp. 334 – 343.

[72] Chamberlin, E. H. *The Theory of Monopolistic Competition* [M]. Cambridge, Mass: Harvard University Press, 1933.

[73] Coase, R. *The Nature of the Firm* [J]. Economica, 1937, (4): pp. 386 – 405.

[74] Coase, R. *The Problem of Social Cost* [J]. The Journal of Law and Economics, 1960, (3): pp. 1 – 44.

[75] Cournot, A. A. 1838. Recherches Sur les Principes Mathématiques de la Théorie des Riehesses. 中文版：《财富理论的数学原理的研究》，陈尚霖译，商务印书馆，2002。

[76] Denzau, A., D. North. *Shared Mental Models: Ideologies and Institutions* [M]. Kyklos, 1994, 47: pp. 3 – 31.

[77] Chadwick, E. *Results Different Principles of Legislation and Administration in Europe of Competition for the Field, as Compared with Competition within the Field of Services* [J]. Journal of Royal Statistical Society, 1859, 22: pp. 381 – 420.

[78] Demsetz, H. *Why Regulate Utilities?* [J]. Journal of Law and Economics, 1968, 11: pp. 55 – 65.

[79] Denzau, A., D. North. *Shared Mental Models: Ideologies and Institutions*, Kyklos, 1994, 47: pp. 3 – 31.

[80] Dixit, A. K. *The Marking of Economic Policy: A Transaction-Cost Politics Perspective* [M]. Cambridge, Mass. : MIT Press, 1996.

[81] Fischer, St., A. Gelb. *The Process of Socialist Economic Transformation* [J]. The Journal of Economic Perspectives, 1991, 5/4: pp. 91 – 105.

[82] Funke, N. *Timing and Sequencing of Reforms: Competing Views and the Role of Credibility*, Kyklos, 1993, 3/46: pp. 262 – 337.

[83] George A. Akerlof. *The Missing Motivation in Macroeconomics* [J]. American Economic Review, 2007, Vol. 97, Issue 1: pp. 5 – 36.

[84] Greif, A. Cultural Beliefs as a Common Resource in an Integrating

World, Dasgupta, P, K. G. Maler, A. Vercelli (eds.), *The Economics of Transnational Commons* [M]. Oxford University Press, 1997: pp. 238 – 296.

[85] Grossman, S. J., Hart, O. D.: *The Costs and Benefits of Ownership: A Theory of Vertical and Lateral Integration* [J]. Journal of Political Economy, 1986, 94 (4): pp. 691 – 719.

[86] Hart, O. D., Moore, J.: *Property Rights and Nature of the Firm* [J]. Journal of Political Economy 1990, 98 (6): pp. 1119 – 1158.

[87] Hayak, F. A. von. The Meaning of Competition. (in F. A. Hayak. Individualism and Economic Order, London: George Routledge & Sons. 1948).

[88] Hayek, F. Law, Legislation and Liberty, Vol. I: Rules and Order, Chicago: University of Chicago Press, 1973.

[89] Heiner, R. *The Origin of Predictable Behavior* [J]. American Economic Review, 1983, 4/73: pp. 560 – 595.

[90] Hendley, K. *Temporal and Regional Patterns of Commercial Litigation in Post-Soviet Russia* [J]. Post-Soviet Geography and Economics, 1998, 39/7: pp. 379 – 398.

[91] Hicks, J. R. (1939). Value and Capital. 2nd edn. Oxford: Oxford University Press, 1946.

[92] Hodgson, G. *The Approach of Institutional Economics* [J]. Journal of Economic Literature, 1998, 36: pp. 166 – 192.

[93] Jensen, Michael and William Meckling. *Theory of the Firm: Managerial Behavior, Agency Costs and Ownership Structure* [J]. Journal of Financial Economics, 1976, 3: pp. 305 – 360.

[94] Kahneman, D., Tversky, A. *On the Psychology of Prediction* [J]. Psychological Review, 1973, 80: pp. 237 – 251.

[95] Kahneman, D., Tversky, A. *Prospect Theory: An analysis decision under risk* [J]. Econometrica, 1979, 47 (2).

[96] Klein, P. New Institutional Economics; Bouckeart, B., G. de Geest (eds.), Encyclopedia of Law and Economics; Cheltenham: Edward Elgar, 1999.

[97] Knight, J. *Institutions and Social Conflict* [M]. Cambridge: Cambridge University Press, 1992.

[98] Kreps, D. *A Course in Microeconomic Theory* [M]. Princeton: Princeton University Press, 1990.

[99] Laffont, J. -J. Tirole. *Using Cost Observation to Regulating Firms* [J].

Journal of Political Economy, 1986, 94: pp. 614 – 641,

[100] Lerner, A. P. *The concept of monopoly and the measurement of monopoly power* [J]. Review of Economic Studies 1, 1934. June: pp. 157 – 175.

[101] Littlechild, S. C. *Regulation of British Telecommunications' Profitability* [M]. Report to the Secretary of State, Department of Industry, London: Her Majesty's Stationery Office, 1983.

[102] Mason, E. S. *Price and Production Policies of Large-Scale Enterprise* [J]. American Economic Review, 1939, 29: pp. 61 – 74.

[103] Mason, E. S. *The Current State of the Monopoly Problem in the United States* [M]. Harvard Law Review, 1949, 62: pp. 1265 – 1285.

[104] Masten, S. E. : About Oliver E. Williamson. In: Carroll, G. R., Teece, D. J. (eds.): Firms, Markets, and Hierarchies: The Transation Cost Economics Perspective. New York: Oxford University Press 1999.

[105] Milgrom, P. R., Roberts, J. Economics, Organization and Management. *Englewood Cliffs* [M]. NJ. : Prentice Hall, 1992.

[106] Modigliani, Franco and Miller, Merton H. *The Cost of Capital, Corporation Finance and the Theory of Investent* [J]. American Economic Review, 1958, 48 (3): pp. 261 – 297.

[107] Neumann, von J. and O. Morgenstern. *Theory of games and economic behavior* [M]. 2nd ed. Princeton, NJ: Princeton University Press, 1947.

[108] Olson, M. *Big Bills Left on the Sidewalk* [J]. Journal of Economic Perspectives, 1996, 10/2: pp. 3 – 24.

[109] Pinto, B. ; M. Belka, S. Krajewski. *Transforming State Enterprises in Poland: Evidence on Adjustment by Manufacturing Firms* [M]. Brooking Papers on Economic Activity, 1993, No. 1: pp. 213 – 270.

[110] Posner, R. A. *Theories of Economic Regulation* [M]. Bell Journal of Economics, 1974, (Autumn) .

[111] Sam Peltsman. *Toward a More General Theory of Regulation* [J]. Journal of Law and Economics, XIX (2), 1976, August.

[112] Samuelson. P. A. *The pure theory of public expenditure* [J]. Review of Economics and Statistics November 36, 1954: pp. 387 – 389.

[113] Samuelson. P. A. *Aspects of public expenditure theories* [J]. Review of Economics and Statistics November 40, 1958: pp. 332 – 338.

[114] Scherer, F. M. 1980. *Industruial Market Structure and Economics Per-

formance [M]. Chicago: Rand-McNally; 1st edn, 1970.

[115] Schmalensee & Willing. Hand Book of Industrial Organization, Volumn 1, Elsevier Science Publishing Company, North-Holland, 1991.

[116] Schotter, A., *The Economic Theory of Social Institutions* [M]. Cambridge, U. K. and N. Y.: Cambridge University Press, 1981.

[117] Schumpeter J. 1942. *Capitalism, Socialism, and Democracy*. New York: Harper & Row, 1962.

[118] Simth, V. L. *Economics in the laboratory* [J]. Journal of Economic Perspectives, 1994, Winter.

[119] Sraffa, P. *The laws of returns under competitive conditions* [J]. Economics Journal 1926, 36: pp. 535 – 550.

[120] Stigler, G. J. and G. Friedland. *What can the Regulators Regulate: The case of Electricity* [J]. Journal of Law and Economics, 1962.

[121] Stigler, G. J. *The Organization of Industry* [M]. Homewood, Illinois: Irwin, 1968.

[122] Stigler, G. J. The Theory of Economic Regulation [J]. Bell Journal of Economics, 1971.

[123] Triffin, R. *Monopolistic Competition and General Equilibrium Theory* [M]. Cambridge. Mass.: Harvard University Press, 1940.

[124] William W. Sharkey. *The Theory of Natural Monopoly* [M]. Oxford: Basil Blackwell, 1982.

[125] Williamson, O. E. *Markets and Hierarchies: Analysis and Antitrust Implications*. A Study in Economics of Internal Organizations, New York-London, 1975.

[126] Williamson, O. E.: *The Economic Institutions of Capitalism* [M]. New York: Free Press, 1985.

[127] Williamson, O. E.: *The Mechanisms of Governance* [M]. New York: Oxford University Press, 1996.

[128] Yong. H. P. *Individual Strategy and Social Structure: An Evolutionary Theory of Institutions* [M]. NJ: Princeton University Press, 1988.

后　　记

　　我在长期的理论研究中越来越深刻地感悟到学人从事学术活动应当有以下的认知：任何经济专题的分析和研究要达到较高的层次，都离不开相关基础理论的支撑。这种认知是强调在理论涵盖下来研究现实问题，并不是要求经济学人只重视理论研究而回避现实。也许是因为对这种认知的坚信不渝，每当我写经济论著时（质量高低姑且不论），总是力图在基础理论的框架内来论证分析对象。诚然，按基础理论的要求来进行研究，有可能把一些直观的经济问题抽象化和复杂化，它会失去部分读者，但我总觉得学人不可不坚持这一原则。客观地说，这部著作是在这种认知的促动下完成的。

　　迄今为止，经济理论有关流通产业运行的研究，主要反映在运用西方产业组织理论来分析流通产业运行的现实层面，并没有对流通产业本身存在的基础理论展开研究。论始求源，或许是西方产业组织理论对流通产业运行具有宽泛的理论解析力，或许是流通产业与第一、二次产业的联系千丝万缕以至于研究流通产业的运行始终摆脱不了西方产业组织理论的覆盖，于是，流通产业组织运行不同于其他产业的实践，始终没有催生出有关流通产业组织的基础理论。

　　多年来，我一直有一种试图借助西方产业组织理论来建构流通产业组织理论的冲动，但当我提笔进行这种理论建构时总感到自己的理论功力不足。具体地说，就是面对这种理论建构所出现的一系列困难，我一直没有找到解决这些困难的方法和手段。得益于"求上得中，求中得下"这句古训的启迪，我想，可考虑先围绕流通产业的某些具体问题展开以西方产业组织理论为脉络的评论性研究，然后再完成这项艰巨的理论工作。在我看来，如果能够对流通产业的运行特征和机理做出有别于西方产业组织理论的研究，待条件成熟时再将这些目前看来是散乱的观点梳理出来，这也许会对经济理论界高手建构流通产业组织理论有所帮助。

　　流通产业组织的基本问题仍然是竞争和垄断，这是我们分析和研究流通产业组织时所不能忘却的。流通产业组织的形成和发展受特定经济体制模式或制度环境制约的事实提醒笔者，从基础理论角度来研究中国流通产业的运

后　记

行问题，必须对市场治理、公司治理等制度安排进行分析，并通过对产品差异性、定价权、进入门槛、投资周期等概要分析来对流通领域的竞争和垄断做出解说。沿着这样的思路，我在本书中着重对中国流通产业业已存在的局部垄断现象的成因和机理展开了论证。说实话，我并不担心这些研究所得出的某些结论会引起批评，相反，倒是期望从善意的批评中得到一些有价值的理论借鉴。

从基础理论研究的要求来看，本书的结构安排和逻辑层次谈不上足够的严谨。从写作的初始阶段到书稿的完成，我一直要求自己让全书的逻辑链尽可能紧凑一些，以便使读者能够清晰地领悟出中国流通产业组织运行的症结问题。当然，这个理想化的结果能否实现，只能等本书付梓数年后才可检验了。我有一个不太听取别人意见的毛病，这个毛病在致使笔者难以得到高手评点的同时，也支撑着笔者对学术苦苦追求的韧劲。我真的不知道这个毛病会给本书带来什么样的效应，同时，这个毛病也使笔者在这部著作的后记中无法对某个具体的学者致谢了。

不过，不能致谢个人并非意味着不能致谢组织。我真挚地感谢教育部重点研究基地浙江工商大学现代商贸研究中心的资助。在交易成本不为零的经济世界中，一部著作的出版在一定程度上也需要得到制度安排的支持。如果本书从产业组织及其制度安排角度对中国流通产业运行问题的研究存在着一定的学术价值，那便是对这种制度安排最好的致谢了。

何大安

2008 年 9 月 1 日于杭州西部小屋